PROJETOS PEDAGÓGICOS NO MUNDO

PROJETOS PEDAGÓGICOS NO MUNDO

Cristiano Rogério Alcântara
(organizador)

Phorte editora

São Paulo, 2023

Rua Rui Barbosa, 408
Bela Vista – São Paulo – SP
CEP: 01326-010
Tel.: (11) 3141-1033
Site: www.phorte.com.br
E-mail: phorte@phorte.com.br

CIP-BRASIL. CATALOGAÇÃO NA PUBLICAÇÃO
SINDICATO NACIONAL DOS EDITORES DE LIVROS, RJ

P958

Projetos pedagógicos no mundo / organização Cristiano Rogério Alcântara. - 1. ed. - São Paulo : Phorte, 2023.
; 23 cm.

Inclui bibliografia
ISBN 978-65-88868-33-1

1. Professores - Formação. 2. Método de projeto no ensino. 3. Prática de ensino. I. Alcântara, Cristiano Rogério.

CDD: 371.36

23-83009 CDU: 37.091.3-047.23

Meri Gleice Rodrigues de Souza - Bibliotecária - CRB-7/6439
ph2506.1

Este livro foi avaliado e aprovado pelo Conselho Editorial da Phorte Editora.

Impresso no Brasil
Printed in Brazil

A todos os bebês e todas as crianças do mundo! São eles o motivo primeiro, segundo e terceiro de nossas pesquisas e de nossos estudos. Acredito, com afinco, que o mundo pode ser um lugar melhor se tratarmos os bebês e as crianças da melhor forma possível. E, quando falamos de uma unidade educacional, não existe melhor forma de tratá-los do que trazendo a Cultura da sua forma mais elaborada possível.

Quando nos dedicamos com rigorosidade, estudo, escuta e empatia aos bebês e às crianças, estamos, com absoluta certeza, colocando-nos a serviço deles, e a metodologia de projetos, a nosso ver, é isso do início ao fim.

Agradecimentos

Inicialmente, a todos os autores, que se dispuseram a escrever os textos com os quais você, leitor, terá contato nesta obra.

Um agradecimento especial à Professora Doutora Sara Barros Araújo, que deu a inspiração para esta publicação. Em 2020, Sara me recebeu na cidade do Porto, em Portugal, e propôs que eu unisse as tantas pessoas que conheço ao redor do mundo para escrever um livro que versasse acerca dos Projetos, desafio realizado e materializado aqui nestas páginas.

Agradeço à Phorte Editora, por mais este livro. O empenho, o cuidado e o zelo que a sua equipe editorial tem para com as minhas produções, bem como as dos demais autores, comprovam que, sozinhos, não podemos ir muito longe. É excelente contar/estar com uma equipe tão séria e ética nos seus fazeres profissionais.

Por fim, porém, não menos importante, quero agradecer a você, leitor. Afinal, por melhores que sejam os autores, os revisores e os diagramadores, se você não acreditar na proposta e resolver lançar-se ao desafio de ler o texto, dificilmente, haveria outras produções impressas sendo realizadas neste momento.

E quero aceitar minha liberdade sem pensar no que
muitos acham: que existir é coisa de doido, caso de loucura.
Porque parece. Existir não é lógico.
Clarice Lispector (*A hora da estrela*)

Apresentação

É sempre complexo escrever um texto de apresentação, ora por não querer atrapalhar quem fará o Prefácio, ora para evitar ser repetitivo. Afinal, se você está com o livro em mãos, os textos – pelo menos, alguns deles – já lhe fisgaram de primeira. Assim, não faz muito sentido antecipar o que você lerá, sem contar que existem muitas pessoas que pulam esta parte inicial do livro.

Pensando em você que está me lendo, acredito que a melhor forma de apresentar este livro seja dizendo como ele nasceu, o porquê da sua escrita e o que espero que você reflita com a sua leitura.

Como antecipei nos Agradecimentos, Sara Barros Araújo é a grande responsável pela idealização deste livro. Numa tarde na cidade do Porto, se não me falha a memória, em que caminhávamos para o metrô, Sara indagou-me: "*Como conheces várias pessoas, de diferentes partes do mundo, por que não organizas um livro sobre Projetos?*".

Ideia lançada, maturada por dois anos e que, agora, chega à sua efetiva concretude. Naquele momento, estava no meio da minha pesquisa de pós-doutorado, que versava sobre os processos formativos dos formadores de coordenadores pedagógicos. Vencida a escrita do relatório da pesquisa, pude voltar a me debruçar sobre a ideia do livro de Projetos.

E veja a complexidade desta escolha; o título do livro já era um desafio: *Projetos didáticos*? *Projetos de trabalho*? *Metodologia de projetos*? E, de título em título, foi nos preocupando o que cada termo expressava/comunicava. Como eram diferentes textos, uns se aproximando mais do que outros de uma perspectiva ora de trabalho, ora didática e, por fim, ora de metodologia, resolvi o imbróglio fazendo menção a *Projetos pedagógicos*, para não restringir seu alcance.

A maior contribuição que vejo desta obra para o campo da Educação Infantil, com ênfase na didática com as crianças e os bebês, é a possibilidade de observar como diferentes partes do mundo lidam com os Projetos, e, uma vez decidido o uso dos Projetos, como os desenvolvem. Advogo que, mais importante do que pensar em termos de um modelo – o que, por si, é impossível, pois os Projetos devem seguir os interesses das crianças e dos adultos que se dispõem a fazê-los –, ter as narrativas de possibilidades que os professores, os gestores e as crianças desenvolveram é uma rica oportunidade de troca.

Espero que, nas próximas páginas, você possa encantar-se com as possibilidades que o Projeto assume com crianças argentinas, brasileiras, dinamarquesas, portuguesas, neozelandesas/*Māori*, galegas, catalãs. O imperativo é único: Como envolver ao máximo as crianças nas proposições de aprendizagem realizadas no espaço educacional? Nisto, este livro cumpre o que se propõe: ser uma coletânea de experiências para encontrar diferentes possibilidades de lidar com os Projetos, trazer o que as unidades educacionais pensam a respeito, e, o mais significativo, ser a chance de trocarmos olhares, possibilidades e construções. As trocas têm como imperativo a chance de dizer: "*Fazemos assim. Após conhecer a nossa forma de fazer, como você pretende que seja a sua?*".

Cristiano Rogério Alcântara
(organizador)

Prefácio

Quero iniciar este breve texto agradecendo o convite formulado a mim pelo Cristiano Alcântara, organizador do presente livro, para prefaciá-lo. Reconheço o mérito de uma obra que pretendeu reunir, em 11 capítulos, ensaios, relatos de experiências e registros de pesquisas no âmbito da Educação da Primeira Infância, desvelando as diferentes lentes com que os(as) autores(as) responderam à tarefa de abordar o tema: projetos pedagógicos, como idealizado e anunciado no título.

No Capítulo 1, as educadoras da Galícia (Espanha), Ángeles e Isabel Abelleira Bardanca, fortemente inspiradas por Edgar Morin, tematizam os desafios impostos à Educação na infância contemporânea, que, na composição de propostas educativas, em meio a um mundo de incertezas, deve "navegar por arquipélagos de certezas", anunciadores de elementos essenciais à constituição integral de crianças que viverão o futuro.

O papel da Coordenação Pedagógica é evidenciado pelo autor Cristiano Alcântara que, em seu relato no Capítulo 2, recorre às suas vivências plurais dentro do campo da Educação Infantil para tematizar, especialmente, duas acepções do termo *Projeto*, quais sejam: Projeto Político-Pedagógico e o que designa no texto como Projetos Didáticos.

No Capítulo 3, as autoras argentinas Alejandra Dubovik e Alejandra Cippitelli relatam a experiência de produção de uma Mostra Cultural de uma instituição de Educação Infantil, Jardim Fabulinus, focalizando a relevância da documentação e da divulgação dos projetos das crianças, como modo de dar visibilidade aos processos e aos produtos dos trabalhos desenvolvidos mediante negociações coletivas entre crianças e adultos sobre os caminhos a trilhar.

O Capítulo 4 traz um estudo sobre a temática da autonomia pedagógica no interior das políticas públicas do Brasil e da Dinamarca, apresentado pelas autoras, Gabriela Thomazinho, Gabriela Lotta e Marie Østergaard Møller, em forma de um ensaio teórico com base nos documentos oficiais que trazem o projeto dos dois países para a Educação Infantil.

No Capítulo 5, Tona Castell, diretora da revista *Infância*, da Associação de Professores Rosa Sensat, localizada em Barcelona (na Catalunha, Espanha), discute os projetos educativos, destacando o que representa compô-los. A autora recupera sua experiência como educadora e define as propostas educativas como "uma orquestra de *jazz*, na qual todos têm seu papel, seu instrumento com sua música melódica".

A autora Ana Lúcia Borges, no Capítulo 6, tematiza os Projetos de Investigação na Educação Infantil, fortemente inspirada pela Teoria Histórico-Cultural de Vygotsky. Ela contextualiza sua discussão nas formulações teóricas historicamente traçadas em nível nacional e mais local, fazendo-as acompanhadas de suas próprias vivências como educadora.

No Capítulo 7, as autoras neozelandesas Karen Ramsey e Wendy Lee discorrem sobre o currículo bicultural, proposto na década de 1990, e apresentam uma natureza de proposta educativa curricular da Educação Infantil, pautada em *Histórias de Aprendizagem e Histórias de Interesse*, essenciais componentes de avaliação e planejamento de ações.

As autoras Letícia Caroline da Silva Streit e Maria Carmen Silveira Barbosa, no Capítulo 8, apresentam a temática do trabalho de projetos na creche, trazendo registros de experiências desenvolvidas na Rede Municipal de Novo Hamburgo (RS), com um olhar sobre as estratégias desenvolvidas pelas crianças e o que elas podem revelar aos(às) educadores(as).

Da autoria de Renata Araújo Moreira dos Santos, o Capítulo 9 caracteriza-se como um ensaio teórico a propósito da temática do trabalho de projetos, com argumentações assentadas, essencialmente, na concepção de projetos postulada por Fernando Hernández.

O Capítulo 10 traz o relato de um trabalho de projeto desenvolvido em uma unidade de Educação Infantil, contexto formativo de educadoras-estagiárias em curso de formação inicial. As autoras portuguesas Cláudia Almeida, Filipa Santos, Augusta Marques e Sara Barros Araújo destacam os efeitos no plano das aprendizagens das crianças e da aprendizagem profissional.

No Capítulo 11, a autora Gilvana Menslin Oliveira Maia defende, em um ensaio teórico, a relevância da fotografia documental na composição da documentação pedagógica na Educação Infantil como forma de dar visibilidade e sustentar as investigações das crianças em seus projetos.

Feita uma breve apresentação do conjunto de textos reunidos nesta obra, fica, por fim, o convite aos leitores para se dedicarem à análise dos escritos, buscando, em cada um deles, os elementos que, eventualmente, possam inspirar novas e ampliadas ideias.

Mônica Appezzato Pinazza
Livre-docente da Faculdade de Educação
da Universidade de São Paulo (USP)

Sumário

Ángeles Abelleira Bardanca
Isabel Abelleira Bardanca

1

Arquipélagos de certeza na Educação Infantil do futuro[1]

É preciso aprender a navegar em um oceano
de incertezas por meio de arquipélagos de certeza.
Edgar Morin

[1] Tradução de Bruna Heringer de Souza Villar.

O momento em que nos encontramos atualmente, à mercê de uma pandemia mundial, faz que pensemos, de maneira recorrente, em como seremos quando conseguirmos sair dela, quanto mudarão nossos hábitos sociais e como prepararemos a nossa infância para sobreviver e se sobrepor a outros muitos surtos epidêmicos que se profetizam para o futuro. Nessa ocasião, fomos pegos desprevenidos. Umas semanas antes, não podíamos sequer imaginar que estaríamos confinados por um longo período em nossos lares, que não poderíamos nos relacionar com as pessoas mais próximas de nós, que teríamos que fazer a escola a distância, com crianças trancadas em suas casas, que nos cansaríamos de descansar, que pararíamos de imediato o gasto nos estabelecimentos locais ou que aumentaríamos exponencialmente o uso das redes virtuais e o consumo por meio delas.

Tampouco podíamos imaginar que se evidenciariam com tamanha clareza as lacunas ou as carências da educação das pessoas, especialmente dos mais jovens: a falta de colaboração, o não acatar recomendações ou proibições, não saber o que fazer com seu tempo, a incapacidade de criar, a negligência, o não saber se rebelar contra as injustiças e discriminações dos mais desfavorecidos... Definitivamente, a apatia e a abulia que manifestam os adolescentes que, até o momento, tiveram uma vida cômoda e acomodada, na qual tudo lhes era dado resolvido ou estabelecido, e eles não tinham mais o que fazer a não ser deixar que os adultos fizessem por eles. Estamos vendo uma perfeita radiografia das consequências da formação que receberam. Parece inacreditável, pois poderíamos argumentar que nos desenvolvimentos educativos, curriculares, legislativos e didáticos de todos os níveis escolares se incluem objetivos e conteúdos relacionados com direitos humanos, valores, emoções, habilidades sociais ou competências cívicas e cidadãs.

Onde falhamos? O que temos que evitar no futuro? Em que deveríamos incidir na formação das novas gerações? Com o que podemos contribuir para esta responsabilidade na Educação Infantil? O professorado está preparado para uma revolução curricular? O que podemos fazer no dia a dia das escolas de Educação Infantil? Este capítulo girará sobre essas questões ou outras muitas adjacentes, com a humilde reflexão e a prática de duas professoras de Educação Infantil galegas.

Quisemos começar com uma citação de Edgar Morin (1999), que vem a ser a resposta a todas as perguntas anteriores: não sabemos o que se sucederá nem quais serão os rumos da educação, quais disciplinas incluir, quais descartar, mas, sim, sabemos que há algumas certezas duradouras que devemos transmitir ao nosso alunado.

Talvez porque somos do interior da Galiza – vivemos próximo a Santiago de Compostela – e desde crianças somos fascinadas por ilhas, ilhotas e arquipélagos. Grande parte da culpa atribuímos às leituras, porque, em nosso tempo, mal dispúnhamos de imagens ou vídeos que nos mostrassem como eram essas porções de terra rodeadas pelo mar. Assim, durante muitos anos, quando pensávamos em uma ilha, em nossa mente víamos um mapa do tesouro, com um xis ou uma flecha debaixo de uma palmeira. Aqui, quando os casais recém-casados viajavam de lua de mel, ou iam às Ilhas Afortunadas (como era conhecido o arquipélago das Canárias), como sempre regressavam alegres e bronzeados, parecia-nos que deveria ser um lugar maravilhoso. Em nossas brincadeiras de criança, descíamos a um pequeno riacho, no qual, por meio de um tronco, cruzávamos a uma ilhota sedimentar, o que nos fazia sentir como uma espécie de ermitão, uma espécie de independência, a felicidade do não tempo. Logo, com a proliferação das viagens, desejamos viajar pelas ilhas mediterrâneas ou polinésias, embora já nos conformamos ao descobrir as existentes na costa galega, que não têm a exuberância nem a variedade paisagística das que sonhávamos, porém, tinham o vínculo ancestral com nossa cultura e nossas tradições.

As ilhas como redutos, como lugares únicos, protegidos, com sua flora e fauna. O conjunto que formam várias, ainda que com suas singularidades e diferenças. A simbiose e a interdependência do mar que as rodeia. Saber que, em algum tempo, formavam parte do continente; que surgiram de uma erupção, de um acúmulo de sedimentos ou de micro-organismos; que estão unidas de forma subterrânea; que em algum momento algumas desaparecerão debaixo das águas e outras emergirão... Navegar entre elas, com os medos próprios de quem não é marinheiro experiente, mas com a segurança de que ali encontraremos e chegaremos a um bom porto. Tudo isso estamos transportando ao campo da educação, à escola do futuro. Não sabemos como serão os oceanos e mares a cruzar, mas, sim, que no meio deles haverá arquipélagos que devem estar presentes para ser mostrados, ensinados e interiorizados: a bondade, a vontade, os afetos, a beleza, o respeito... Cada um deles estará integrado por ilhas, ilhotas ou afloramentos, de maior ou menor tamanho, habitáveis ou não habitáveis, seguros ou inseguros, mas os navegantes deixarão sua singradura[2] entre eles. Atracar ou não atracar, estar de passagem ou residir neles será a decisão que deverão tomar uma vez que os conheçam.

Se perguntássemos aos estudiosos quais são os conteúdos fundamentais a se transmitir aos pequenos, aqueles que ajudem à configuração de uma melhor sociedade, ou quais disciplinas se manterão no futuro e sua contribuição a uma cidadania democrática e solidária, com toda probabilidade, cada um se envolveria em seu tema, nos saberes específicos de sua matéria. Nós pensamos que essas informações nos dão conhecimento, mas não sabedoria, que finalmente será a única que poderá nos humanizar e ajudar a mudar o mundo.

Aludíamos à obra de Edgar Morin (1999), pois o livro *Os sete saberes necessários à educação do futuro*,[3] escrito por solicitação da Organização das Nações Unidas para a Educação, a Ciência e a Cultura (Unesco) é, para nós, um referencial da "essência própria da educação do futuro e uma

---

[2] N. da T.: tempo de navegação de uma embarcação desde a partida até a chegada ao porto. Mantivemos a analogia pela riqueza da imagem criada.

[3] N. da T.: no original, *Los siete saberes necesarios para la educación del futuro*. Baseamo-nos também na tradução do livro publicado no Brasil: MORIN, Edgar. *Os sete saberes necessários à educação do futuro*. São Paulo: Cortez; Brasília: Unesco, 2013.

grande contribuição ao debate internacional sobre a forma de reorientar a educação para um desenvolvimento sustentável" (Mayor, 1999). Nela, "pretende, única e essencialmente, expor problemas centrais, ou fundamentais, que permanecem totalmente ignorados, ou esquecidos, e que são necessários para se ensinar no próximo século" (Morin, 1999, p. 1). Os sete blocos são:

I. As cegueiras do conhecimento: o erro e a ilusão.
II. Os princípios do conhecimento pertinente.
III. Ensinar a condição humana.
IV. Ensinar a identidade terrena.
V. Enfrentar as incertezas.
VI. Ensinar a compreensão.
VII. A ética do gênero humano.

São todos esses saberes fundamentais que qualquer sociedade deve abordar, independentemente de sua localização geográfica, e que podem ser abordados em uma espiral de complexidade ascendente, em razão da maturidade dos indivíduos.

Tornando nossos os princípios de Morin, atrevemo-nos a apontar uma possível resposta para meninos e meninas em idade infantil, como aqueles com quem nós trabalhamos. Melhor dizendo, é uma proposta para o professorado, mas não uma para o uso. O que neste capítulo apresentamos é algo mais parecido com um discurso que apela às crenças, aos modos de fazer e de ser do professorado, assim como ao "currículo oculto"[4] (Torres Santomé, 1991), ao que não se explicita nos desenhos curriculares, mas que marca mais o alunado que todas as planificações que se façam. O implícito, o que se sobrescreve entre as linhas do currículo, o que famílias e pequenos percebem, muito além das declarações de intenções ou da "literatura pedagógica".

[4] N. do E.: fundamentalmente, são aprendizagens não intencionais, ou seja, que não estão no programa do professor de maneira expressa. São as consequências das cosmovisões e das ideologias nas quais fomos educados e assumimos como "naturais", "óbvias" e "lógicas".

Poderíamos nos ter absorvido pelo relato de alguma de nossas experiências escolares: nossos livros *Os fios da infância*[5] ou *O pulsar do cotidiano de uma escola da infância,*[6] assim como o *blog* InnovArte Educación Infantil são um compêndio de muitas das realizações que executamos com o alunado. Tratando-se esta publicação de uma mostra de como se fazer Educação Infantil em diferentes países, da possível transferibilidade de modos de ser docente, do que, no fundo, une a todos nós, educadores da infância, optamos por apelar ao discurso que subjaz a todas essas práticas.

Acreditamos que as experiências estão condicionadas pela tradição escolar e cultural do país, assim como pela concepção que tenham sobre o objetivo dessa etapa. Finalidades lúdicas, assistenciais, educativas ou pré-escolares coexistem em um espaço de idade similar. Por isso, os tempos, a distribuição do espaço e dos recursos e o pessoal encarregado de cuidar dos pequenos diferem muito. O mais recente informe Eurydice,[7] *Cifras-chave da educação e atenção à primeira infância na Europa*[8] (Comisión Europea, EACA e Eurydice, 2019) constata o que foi anteriormente dito: apesar das diferenças, os ideais ou os objetivos educativos que a sociedade impõe sobre as instituições são bastante parecidos. Na maneira como se trasladam à prática educativa, radica-se a diferença. Como esclarecimento, precisamos dizer, também, que a argumentação que expomos aqui é fruto do momento histórico incerto no qual vivem todos os países; temos a esperança, apesar da situação drástica, de que signifique uma mudança de olhar em relação à infância e às suas conquistas. Esperamos que isso não se traduza apenas em uma mera "maquiada", mas deva, sim, ser uma mudança de arquitetura pedagógica.

Nos últimos tempos, a pressão e a pressa às quais a infância estava submetida era inadmissível; o querer aproveitar a plasticidade cerebral

[5] N. do E.: título original em espanhol: *Los hilos de infantil.* Publicado pela Phorte Editora em 2018.

[6] N. do E.: título original em espanhol: *El latido de un aula infantil: elogio de la cotidianidad.* Publicado pela Phorte Editora em 2020.

[7] N. da T.: de acordo com o próprio *site*, é uma rede *online* de informação sobre sistemas educativos europeus, contendo a descrição destes, além de publicações diversas de estudos voltados para as práticas de ensino. O *site*: https://eurydice.eacea.ec.europa.eu/.

[8] N. da T.: tradução livre de *Cifras clave de la educación y atención a la primera infancia en Europa.*

dos pequenos para enchê-los de conteúdos desnecessários os estava esvaziando do essencial: as relações, os afetos, os princípios e valores cidadãos, da tranquilidade, da serenidade e da despreocupação própria da infância. Não sabemos como será quando voltarmos à realidade, se continuaremos igual a sempre, até voltar a repetir inumeráveis vezes essa situação, ou se aprenderemos algo que nos ajude a melhorar o futuro. O que, sim, sabemos com certeza é que a orientação da educação tem que ser voltada à formação de melhores pessoas, cidadãos, familiares, amigos, colegas de trabalho, colaboradores ou competidores não desleais.

Mesmo na incerteza, sabemos quais qualidades devem ter as pessoas com as quais gostaríamos de conviver e à sua formação dedicamos este capítulo, agrupando-as em arquipélagos ou atóis[9] formados por mais ou menos ilhas, ilhotas, arrecifes ou *cayos*.[10] Seriam, entre outros:

- *Arquipélago da bondade*: generosidade, empatia, assertividade, bem/mal, escuta.
- *Arquipélago da verdade*: o verdadeiro, o falso, o relativo.
- *Arquipélago da vontade*: iniciativa, autonomia, autogestão, tomada de decisões.
- *Arquipélago dos afetos*: emoções, sentimentos, amor, compaixão.
- *Arquipélago da humanidade*: o físico, o cósmico, o terrestre, o humano, a cultura, as raízes, as tradições.
- *Arquipélago da sabedoria*: saber, conhecer, informação, sentido crítico, aprender a aprender.
- *Arquipélago das habilidades*: cognitivas, comunicativas, sociais, físicas.
- *Arquipélago da beleza*: o cotidiano, a arte, a criação, a estética, a sensibilidade artística.
- *Arquipélago da esperança*: crenças, anseios, projetos futuros, marca que se deixa.

---

[9] N. da T.: tipo de ilha ovalada, formada por corais e diversas vegetações e animais invertebrados à sua volta. É uma formação caracterizada por não ser rochosa, mas, sim, biológica.

[10] N. da T.: um tipo pequeno de ilha rasa e arenosa, que se forma na superfície de um arrecife de coral.

Navegando dia a dia, chegaremos a umas ou outras, descobriremos suas semelhanças, as inter-relações, as espécies endêmicas que existem em algumas delas, seus tesouros e os perigos que as espreitam.

Muito além das organizações que possam se apropriar dos conteúdos acadêmicos em Educação Infantil, por utilidade, por áreas ou por competências, há algumas constantes que devem estar presentes na práxis diária em Educação Infantil e em todos os níveis educativos que, claramente, não podem ser abordados nem de forma sequencial (pois não têm ordem, além de simultaneidade e oportunidade), nem de forma temática (pois estão intrinsecamente relacionados entre si). O objetivo desta reflexão não é outro senão torná-la visível e reivindicar sua situação preeminente entre os princípios educativos.

Sua abordagem com os pequenos apenas pode ser vivencial, aproveitando as oportunidades que surgem no dia a dia, na relação cotidiana ou por meio de seus pequenos relatos de sua vida familiar e social. É nesse ponto, precisamente, em que se coloca em jogo a capacidade didática de uma docente, sabendo abrir as portas que encontra, e deixando que entre bastante ar, enriquecido com pequenas pílulas de sabedoria ou de modelos de ser e de fazer.

Antecipamos que, durante a redação deste capítulo, refletimos muito sobre quais imagens poderiam ilustrar cada uma das seções. Sua seleção foi difícil para nós, já que não dispúnhamos delas. Como fotografar um processo dialético em grupo seguido de uma boa/má ação decorrente durante o jogo; quem conserva imagens de algum dos momentos mais ricos de raciocínio, argumentação e reflexão coletiva; uma foto instantânea refletiria ou contribuiria à visão completa do processo que conduz a uma tomada de decisão? Os leitores concordarão conosco que seriam absolutamente anedóticas ou tangenciais e apenas fariam sentido à luz do que estamos expondo aqui.

A seguir, faremos um desenvolvimento de cada um dos arquipélagos, de seus integrantes, de sua necessidade e suas exemplificações do modo de tratá-los em Educação Infantil.

Arquipélago da bondade

Se um dos objetivos da educação é a socialização, que esta seja orientada para a bondade é um princípio básico. Socializamos para o bem comum, e, para tal, a bondade pessoal e coletiva é imprescindível. E aqui entra em jogo um conceito antagônico, o egoísmo, característica do egocentrismo e da incapacidade de pensar nos outros. Apenas o exemplo, o realce e o reforço positivo conduzem por esse caminho de negociação entre o que é bom para um e o que é bom para os demais. Poderíamos entrar em uma digressão filosófica sobre a bondade, mas queremos permanecer no terreno do que comumente se entende como "o correto", "o bem", tanto no âmbito individual quanto no coletivo.

Com crianças tão pequenas, para evitar confusões, devemos destacar exemplos do que é uma boa ação, em contraposição a uma má ação, fazendo-lhes entender as razões e consequências dessas ações. É nisso que está o problema. Os pequenos não têm a capacidade de antecipação de efeitos, a relação causa-consequência, por isso é preciso que sejamos nós quem lhes abramos esse olhar.

Em um mundo competitivo, no qual se associa a sobrevivência à capacidade de superar o outro, a bondade entra em conflito com tudo o que a sociedade e os meios preconizam. Por isso é necessária uma atitude de rebeldia do professorado contra o estabelecido; precisam fazer a revolução da bondade, mesmo que exista um olhar negativo sobre esse idealismo que se cristaliza na expressão "bondade educativa".[11] Como se tender à bondade e amabilidade fosse ridículo ou ingenuidade.

Não é fácil pregar bondade quando nossos atos são uma amostra de falta de generosidade, de empatia ou de assertividade, ou quando o que

---

[11] N. da T.: no original, *buenismo educativo*. Refere-se à prática de eliminar as punições e qualquer hierarquia entre professor e aluno. Assim, há um rechaço ao professor como figura de autoridade e desaparece a função disciplinar da figura docente. Está pautada em valores franceses de maio de 1968, sendo este um movimento político marcado por ocupações estudantis, que renovou valores com base em uma cultura jovem. O *buenismo educativo* é visto de forma negativa por muitos, porque tende a eliminar os conflitos e a competitividade, transformando a escola em uma "creche" e fazendo que alunos cresçam "a leite com pera".

destacamos de uma criança são conquistas associadas a esses valores em ascensão na sociedade: a competitividade; o fato de sobrepujar os outros; as posses; o poder.

Entretanto, muito além de como nos mostramos em sala de aula, nesta seção, queremos convidar a fazer uma singela reflexão: Nossa escola é modelo de bondade? No fundo, está voltada para o bem ou apenas parece ser assim na superfície? Pense em todos os documentos do centro educacional, nas ações de acolhida do novo alunado, nos momentos de conflito com alguma família, nas normas, nas relações entre os funcionários – inclusive com os superiores –, nas atuações fora da escola, nas alianças, o material e os recursos que empregamos... Com sinceridade, tudo isso supera o filtro da bondade e do bem comum?

Nossas ações devem transcender os próprios interesses, desse modo, podemos contribuir com numerosos modelos que convidem outros seres humanos a agir de maneira cada vez mais bondosa e responsável com os outros e com o mundo.

Dizem que a bondade é o ponto mais elevado da inteligência. Caso seja assim, não pode estar fora da escola.

Arquipélago da verdade

Presenciamos tantas vezes, na escola, confrontos de verdades parciais, que estamos convencidas de que a única maneira de fazer as crianças compreenderem que há múltiplas formas de ver e de entender apenas é possível com o debate e a visibilização de situações de discrepância. Em discussões em torno de conflitos comuns, é muito factível que todos os envolvidos estejam dizendo a verdade, sua verdade, o que eles percebem como afronta; a intervenção docente nesses casos é de suma importância, não por se erguer como um juiz supremo, senão como interlocutor entre as diferentes visões. É uma ação minuciosa, com consequências não dimensionáveis. A mudança de olhar ou de papel é a única que permitirá se colocar no lugar do outro, compreender sua verdade. As crianças apenas aceitarão as verdades práticas e evidentes.

A autenticidade diante do fingido; o nos mostrar genuínos, sem artificialidade. A veracidade, a sinceridade, a franqueza diante da falsidade; o dizer o que pensamos em nosso foro interno. A transparência ou a clareza diante do ocultismo; o não temer a expor a nós mesmos e nossas atuações. Todas elas são qualidades das verdades subjacentes, as que não precisam de mais explicações.

Pense, agora, em quantas vezes a escola atua seguindo esses princípios que pretende inculcar em seu alunado. Nós, docentes, incorremos, muitas vezes, na formulação hipócrita de "faça o que eu digo, não faça o que eu faço", quando, na verdade, somos conscientes de que tem mais peso o exemplo que o discurso.

Menção à parte merecem as verdades familiares, aqueles princípios assumidos por seu grupo, que podem entrar em clara contradição com os da escola. É tarefa de equilibristas salvar essas situações, valorizando a mais oportuna, sem menosprezar a do afeto.

Arquipélago da vontade

A formação da vontade, assimilada à iniciativa, à autonomia, à autogestão e à tomada de decisões, é um dos grandes encargos de uma educação que tem por objeto a configuração de uma cidadania livre, responsável e comprometida.

A tolerância, a solidariedade, a responsabilidade profissional não são nada mais que algo adquirido por vontade, que finalmente se converte em hábito (Camps, 1996). Por isso, o exercício da vontade é determinante no devir futuro das pessoas. Que sejamos altruístas ou egoístas, confiados ou desconfiados, responsáveis ou irresponsáveis, organizados ou desorganizados, fracos ou fortes, intransigentes ou tolerantes, tenazes, perseverantes, otimistas, pacientes etc., depende, em grande medida, do exercício da vontade.

E a pergunta sobre o tema que desenvolvemos seria: A escola em que trabalho ensina na vontade ou na docilidade? Promovemos a vontade, a iniciativa pessoal, a autonomia e a autogestão ou o acatamento de normas impostas?

Na escola de Educação Infantil, atribui-se importância crucial à transmissão de certas normas que, supostamente, tendem ao bem comum, embora, em muitos casos, nasçam mais da conveniência adulta que da utilidade que vão ter no futuro. Além disso, muitas das normas existentes nas escolas nem sequer têm transposição a outros contextos. Ainda assim, muitas professoras falam da conquista da autonomia quando os pequenos são capazes de as reproduzir tal qual as ensinam, confundindo, então, obediência ou submissão com vontade, não sendo este o caminho idôneo para uma cidadania livre e pessoas proativas.

Analise, em primeiro lugar, a que respondem as normas impostas pela instituição e, por conseguinte, caso se trate de orientações ou meras proibições, se favorecem à vontade e à iniciativa ou à mansidão.

Arquipélago dos afetos

Na atualidade, a educação emocional está presente nos documentos e discursos pedagógicos, mas ainda não em muitas salas de aula. É paradoxal, pois parece impossível desagregar os sentimentos da ação. Apesar de tudo o que nos revela a neurociência, há quem reduz a educação emocional a realizar determinadas leituras (a maior parte delas de escasso valor literário), a brincar com adesivos de *emoticons* ou atribuir cores a cada sentimento. Assim, diz-se introduzir a educação das emoções na Educação Infantil, no entanto, são desperdiçadas ocasiões cotidianas para sua abordagem, sua visibilização e seu controle: um pequeno que chora desconsolado ao se despedir de seus pais, um que não encontra seu brinquedo favorito ou que lhe seja arrancado por um colega, um que se nega a comer, um que ri apenas brincando com seu reflexo em um espelho, a alegria de um jogo sem fim... São tantas as ocasiões para conhecer e nomear as emoções ou os sentimentos que parece impossível que tenhamos que recorrer a materiais *ad hoc* ou a programações emocionais.

Dizemos sempre que a felicidade e a alegria devem ser sentidas e compartilhadas; a ira, para aprender a se acalmar; o medo, a se racionalizar; a tristeza, deve se compreender e consolar; a surpresa, a encaixar ou, ainda, provocar; o asco, a dominar. E isso, vive-se, explica-se, racionaliza-se, acentua-se ou se atenua em razão de se são positivas ou negativas. De todos, talvez o que mais tratamos de valorizar em nossas classes é a compaixão, esse sentimento de tristeza que produz o ver padecer alguém e que impulsiona a aliviar sua dor ou sofrimento, a remediá-lo ou evitá-lo. É uma das bases da solidariedade, do respeito e da ajuda, por isso, celebramos muito quando um pequeno consola outro; quando uma menina pergunta a um colega que se machucou como pode ajudar a aliviar sua dor; quando alguém diz que está ruinzinho, e os demais diminuem o volume do barulho e sugerem atenuar as luzes para que possa descansar. É tão importante destacar essas ações, que merecem o melhor reconhecimento por parte dos adultos.

Estamos convencidas de que, em um futuro não muito distante, um de nossos novos desafios será ensinar a amar. Alguém poderia dizer que se aprende a amar amando, mas nessa simplicidade se encontram implícitas formas de amar não saudáveis. Ensinar a amar com inteligência, aprofundando nas razões que nos levam a nos inclinar por algo ou por alguém muito por cima de atos viscerais, de interesse, de oportunidade ou de irracionalidade. Acreditamos que a volubilidade e a volatilidade dos afetos dos pequenos devem ser contrapostas com racionalidade, analisando as razões do amor.

Então, estaríamos nós, docentes, preparados para ensinar a amar? Somos modelo de controle emocional? Racionalizamos nossos afetos e nossos sentimentos? Apenas dando respostas sinceras a essas perguntas, analisando, com rigor, nossas afinidades e nossos medos, nosso afeto ou nosso desafeto por uma criança, estaremos em posição de ministrar educação sentimental e emocional.

Arquipélago da humanidade

Somos parte do universo, do mundo, de um país, de uma etnia, de uma cultura, de uma comunidade, de uma sociedade, de um núcleo familiar, somos indivíduos e, ao mesmo tempo, parte de um coletivo, únicos, mas também semelhantes a outros, fruto de uma cultura e, por outro lado, produtores de cultura. Tudo isso deve ser ensinado na escola, não como temas que fragmentam a realidade, senão como um todo, em uma escala compreensível para o alunado. Em forma de círculos concêntricos cada vez mais amplos. Começando pelas respostas a perguntas tão elementares e recorrentes como são: Quem sou? Como sou? Do que eu gosto? Quem eu amo? Para onde vou? Com o que posso contribuir aos demais?

Diferenciar se um gato, um bebê *reborn*[12] ou uma batata são seres vivos; se uma serpente é um animal vertebrado ou se um rato é um animal doméstico; se o leite procede do supermercado ou os poemas saem dos livros; é bem complicado para crianças tão pequeninas, de modo que não podemos compreender como há escolas nas quais já lhes mostram épocas históricas, o exercício de uma cidadania democrática em um parlamento ou as causas da extinção dos dinossauros.

Nós, professoras de Educação Infantil, devemos fazer grandes exercícios de simplificação, sem incorrer em uma banalização do saber nem em uma hiperculturalização da infância. Apenas a escuta das conversas dos pequenos é o antídoto contra esses perigos. Se, na realidade, escutamos ativamente sua forma de pensar e inquietudes, estaremos no caminho de acompanhá-las na busca de respostas às suas dúvidas. Porque essa é a chave: nós, professoras, não somos as detentoras do saber, apenas as mediadoras.

De igual maneira, quando abordamos questões como a cultura e as tradições, devemos evitar a implementação de outras alheias, fruto da intervenção escolar. Quando visitamos os *sites* de muitas instituições educativas infantis, o que mais abundam são imagens dos pequenos participando de celebrações, sempre fantasiados de algo, como se, para compreender a cultura tradicional, fossem necessários adereços[13] e cenários. As tradições nos vinculam com nossos antepassados, com suas formas de vida, com suas celebrações e rituais, e por meio deles nos transmitem

---

[12] N. do E.: trata-se de uma boneca hiper-realista que imita bebês de verdade.

[13] N. da T.: no original, *attrezzo*, do italiano.

seus modos de entender o mundo, por isso, não podemos entender a ludificação desses marcos do calendário. Algo semelhante acontece com as efemérides dedicadas a algumas das conquistas sociais ou reivindicações: Dia da Paz, Dia dos Direitos Humanos, Dia da Mulher Trabalhadora, são transmitidas ao alunado como uma maratona de atos simbólicos carentes de sentido para os pequenos, que não são capazes de estabelecer a relação entre eles e o objetivo que se pretende.

Por isso, uma vez mais, apelamos à reflexão docente sobre toda uma série de atividades totalmente consolidadas nos calendários escolares com escassa ou nula incidência na formação de conhecimento, sensibilidade, proteção ou respeito em direção às crianças. Quando, no início do ano letivo, a equipe docente se reúne para planificar todas as atividades a realizar, deveriam ter um olhar objetivo e rigoroso sobre os possíveis efeitos (os visíveis e os invisíveis) de todas essas atividades na formação humana e humanística do alunado.

Arquipélago da sabedoria

Historicamente, atribui-se à escola a responsabilidade de transmitir o conjunto de conhecimentos e experiências que se consideram dignas de formar parte do repertório de uma pessoa, quase sempre referido a um saber enciclopédico. À escola de Educação Infantil, correspondia o estágio mais básico e elementar: partir do que é próximo em uma espiral que leva ao mais distante; do local ao global, do pessoal ao coletivo: a família, as estações, os jogos, a escola, os seres vivos, os animais de estimação etc. formavam o currículo da Educação Infantil nas últimas décadas. Até que, de uns anos para cá – em uma ânsia de fugir dessa simplicidade, mostrando que os pequenos são capazes de muito mais –, abandonaram-se esses temas em favor de outros, de um nível de elevação, complexidade ou abstração que não respeitam a maturidade psicoevolutiva dos meninos e das meninas. Os planetas e as galáxias, as antigas civilizações, os animais extintos ou as correntes da arte moderna fazem parte dos conteúdos de Educação

Infantil, para admiração de suas famílias e orgulho de seus professores. À medida que raspamos um pouco essa brilhante superfície, quando nos aprofundamos, evidenciamos que os pequenos não fazem mais que memorizar aquilo que sabem que será aplaudido, mas que, passado um breve período, não deixará mais sedimento que as lindas pastas e portfólios que foram primorosamente elaborados, dedicando grande número de horas e trabalhos quase artesanais. Algo absolutamente absurdo, por várias razões, das quais destacamos duas das principais: a primeira, porque estamos deixando de lado aqueles conhecimentos que lhes dão a chave para compreender seu entorno mais imediato, aqueles que lhes permitem conhecer a si mesmos, os outros e o lugar em que vivem, em benefício de outros que voltarão reiteradamente ao longo de sua vida acadêmica; e a segunda, porque, em uma sociedade tecnologizada, na qual a informação se armazena em plataformas acessadas com um clique, o que será de suma importância é a capacidade de buscar essa informação, de analisar criticamente sua validez e de aplicá-la a nossas necessidades.

Despertar a curiosidade, o gosto por descobrir, ser capaz de chegar ao que queremos saber, despertar o sentido crítico, conectar conhecimentos, o aprender a aprender será o verdadeiro motor da sabedoria, não o armazenamento de dados desconexos.

Por isso, a primeira pergunta que as equipes docentes devem se fazer no momento de programar atividades para seu alunado é o que pretendem conseguir com elas: meninos e meninas que devorem informação que logo não saibam empregar ou despertar sua curiosidade por saber, por indagar, por descartar ou por aceitar respostas...

Sabemos que não é o que está em voga, pois em todos os congressos e em publicações especializadas em Educação Infantil abundam mais as experiências sofisticadas (inclusive com aparatos tecnológicos de última geração) que as simples vivências. Por isso, nossa responsabilidade é valorizar a importância dessas pequenas coisas imprescindíveis para a harmônica conformação do pensamento inteligente.

Arquipélago das habilidades

Diretamente relacionado com a seção anterior, quisemos incluir, como certeza fundamental na educação do futuro, o exercício de habilidades: cognitivas, comunicativas, sociais, físicas. Cada vez mais, percebemos um maior enrijecimento de todas elas, sendo, hoje em dia e no futuro, o que marcará a diferença de algumas pessoas para outras independentemente do número de títulos ou estudos que tenham realizado em sua vida.

Fruto de um estilo de vida como o atual, no qual o sedentarismo, a vida nos pequenos espaços, a escassa comunicação verbal, a excessiva exposição às telas ou a falta de sentido crítico, a cada nova turma de alunos que entra em nossas escolas, detectamos mais carências nos campos linguísticos, no raciocínio, na autonomia ou no controle corporal. Se continuarem com os mesmos hábitos, serão adultos que apresentarão essas graves carências nos âmbitos que lhes permitem se socializar, relacionar-se, expressar-se, formar-se ou cuidar de si mesmos.

A pergunta que nos fazemos sempre é: Como a escola está reagindo diante dessas dramáticas evidências? Na maioria dos casos, não adotam nenhum tipo de ação que as contraponha, e em muitas outras, ainda perseveram mais nelas. A falta de movimento, a insistência para que os pequeninos não falem e permaneçam em silêncio, a reprodução de cartões que não requerem o pensamento lógico, o cumprimento dócil de algumas normas sem questionar sua razão de ser não fazem nada além de aprofundar nessa densa brecha na formação integral dos mais jovens.

O exercício constante das habilidades de pensamento (observação, análise, raciocínio, inferência, comparação, avaliação) lhes permitirá processar informação, adquirir conhecimentos e resolver problemas, além de os converter em seres pensantes.

As habilidades comunicativas requerem, em primeiro lugar, modelos de referência ricos, de pessoas adultas, exemplo de escuta ativa, de linguagem verbal ou não verbal, de empatia, de uso da linguagem escrita, do icônico e da leitura.

Quanto às habilidades físicas, como a corporalidade consciente, a destreza motora, a coordenação e o equilíbrio, estas são obtidas apenas por meio de treinamento, já que não podem ser adquiridas como conhecimento teórico.

Por sua vez, as habilidades sociais, como a empatia, o saber estar, a escuta, o respeito, a assertividade, a amabilidade, a capacidade de negociação, a regulação emocional ou o pensamento positivo e olhar aberto à diferença, devem ser, também, vivenciadas, para serem incorporadas ao repertório de uma pessoa.

Estando todas elas inter-relacionadas, não podem ser assimiladas a disciplinas, senão a estar presentes em maior ou menor medida em todas elas.

Por isso, as perguntas que faremos aos leitores deste livro serão: Em que medida promovem essas destrezas? Quanto tempo dedicam a seu exercício? As programações giram em torno desses eixos ou de outros tangenciais? Pense que a maior parte dos desenvolvimentos didáticos tem como núcleo temáticas absolutamente irrelevantes para o desenvolvimento harmônico de um ser humano.

À vista dessa classificação, trate de analisar de que modo são abordadas essas habilidades ao longo do dia. O uso do diário, ou de um quadro de dupla entrada, no qual se recolham habilidades e atividades, sempre será extremamente esclarecedor e oferecerá o *feedback* necessário para reconduzir nossa práxis.

Arquipélago da beleza

O conceito de beleza muda nas diferentes épocas históricas e culturas. Sendo associado ao harmonioso, ao equilíbrio, ao bem-acabado, ao bonito, ao que nos produz prazer, nos últimos anos poderia não se ajustar a esses padrões, em especial se entramos no terreno da arte contemporânea, da moda ou da fotografia. Por isso, afirmá-la como uma certeza futura poderia ser um risco. Mas a beleza que queremos realçar vai mais além do seu reducionismo à arte.

Quando falamos de educar nossos filhos na admiração, na apreciação e no desfrute da beleza, referimo-nos, basicamente, à beleza cotidiana, essa que não costuma entrar nos museus. A capacidade de se maravilhar diante de um céu ao amanhecer, uma paisagem, uma flor, uma nuvem, um ato de bondade de um colega, o gorjeio de um pássaro ou a generosidade de quem compartilha sua alegria. Há beleza em um poema, mas também em um gesto de gratidão; é bela uma escultura, mas também o é um bosque; é harmoniosa uma sinfonia, mas também o é a cadência da chuva ao cair.

Se afirmamos que com os pequenos se deve ir do mais próximo ao mais distante, com a beleza sucede algo semelhante. Porém, também requer questionamentos que os pequenos não serão capazes de se fazer, mas sim quem os expõe a ela. Somos nós, as pessoas adultas, quem incutimos nas crianças os ideais de beleza, e é nesse ponto em que queremos incidir. Às vezes, decoramos os espaços infantis com imagens que acreditamos que serão de seu gosto (de forma muito frequente, da indústria Disney), sem ponderar nos estereótipos que se transmitem por meio dessas ilustrações: de papéis de sexo/gênero; de *status* social; de culturas dominantes etc., sendo isso algo que se reproduz por igual em qualquer lugar do planeta, independentemente do contexto cultural, social, econômico ou de sua história e suas tradições, que ficarão isoladas por algo advindo de um produto do imperialismo americano. Isso também acontece com músicas, canções ou coreografias viciantes com as quais consentimos na escola, porque estão presentes em todos os lugares, sem refutar as mensagens de conteúdo sexual ou vexatório em relação às mulheres.

Faz-se, por isso, muito necessário, revisar todos esses aspectos aparentemente inocentes e inócuos que se filtram dentro dos espaços educativos e acabam colonizando outras culturas ancestrais ou direitos fundamentais. O ser humano precisa se recriar na beleza, acumulando-a como um bem estimado, mas nós, educadores, devemos ser extremamente cuidadosos nas seleções que fazemos.

Como sempre, propomos como exercício da equipe docente a revisão de seus conceitos de beleza, tendo como filtro as mensagens subliminares que se transmitem.

Arquipélago da esperança

A escola sempre viveu uma ambivalência em relação àquilo que deve transmitir: se deve ser reflexo da sociedade ou espelho no qual esta se olhe. Nós sempre apostamos pela educação como motor de mudança social, por isso, a escola deve tender à utopia, inclusive em direção ao que está presente no contexto. Além disso, acreditamos que deve insistir mais naquilo de que mais carecemos como pessoas e como coletivo. Esse pensamento é palpável neste texto, e, se não acreditássemos que a educação pode mudar o mundo, iríamos nos limitar a falar do existente, não do desejável, tal qual estamos fazendo.

Por isso, acreditamos firmemente que as instituições educativas devem ser esses redutos nos quais ainda existe a utopia de um mundo melhor, fazendo partícipes ao alunado desses ideais sociais e coletivos. Se não acreditamos que podemos salvar o planeta, reduzir as desigualdades, paliar as diferenças, chegar a um entendimento, distribuir equitativamente as produções, tratar por igual os outros, independentemente de sua condição, se não acreditamos nos Direitos Humanos ou no desenvolvimento sustentável, é melhor que fechemos as escolas.

A esperança em um mundo melhor deve ser o horizonte ao qual orientamos o nosso alunado. Se somos fatalistas e derrotistas, nossas crianças também o serão. Se não adotarmos medidas para mudar as situações injustas, a injustiça persistirá. Se não contribuirmos com nosso grão de areia para uma equilibrada distribuição da riqueza, a pobreza continuará assolando o mundo. Precisamos nos dar conta da responsabilidade que está em nossas mãos e do pouco que a exercemos.

Em muitos casos, de forma intencional ou não, o único que a escola faz é aprofundar mais na injustiça social, na degradação do meio, na falta de equidade. E não temos consciência disso porque fazemos como fazem todos, como vemos nos meios ou em nossos contextos. Porém, lembre-se de que nós, em nosso desempenho profissional, temos o dever e a obrigação de mostrar as melhores conquistas da humanidade, entre elas, a igualdade e a esperança que depositamos em nos fazermos melhores.

Apenas transformar as instituições educativas em lugares para sonhar, em lugares nos quais tornamos possíveis nossos anseios e projetos futuros, nos quais o que importa mais é a marca pessoal que se deixa em detrimento a todas as heranças e riquezas, apenas assim poderemos deixar uma porta aberta à esperança de um mundo melhor.

Considerações finais

> Preparar-se para nosso mundo incerto é [...] esforçar-se em pensar bem, é nos tornarmos aptos para elaborar e praticar estratégias, é, em suma, efetuar nossas apostas com toda consciência.
>
> *Edgard Morin*

A formação entre iguais é das experiências formativas mais enriquecedoras. Quando podemos olhar o que outros fazem, inevitavelmente estamos submetendo-o a uma comparação com o que nós fazemos. É por isso, em nosso compromisso com a melhora da qualidade da Educação Infantil, que, há muitos anos, compartilhamos na rede todas as nossas atividades escolares, o que nos obriga a refletir muito profusamente, para poder explicar e expor no *blog* InnovArte Educación Infantil, no Facebook e no Twitter. No entanto, nos últimos tempos, fomos muito resistentes a fazê-lo sem mediar uma fundamentação teórica. Em mais de uma ocasião, temos visto nossas atividades clonadas pelo mero fato de que são bonitas ou têm uma boa apresentação. Pela mesma razão, negamo-nos a compartilhar por meio do Instagram. Contra a crença popular de que "uma imagem vale mais que mil palavras", nós respondemos que isso vale para quem conhece o código, pois, do contrário, se não temos palavras para interpretar e descrever, essa imagem não vale nada.

Em outras palavras, para que alguém possa entender a singeleza de uma de nossas propostas ou a ausência de imagens, antes, deve compreender nossos fundamentos, nossos princípios educativos e a orientação ou o objeto de nossa prática.

Neste momento de nossa vida profissional e pessoal, fomos absorvidas pelos arquipélagos de certezas. Com toda probabilidade de não nos encontrarmos nesta grave situação mundial, teríamos feito outra redação. Desejamos que lhes seja de ajuda em seu processo de autoformação e de transformação, tanto como tem sido para nós as leituras que recolhemos na última seção e que inspiram este desenvolvimento já implícito em nossas formas de fazer, mas que, até agora, nunca foi redigido.

Não queremos finalizar sem uma última alusão a Morin (2000), que, ao fio das situações de incerteza, inspiradoramente defende o estabelecimento de estratégias ante programas, porque estes são determinações *a priori* de uma sequência de ações com vistas a um objetivo, mas a menor perturbação de condições decompõe a execução do programa:

> Todo nosso ensino tende para o programa, ao passo que a vida exige estratégia e, se é possível, contar com serendipidade[14] e arte. Teria que operar uma mudança profunda nos conceitos com o fim de nos prepararmos para os tempos de incerteza. (Morin, 2000)

Estabeleçamos, pois, uma estratégia de atuação que inclua as certezas, pois a incerteza nos espreita a cada dobrar de esquina.

Não nos falta mais que agradecer a oportunidade que nos proporciona de contribuir com nossas reflexões a este rico compêndio de cosmovisões sobre a Educação Infantil e de nos despedirmos com uma piscada de olho afetuosa a nosso "anfitrião", a quem dedicamos esta última seção.

---

[14] N. da T.: aptidão, faculdade ou dom de atrair o acontecimento de coisas felizes ou úteis, ou de descobri-las por acaso.

Finis Terrae[15]

Nossa terra é majoritariamente conhecida por sua capital, Santiago de Compostela: um dos três grandes centros de peregrinação da cristandade. Embora quase todos os turistas que vêm à Galícia completam sua viagem até Finisterra,[16] lugar conhecido desde a Antiguidade pela crença de que era ali onde se acabava o mundo. Pensavam os romanos que era o extremo mais ocidental da Europa; hoje em dia, é sabido que é o quarto, mas isso não diminui seu caráter atrativo. Desde então, entre o mito e a lenda, é como um imã que atrai visitantes que desejam ver com olhos ancestrais a arca onde se ocultava o Sol todos os entardeceres (*Ara Solis*); o lugar onde os peregrinos queimavam suas botas e roupagens após fazer o Caminho das Estrelas, seguindo a Via Láctea;[17] e o abismo que marcava o limite de uma Terra plana.

Queremos encerrar o capítulo com essa menção por dois motivos: um real e um metafórico.

Conhecemos Cristiano Alcântara, organizador desta publicação, em uma visita que nos fez em Santiago de Compostela, lugar pelo qual tinha muito interesse, tanto ele quanto as compatriotas que o acompanhavam. Traziam, ainda, o empenho de conhecer *Infinitus,* e lá fomos todos em um ventoso domingo de inverno. Como ato simbólico de registro de nossas futuras colaborações e amizade, tiramos uma fotografia no Fim do Mundo conhecido pela Antiguidade. É por isso que queremos recordá-lo aqui.

---

[15] N. da T.: expressão latina para "fim da terra".

[16] N. da T.: estão se referindo ao cabo Finisterra, localizado no município de mesmo nome, na Espanha, província da Corunha, comunidade autônoma da Galícia. O cabo está localizado a cerca de 100 km a oeste de Santiago de Compostela, e é considerado por muitos o verdadeiro fim do Caminho de Santiago. Muitos peregrinos, após visitarem a cidade e sua catedral, seguem viagem até o extremo do cabo, como fizeram as autoras Ángeles e Isabel e o coordenador Cristiano Alcântara.

[17] N. da T.: existe uma tradição popular, conhecida há séculos, que diz que a Via Láctea, por seu formato, consegue indicar aos peregrinos o caminho de Santiago de Compostela durante a noite. Por isso, a Via Láctea é também um dos nomes dados ao Caminho. Curiosamente, tanto em Portugal como na Espanha, a galáxia também é conhecida como Caminho ou Estrada de Santiago.

Figura 1.1 - Em *Finis Terrae.*

A outra razão, a metafórica, é que, seguindo com nosso paralelismo da navegação em oceanos de incerteza, os dois grandes perigos a se evitar na escola são:

Primeiro. A falta de portos seguros nos quais ancorar, pois nos levará a uma deriva como a do "Holandês voador",[18] *condenado a vagar eternamente pelos oceanos, sem nenhum contato com a terra, com a realidade. Um barco que não afunda, mas que não se firma em nenhum lugar. Uma maldição que sempre assombra a escola.*

Segundo. As visões planas do mundo, que nos levarão, como na imagem alegórica que acompanha, a nos lançar pelo precipício da ignorância e da falta de humanidade. O reduzir a educação à navegação entre temários em sequências lineares, esquecendo a importância dos arquipélagos de certezas nos desembocará irremediavelmente ao Finis Terrae.

Figura 1.2 - *I told you so* [*Eu te disse*, em tradução livre], do pintor estadunidense Ed Miracle (1976).

[18] N. da T.: *Der Fliegende Holländer*, conhecida também como *O navio fantasma*, é uma ópera de Richard Wagner, de 1843.

Referências

ABELLEIRA BARDANCA, A.; ABELLEIRA BARDANCA, I. *Los hilos de infantil*. Barcelona: Octaedro, 2017.

ABELLEIRA BARDANCA, A.; ABELLEIRA BARDANCA, I. *El latido de un aula infantil. Elogio de la cotidianidad*. Barcelona: Octaedro, 2020.

ABELLEIRA BARDANCA, A.; ABELLEIRA BARDANCA, I. *Os fios da infância*. São Paulo: Phorte, 2018.

ABELLEIRA BARDANCA, A.; ABELLEIRA BARDANCA, I. *O pulsar do cotidiano de uma escola da infância*. São Paulo: Phorte, 2020.

CAMPS, V. *Virtudes públicas*. Madrid: Nueva Austral, 1996.

COMISIÓN EUROPEA; EACA; EURYDICE. *Cifras clave de la educación y atención a la primera infancia en Europa* – Edición 2019. Informe Eurydice. Luxemburgo: Oficina de Publicaciones de la Unión Europea, 2019. Disponível em: https://fe.ccoo.es/a47d162bbd4ddb1552546e8a6d4c6d45000063.pdf. Acesso em: 9 fev. 2023.

GARDNER, H. *Verdad, belleza y bondad reformuladas*: la enseñanza de las virtudes en el siglo XXI. Barcelona: Paidós, 2011.

NACIONES UNIDAS. ¿Qué son los Objetivos de Desarrollo Sostenible? *Objetivos de desarrollo sostenible*: los ODS en acción, 2016. Disponível em: https://www.undp.org/content/undp/es/home/sustainable-development-goals.html. Acesso em: 9 fev. 2023.

MAYOR, F. Prefacio del Director General de la Unesco. *In*: MORIN, E. *Los siete saberes necesarios de la educación del futuro*. París: Unesco, 1999.

MIRACLE, E. *I told you so*. 1976. 1 gravura. Disponível em: https://www.miraclesart.com/product-page/i-told-you-so. Acesso em: 20 mar. 2023.

MORIN, E. *Los siete saberes necesarios de la educación del futuro*. París: Unesco, 1999.

MORIN, E. *La mente bien ordenada*. Barcelona: Seix Barral, 2000.

SELIGMAN, M. E. P. *El circuito de la esperanza*: el viaje de un psicólogo de la desesperanza al optimismo. Barcelona: Ediciones B, 2018.

TORRES SANTOMÉ, J. *El currículum oculto*. Madrid: Morata, 1991.

ORGANIZACIÓN DE LAS NACIONES UNIDAS PARA LA EDUCACIÓN, LA CIENCIA Y LA CULTURA (UNESCO). *Replantear la educación*. ¿Hacia un bien común mundial? París: Unesco, 2015. Disponível em: https://unesdoc.unesco.org/ark:/48223/pf0000232697. Acesso em: 9 fev. 2023.

As autoras

Ángeles Abelleira Bardanca

Isabel Abelleira Bardanca

São duas irmãs professoras de Educação Infantil que, desde 2010, mostram seu trabalho na escola pública galega no *blog* InnovArte Educación Infantil. Elas ganharam vários prêmios de inovação educativa em nível autônomo (2001-2003); o Prêmio Mestre Mateo (2011) por suas colaborações educativas no âmbito audiovisual; o Prêmio Francisco Giner de los Ríos à Melhora da Qualidade Educativa (2012). Foram selecionadas para representar a Espanha pelo ciclo 3-6 na I Red Iberoamericana de Innovación Educativa en Educación Infantil (2014). Em 2016, foi-lhes concedido o Prêmio Marta Mata de Pedagogia, pelo livro *Os fios da infância*.

Têm desempenhado funções na administração educacional relacionadas à formação permanente, à ordem e à inovação educacional, e à direção de escolas. Colaboram habitualmente em atividades de formação de professores e em projetos editoriais e publicações especializadas em Educação Infantil.

Cristiano Rogério Alcântara

2

O papel da Coordenação Pedagógica na construção do Projeto Pedagógico do macro para o micro: possibilidades investigativas

Creio ser importante iniciar este texto me justificando pelo imenso título que ele assume. Tenho o péssimo hábito de tentar anunciar, no nome do texto, tudo o que pretendo abordar, parecendo que um título pode dar conta de toda complexidade que se encontrará num texto... Acredito, porém, que estes parágrafos introdutórios do capítulo devam fazer isso. Aqui, destrincho, parte a parte, o título e explico como seguiremos a prosa ao meu leitor.

Vou, inicialmente, tratar do papel do coordenador pedagógico, que, infelizmente, não é uma figura que se encontra em todas as unidades educacionais do Brasil. Muitos municípios usam a figura do professor--coordenador, ou outra nomenclatura, deixando de assumir a possibilidade de existir um cargo para tal função.

Sigo tentando mostrar, por meio de duas intervenções que realizei em 2022, como o coordenador pedagógico pode ser um importante personagem na construção do projeto didático da unidade educacional, das turmas e – sonho máximo de consumo – dos pequenos grupos nas turmas. No entanto, isso é prosa para mais de um texto.

Da mesma forma que o meu pomposo título não deu conta de abordar toda a complexidade envolvida na escrita do texto em si, posso dizer que este capítulo, por mais bem-escrito que esteja, não dará conta de tratar de todas as nuances que estiveram envolvidas em minhas ações, das professoras, dos bebês e das crianças. Contudo, prometo que farei o maior esforço para ofertar o máximo de dados possível.

Afinal, vejo três interessantes movimentos acontecendo no momento desta tentativa de partilha. No primeiro, um grande exercício metacognitivo da minha parte, estou exercendo uma grande reflexão dos meus atos de coordenação. O segundo, por sua vez, é uma oportunidade ímpar de usar tanto da construção como do texto para o meu grupo docente rever seus passos e analisar suas construções procedimentais.

E, por fim, porém, não menos importante, a oportunidade de ser lido por você, leitor, e saber, depois, se o escrito lhe fez ou não sentido.

Existem formas mais acadêmicas de escrever um texto que trata de um relato. Aqui mesmo, neste livro, você pode se deparar com várias delas; além disso, minha dissertação, minha tese e, até mesmo, meu relatório de pós-doutorado foram escritos assim. Então, por que escrever como uma conversa? A maior justificativa que encontro, de bate-pronto, é: desejo que você me sinta ao seu lado; a outra – e mais ousada – é que, numa conversa, há maior margem para o não sabido: sim, vou escrever muita coisa que reconheço, de antemão, que não sei profundamente como cheguei à construção. Parte disso se deve ao meu conhecimento tácito, tão bem explicado por Kenneth Zeichner (1993); outro tanto estou amadurecendo a compreensão. Por exemplo, conversar com a estudiosa Maria Emília Lopes no estágio que realizei em 2022, na unidade educacional que ela dirige em Buenos Aires, na Faculdade de Direito, abriu-me a possibilidade de aceitar que sempre existirá algo em nossa prática docente que não poderá ser nomeada.

Posto tudo isso, pronto(a) para embarcar no diálogo? Gostaria muito de que encetássemos um diálogo dentro das proposições de Habermas (2007, p. 15):

> Os participantes, no momento mesmo em que encetam uma tal prática argumentativa, têm de estar dispostos a atender à exigência de cooperar uns com os outros na busca de razões aceitáveis para os outros; e, mais ainda, têm de estar dispostos a deixar-se afetar e motivar, em suas decisões afirmativas e negativas, por essas razões e somente por elas.

Esclareço que não desejo me colocar como senhor de nenhuma verdade absoluta, até mesmo porque ela não existe, mas espero que possamos fazer dos pressupostos do filósofo alemão o guia desta conversa. Você se permitirá procurar se afetar por mim, e, quando você argumentar comigo, por redes sociais, *e-mail*, carta, palestras, ou de outras formas, também me permitirei ser afetado por você.

O papel da Coordenação Pedagógica

Tenho um livro intitulado *Coordenação pedagógica na infância: a gestão dialogada com os registros* (Alcântara, 2020), no qual, em 312 páginas, procuro mostrar o que compreendo ser o papel da Coordenação Pedagógica. Nessa obra, tanto traço o meu percurso formativo e constitutivo do papel de ser um coordenador pedagógico como apresento algumas das minhas intervenções feitas com os grupos ou os indivíduos. Assim, apresento o que acredito ser o papel do coordenador pedagógico.

Como não posso, simplesmente, transcrever as 312 páginas aqui, preciso usar meu poder de síntese, reconhecendo que não abarcará tudo, para que você que me lê consiga traçar um panorama mínimo do que compreendo como o papel do coordenador pedagógico. Aqui, desejo fazer justiça à pessoa que mais me ajudou neste caminhar, a Professora Doutora Vera Placco, que esteve na minha formação no doutorado: eu fiz sua disciplina, ela participou da minha banca de doutorado e, depois, gentilmente, auxiliou-me no meu pós-doutoramento, com a sua supervisão.

Poderia listar muitas pessoas que vão discutir o termo *papel*, em vez de *função*, e outras questões semânticas. Mas, e sempre temos um *mas*, tanto na lida cotidiana como na escrita acadêmica, não vou enveredar por esse caminho. Quero sintetizar da seguinte forma: filio-me à compreensão de que me constituo coordenador pedagógico no desempenho das minhas funções de coordenação. Reconheço que muitas profissionais têm uma prévia representação de qual seria o meu papel, e eu posso – ou não – reforçaressas prévias impressões.

Ao ir ao encontro das ou de encontro às expectativas do grupo e dos indivíduos, terei ora aceitação das intervenções que sugiro, ora incompreensão das propostas. O que precisa estar muito claro, inicialmente, a quem desempenha a função coordenadora é que os princípios educacionais precisam ser garantidos. Se os princípios precisam de garantias, cabe à Coordenação o papel de guardiã dos princípios. Assim, a Coordenação deverá apresentar as interdições quando os princípios forem esquecidos e as congratulações quando os princípios forem respeitados.

Veja, as interdições e as congratulações não podem estar no campo das preferências pessoais. Não posso, por gostar mais – ou menos – de uma pessoa, pautar minhas intervenções nas relações pessoais que estabeleço com os sujeitos que compõem a unidade educacional. Os princípios precisam ser a métrica. Deve-se ficar claro que os princípios saem tanto do arcabouço legal como das proposições materializadas nas escritas dos Projetos Político-Pedagógicos (PPPs) das unidades educacionais.

Aqui, neste pormenor, que gosto de brincar e chamar de "pormaior", reside o primeiro grande desafio e a razão de ser da figura do coordenador pedagógico. Esse profissional precisa ser o que coordena a unidade educacional a reconhecer, entre todo o aparato legal, o que será materializado pelas pessoas que lá se encontram. Existe um documento que sintetiza essas escolhas, e que dá segurança para todos persistirem na escolha, o PPP.

Melhorando minha definição de Coordenação Pedagógica: cabe ao coordenador pedagógico garantir e zelar que as proposições apresentadas no PPP, que foram construídas coletivamente, sejam seguidas e, ao se deparar com pessoas que não estão considerando as proposições, indicar os desvios e auxiliar ao retorno da rota.

Precisa-se ter a clareza de que essas indicações e os auxílios de retorno à rota não serão assimilados e compreendidos por todos da mesma forma. Há pessoas que recebem essas intervenções com alegria, sentindo-se valorizadas pelo fato de existir um profissional que zela pelos seus fazeres. Em contrapartida, existem pessoas que se sentem invadidas, quase que desrespeitadas, por terem alguém a indicar possibilidades de seus fazeres serem realizados de outra forma.

O guia de conduta que fui utilizando ao longo desses anos, para servir como um parâmetro para mim, foi: preciso garantir que os princípios acordados coletivamente e expressos no PPP estejam em consonância com o que vejo/escuto/leio. E, nessa tríade, reside outra característica do que compreendo ser um coordenador pedagógico. Afinal, um coordenador precisa andar muito pela unidade educacional, escutar muito os bebês, as crianças, os funcionários e os docentes, e, por fim, ou, na verdade, em consonância com tudo isso, ler escritos docentes que narrem os seus fazeres.

Nenhuma parte da tríade ver/escutar/ler se sustenta sem a outra. Se fosse para fazer um paralelo quase que de ordem religiosa, diria ser a Santíssima Trindade da Educação Infantil. Com a diferença de que o pai, o filho e o espírito, nesse caso, mudam constantemente de figura: ora ganha prevalência, no meu fazer, "acompanhar o escrito", com base nele, observar o que vejo na unidade e, então, efetuar perguntas às professoras; ora ganha prevalência a observação, guiando minhas leituras e, depois, minhas conversas com o grupo; ora se sobressaem minhas conversas para direcionar minhas observações e perceber a coerência do escrito.

Creio que me fiz entender ao leitor; mais do que se preocupar com o que vem primeiro, o importante é compreender que, na lógica do dia a dia, uma estratégia terá prevalência sobre a outra. E, no encaminhar das propostas, daquilo que vi, escutei e li, vou percebendo aspectos que podem ajudar os docentes a se questionarem acerca de projetos de trabalho.

Assim, o papel do coordenador pedagógico é, além de zelar pelos princípios presentes no PPP da unidade educacional, ajudar o seu grupo a encaminhar possibilidades de trabalho com os bebês e as crianças, para, quiçá, tornarem-se um projeto didático.

Nem tudo vira projeto didático

Há uma busca, quase obsessiva, de algumas profissionais para se chegar ao projeto didático, parecendo que todos os males da Educação, com destaque à Educação Infantil, resolver-se-ão se tivermos um projeto didático. Quero, inicialmente, deixar muito claro que acredito ser fundamental que existam projetos didáticos, porém, não são eles que resolverão todos os problemas e todas as dificuldades. Dessa forma, entra em ação algo que compreendo como essencial: Como nascem os projetos didáticos?

A melhor forma de nascimento de um projeto didático seria acontecer com base em uma pergunta do grupo, que se colocaria em movimento de pesquisa. Quanto maiores são as crianças, mais fácil de se encaminhar. O desafio vai aumentando conforme vai diminuindo a idade das crianças e chegando aos bebês.

O que desejo deixar bem claro aqui é que nem tudo o que fazemos numa unidade educacional precisa virar um projeto didático. E melhor será a experiência de estar num trabalho coletivo de pesquisa quanto mais significativa for a pesquisa para todos os envolvidos na ação educativa.

Uma Cozinha Experimental nascendo: o contexto no qual se deu a proposição

Após cinco anos de trabalho na Secretaria Municipal de Educação de São Paulo (SME-SP), um ano como formador e quatro anos como diretor da Divisão da Educação Infantil, vejo-me com o desafio de reassumir as funções de coordenador pedagógico, além de verificar e perceber se o que foi desenhado por nossa[1] gestão efetivamente chegou à unidade educacional.

Entre todos os desafios que vivenciamos na SME-SP, o de se abordar a modalidade organizativa dos projetos didáticos sempre foi desafiador, pois reconhecíamos que falar em projetos didáticos era mexer com princípios e conceitos, além de sermos capazes de lidar com a necessidade de desconstruir aspectos e procedimentos que se adotam há muito tempo.

> Os projetos desenvolvidos sobre temas que encantam as crianças – tendo-as como protagonistas ativas na definição do tema, na coleta de material, na exploração do material, na busca e na expressão do que vão conhecendo e interpretando acerca do tema de seu interesse (São Paulo, 2019, p. 102)

[1] A partir deste ponto, usaremos a primeira pessoa do plural, afinal, reconheço que não poderia ter efetivado sozinho nenhuma das proposições que se seguem.

Quando retomamos nossas funções de coordenação, no início de fevereiro de 2022, a unidade educacional estava finalizando o espaço de uma Cozinha Experimental, um local bonito e aconchegante, faltavam apenas alguns detalhes de alvenaria, os móveis e os eletrodomésticos. Parecia claro o desafio de fazer esse espaço ser significativo para todos, assim, convocamo-nos a sistematizar essa situação como disparadora de uma construção metacognitiva mais aprofundada, com o grupo docente, sobre os princípios de um projeto didático.

E, aqui, apresentamos uma ousadia: desejamos explicitar o nosso caminho reflexivo de questionamento e de construções simbólicas, bem como, quando possível, apresentar os percursos docentes. Sabíamos que usaríamos da perspectiva de homologia de processos, desejávamos que as professoras tivessem a oportunidade de vivenciar situações que poderiam partilhar com as suas crianças nos cotidianos da unidade educacional.

Como nasce um projeto?

Lembramos das nossas experiências docentes, bem como de Coordenação Pedagógica, ajudando os professores a escrever e a construir projetos didáticos, e nos desafiamos a sistematizar, desde o início, o caminho que utilizaríamos nessa construção. E, aqui, deparamo-nos com os primeiros desafios: nosso percurso não significa ser a única possibilidade de construção; constituir um caminho coletivo não significa todos fazerem a mesma coisa e ao mesmo tempo. A unidade educacional precisa ser um *locus* de circulação de possibilidades de diferentes perspectivas e constructos.

O que nos leva a uma grande indagação: Como ajudar o grupo a avançar sem sermos prescritivos? E, o mais desafiador, como fazer isso oferecendo possibilidades que tragam autonomia na construção, e não dependência das orientações dos gestores? Pensamos em organizar melhor nossas ideias, escrevendo um mapa conceitual (Figura 2.1).

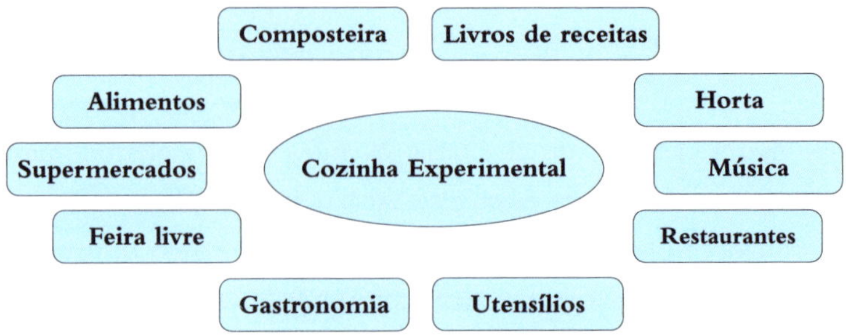

Figura 2.1 - Mapa conceitual 1.

Após esse primeiro desenho, sentimo-nos provocados a ir um pouco mais longe. Para isso, escolhemos um dos itens, no caso, *supermercados*.

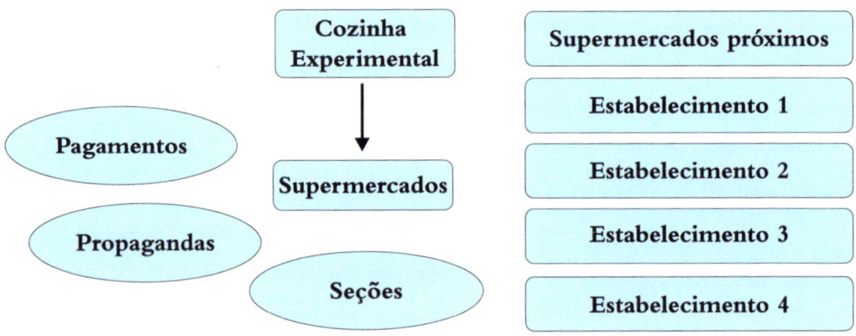

Figura 2.2 - Mapa conceitual 2.

Ao terminar o segundo mapa, tomamos consciência de dois aspectos: o primeiro que desenhamos coisas muito ligadas às funções sociais, não apresentamos nenhum objetivo, muito menos, um conteúdo, o que comprova que estamos materializando os princípios e os conceitos que advogamos da Teoria Histórico-Cultural.

Mas será que isso está claro ao nosso grupo de professoras? Acreditamos que não, contudo, também podemos estar equivocados, o que nos desafia a mapear, inicialmente, o que elas sabem, para, então, iniciar um trabalho de aproximação entre o que nós sabemos e o que elas sabem.

Precisávamos iniciar o mapeamento com elas. Como cada uma já havia construído um mapa conceitual para a sua sala-referência, acreditávamos que poderíamos pedir que pensassem num mapa conceitual bem inicial. Essa segurança de solicitação se deu porque tínhamos mostrado um mapa nosso ao término de uma devolutiva geral ao grupo (que é feita semanalmente após a leitura de todos os Diários de Bordo).

Esse preenchimento seria um aquecimento para a reunião pedagógica a se realizar no mês de março de 2022, num sábado. Mais adiante, vamos nos dedicar a relatar e a problematizar esse encontro de forma mais pormenorizada. Antes de chegarmos à reunião pedagógica, realizamos muitas ações.

A primeira foi a de pesquisar acerca de cozinhas experimentais no Google, colocando os descritores: "cozinha experimental na Educação Infantil" e "artigos acadêmicos sobre cozinha experimental na Educação Infantil".

Devemos antecipar que levamos um considerável susto. A maior parte do que apareceu na primeira pesquisa ficou circunscrita a propagandas de escolas particulares que faziam clara menção às suas cozinhas experimentais como espaços para as crianças viverem o "lúdico da aprendizagem". Algumas delas chegavam ao ponto de dizer que as crianças, ao fazerem pipoca na Cozinha Experimental, teriam a possibilidade de fazer uma rica significação da letra "P", e, assim, aprenderiam o alfabeto brincando e cozinhando.

Quanto aos textos acadêmicos, encontramos poucos relatos de experiências sobre o assunto e nenhuma descrição da constituição da cozinha em si. Vale ressaltar que também não encontramos nada que ajudasse a quem desejasse montar uma cozinha a pensar como proceder.

Imprimimos os quatro textos que conseguimos ter acesso, e surgiram novas indagações: Se há pouco material publicado e publicizado a esse respeito, como podemos ajudar o grupo a ter mais material? E, o mais interessante, se desejamos ajudar e ser ajudados, não seria a hora de colocar o grupo para efetivar a pesquisa também?

Nos encontros coletivos formativos na unidade, todas as professoras da manhã se reuniam com a Coordenação Pedagógica das 7 às 8 horas, às terças, quartas e quintas-feiras; as professoras da tarde, nos mesmos dias, no horário das 12 às 13 horas. Entregamos os textos e os lemos coletivamente. O grupo também ficou intrigado sobre como poderíamos planejar o que faríamos para constituir a nossa Cozinha Experimental.

No meio do caminho, concepções e princípios...

Simultaneamente, deveríamos garantir que os princípios do que é um projeto didático estivesse, no mínimo, sendo problematizado por todos os participantes. Desse modo, fomos ao Google Acadêmico e procuramos pelos descritores: projeto didático na Educação Infantil, com o filtro desde 2018, e escolhemos três textos:

- *Atitudes socioambientais na educação infantil: um estudo em um CMEI*[2] *da Rede Municipal de Recife-PE*, das autoras Gilvaneide Ferreira de Oliveira e Renata Carvalho da Silva (2021), visando compreender as possibilidades e as dificuldades dessa temática em uma unidade de Educação Infantil.
- *Os três momentos pedagógicos na Educação Infantil: experiências práticas de Educação Ambiental*, publicado em 2020, na *Revista Latino-Americana de Estudos em Cultura e Sociedade*, cuja autora, a professora Lia Heberlê de Almeida, aborda a relevância do ensino de Ciências Naturais na Educação Infantil.
- *Uma análise sobre o processo de ensino pedagógico e a inserção da alimentação saudável na Educação Infantil*, publicado *na Research, Society and Development* (Fernandes *et al.*, 2022), sobre o direito à alimentação escolar e a formação dos hábitos alimentares na etapa da Educação Infantil, do ponto de vista do aspecto lúdico.

E nos indagamos: O que será que se fala de planejamento na Educação Infantil? E, escolhemos outros três textos:

- *Planejamento narrativo na Educação Infantil*, da professora Marlene Oliveira dos Santos, doutora em Educação e professora adjunta da Faculdade de Educação da Universidade Federal da Bahia (UFBA), publicado na *Revista Debates em Educação*, em 2021.
- *Planejamento na Educação Infantil: entre necessidades, saberes e práticas*, é uma publicação da doutora Daiana Camargo, da Universidade Estadual de Ponta Grossa, em colaboração com Marcela Pontarolo Gruvald e Adriana Nicolaio, publicado na edição de agosto de 2021,

[2] N. do E.: CMEI é a sigla para Centro Municipal de Educação Infantil.

da revista *Dialogia* do Programa de Mestrado em Gestão e Práticas Educacionais (Progepe) da Universidade Nove de Julho (Uninove).

- *Planejamento, avaliação e o fazer pedagógico*, artigo das doutoras em Educação, Cássia Fabiane e Sandra Regina, publicado na revista *Multidebates*, em 2020.

O desafio, nesse arranjo inicial, é como sairmos do papel de quem centraliza as escolhas e as discussões, e, coletivamente, permitirmos que apareçam outros textos e outros pontos de vistas.

A ideia foi fornecermos um texto para cada trio de professores ler e produzir uma síntese (que seria partilhada para o grupo), e, depois, definirmos como a unidade educacional compreende o planejamento e o projeto didático para estar no PPP.

Este movimento: leitura pelos docentes, apresentação para os pares, síntese do texto pelo grupo que leu, síntese geral da unidade e registro no PPP será a dinâmica empregada em todos os textos que estudaremos. Dessa forma, esperamos contribuir para a construção de uma comunidade de aprendizagem (Imbernón, 2011).

Apresentamos a ideia ao grupo docente, e, *a priori*, não houve resistência; ao contrário: as professoras-módulo[3] se animaram e quiseram fazer um cardápio interativo no refeitório, escreveram a respeito da proposição e convidaram as colegas para ajudar.

Com um grupo motivado, fomos procurar ajuda de dois profissionais: uma nutricionista especializada em Nutrição Escolar e um fonoaudiólogo. A Prefeitura de São Paulo, desde 2020, destina uma verba diretamente para as suas unidades educacionais pagarem profissionais para formarem suas equipes nas escolas.

A contratação precisa passar pelo conselho de escola e estar claramente atrelado ao PPP e ao Projeto Especial de Ação (PEA). Iniciamos as conversas com esses profissionais que escreveram os seus projetos para serem apresentados ao conselho de escola.

---

[3] Na Prefeitura Municipal de São Paulo, são aquelas que não têm uma turma de regência. Elas estão na unidade educacional para cobrir eventuais ausências de professoras com turmas atribuídas e, quando não estão em substituição, podem – e devem – estar como apoio às professoras e aos gestores da escola.

Uma reunião pedagógica pensada como uma homologia de processo

Diríamos que o ápice do trabalho foram as duas reuniões pedagógicas vivenciadas com o grupo. Na primeira, víamos a chance de conseguirmos tratar de princípios e concepções para além da dimensão discursiva, trazendo elementos práticos importantes a serem considerados pelo grupo como um todo.

Não poderíamos simplesmente narrar as reuniões pedagógicas sem contar todos os processos que vivenciamos para efetivá-la. Logo, vamos dividir a descrição do que realizamos em três momentos, a seguir.

Antes do encontro: prevendo o contexto, sinalizações de possibilidades

Reproduzimos dois trechos das devolutivas gerais que são anúncios ao grupo para o encontro que teríamos ou, ao menos, situações de preparação para as dinâmicas que vivenciaríamos.

Na devolutiva do dia 14 março de 2022, escrevemos:

Algumas professoras do período da manhã me relatam que as crianças vêm alimentadas de casa e quase não tomam o café da manhã. Não seria o caso de explicarmos aos responsáveis que são alimentadas aqui? Antecipar o que as crianças comerão e como comerão pode ajudar os responsáveis a sentirem mais segurança nesse momento.

Estamos ensaiando humanizarmos ao máximo o refeitório, diminuindo o número de mesas e cadeiras. No momento, cabem 36 crianças ao mesmo tempo, se chegarmos à nossa máxima lotação (estamos falando de dois turnos) e no mínimo tempo de alimentação. Conversei com as professoras Odete e Paola.[4] Vamos, juntos, pensar em propostas nas quais as crianças possam escolher o momento que almoçarão entre 11h15 e 12 h. As crianças que não desejarem repousar ficarão com as professoras.

Continua

[4] N. do E.: com exceção do coordenador pedagógico Cristiano, da nutricionista Siméia e do fonoaudiólogo Iury, os nomes das funcionárias da escola e das crianças presentes neste capítulo são fictícios.

Continuação

Nesse primeiro momento, ficarão no parque; depois, poderemos combinar em qual local elas estarão com as crianças. Quero estabelecer um combinado com as crianças de que seus amigos dormirão, logo, não poderemos fazer barulho em demasia.

Pensem, para a próxima quinta-feira, o que precisa estar presente nos quatro combinados que faremos:

Aqui, comecei um desenho de um mapa conceitual do que vocês entendem por uma cozinha experimental:

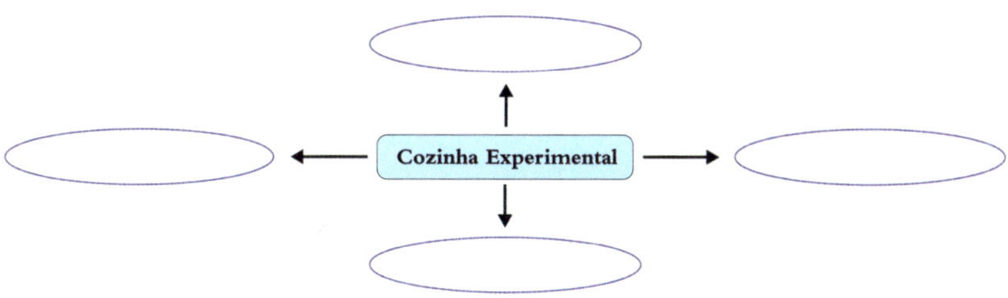

Cristiano Alcântara
14/03/2022

P.S.: iniciaremos a escovação no dia 21 de março de 2022. Organizem-se em seus horários de alimentação e com as ATEs[5] que lhes ajudam normalmente. Forneceremos o bilhete solicitando o creme dental aos responsáveis pelas crianças.

Percebe-se, como havíamos antecipado, que pedimos um pequeno mapa conceitual acerca da Cozinha Experimental ao grupo docente. Prevíamos que usaríamos essa estratégia de registro na reunião pedagógica e precisávamos que o grupo já estivesse familiarizado com ela. Além, é claro, de deixarmos as pessoas mais à vontade para suas partilhas.

[5] N. do E.: trata-se da sigla para Auxiliar Técnico de Educação.

Na devolutiva do dia 31 de março de 2022, escrevemos:

Em relação aos Diários de Bordo (novamente, peço desculpas pelo atraso), coloquei como meta pôr em ordem todas as leituras até a nossa reunião pedagógica, que será neste sábado, das 9 às 13 horas (almoçaremos aqui na unidade; a proposta será realizar uma atividade junto com vocês assim que termine o nosso almoço).

Ao lê-los, vi que algumas professoras iniciaram sínteses acerca de como foi esse primeiro mês de cada criança. Muito bom! Quem ainda não começou, sugiro que o faça: escreva como cada criança sob a sua responsabilidade chegou e como foi entrando (ou não) na rotina da instituição. Ainda é possível ter fotos, para quem não as tem, desse período.

Aqui, deixo as primeiras indagações: O que você vivenciou deste processo de início de ano que repetiria em 2023? O que você mudaria? Desejo que façamos uma síntese disso, para colocarmos no PPP, no quesito "acolhimento". Vamos tentar voltar sempre ao PPP, para que, em 2023, só tenhamos que atualizar o quadro de funcionários e não precisemos fazer um pente-fino, como realizamos em 2022.

As datas das próximas reuniões pedagógicas são: 28/05, 19/08 e 27/10. Conversei com a professora mestra Siméia, que foi professora da professora Leda no curso de Nutrição, e ela aceitou nos dar uma assessoria na questão nutricional da alimentação. Logo, isso estará em consonância com o nosso projeto guarda-chuva.

Quero, neste momento, chamar a atenção para algo muito importante: não acredito num projeto que seja realizado da mesma forma, por todo mundo, ao mesmo tempo; há mesmo dúvida se uma temática pode ser partilhada por toda a unidade educacional. A resposta mais atualizada seria um sonoro "Não!", pois dificilmente uma unidade inteira se interessaria por uma mesma pergunta.

Mas preciso de um denominador comum para podermos trocar princípios e conceitos, então, vou usar uma estratégia que foi exitosa quando fizemos o projeto aniversariantes do mês. Podíamos conversar sobre nossas dúvidas, e, ao escutarmos as crianças, atenderíamos aos seus interesses. É o que espero que aconteça agora.

Cristiano Alcântara
31/03/2022

Nessa devolutiva, há uma antecipação do que faríamos, que foi muito interessante: cozinharíamos na unidade educacional. Muitas pessoas no grupo ficaram curiosas em saber o que seria feito, se precisaríamos ajudar com ingredientes ou dinheiro, quem faria a comida e outras tantas questões que, podemos dizer, foram ajudando a todas entrarem no clima da dinâmica.

Antes de narrarmos o encontro em si, não podemos deixar de realizar uma importante síntese. Cabe ao coordenador pedagógico oferecer o máximo de informações a respeito de uma reunião pedagógica, que não pode ser um evento descolado da vida que se desenha na unidade educacional. Mesmo com o anúncio de uma surpresa, esta não estava e não poderia ser descolada do objetivo maior da unidade.

Antecipar as futuras datas e mostrar como elas estarão interligadas também é uma escolha procedimental. Por fim, não sendo um detalhe qualquer, como sabíamos que iríamos provocar um considerável deslocamento, prevíamos que ter duas reuniões pedagógicas próximas seria vital. Aqui, nesse detalhe que parece banal, reside, a nosso ver, a grande argumentação para que a unidade educacional tenha autonomia para decidir o seu calendário escolar.

Durante o encontro: estar aberto ao imprevisto não significa improvisar

Recebemos o grupo docente e de apoio em nossa maior sala, com cadeiras para adultos. Parece um detalhe, no entanto, muitas vezes, são feitas reuniões de quatro horas, com os adultos sentados em cadeiras para crianças, o que gera enorme desconforto para quem fica sentado tanto tempo em cadeiras muito baixas e, provavelmente, menor disposição para aprender.

Entregamos a todos uma pauta/guia do que trataríamos ao longo do dia. Percorremos os seguintes itens:

- *Fruição estética.*
- *Preenchimento do mapa conceitual.*
- *Breve café (almoçaremos).*
- *Texto auxiliar sobre o mapa conceitual e o mapa mental.*
- *Mapa mental da realização de uma receita (ensaios de uma nova forma de planejamento).*
- *Vamos pôr a mão na massa? (Planejamento deste dia; princípios e conceitos; e como faremos?)*

Na parte da fruição estética, desejamos que o grupo se preocupe com as questões vocabulares com as crianças e com a qualidade literária do que leem para elas. Logo, se tiverem uma preocupação com o que leem, as chances de fazerem adequadamente a seleção às crianças será maior.

Advogamos e acreditamos que a Literatura tem um poder transformador, que vai para além, muito além, do mero discurso de que é importante se ler. A matéria-prima da Literatura é a palavra, assim, usarmos a palavra na sua máxima potência expressiva é o desejo de todo autor.

Propomos que façamos um grupo de leitura, vamos iniciar com este livro que estamos dando a vocês, As doenças do Brasil, da autoria de Valter Hugo Mãe (2021). Esperamos que gostem! Recebemos da SME diversos exemplares literários adultos, dessa forma, temos material para fazer o nosso grupo de leitura.

Tivemos uma interessante conversa a respeito de como nos dirigimos às crianças, em razão de nós, adultos, fazermos uso de muitas palavras no imperativo e, geralmente, em comanda de uma ou, no máximo, duas palavras. Sinalizamos o quanto precisamos estar atentos à forma como nos dirigimos às crianças e citamos estudos que sinalizam que as crianças de classes econômicas desfavorecidas ouviram menos palavras do que as crianças de classes mais favorecidas.

Nós, que ficamos com as crianças por 10 horas diárias, de segunda a sexta-feira, precisamos, como profissionais com intencionalidade e compreensão dessas aprendizagens, ter uma postura intencional para ampliarmos ao máximo o uso vocabular com os bebês e as crianças.

Preenchimento do mapa conceitual

Esclarecemos ao grupo que partíamos de uma compreensão de que, primeiro, realizaríamos o ato (nesse caso específico, o preenchimento do mapa conceitual que tínhamos feito em duas outras situações naquele ano), para, então, trazer um pouco de teoria para ilustrá-lo.

Explicitamos que há uma compreensão de aprendizagem nesse ato e, como pano de fundo, um grande questionamento procedimental. Há uma corrente teórica-metodológica que diz: primeiro, compreendemos os princípios e os conceitos, debatemos e, ao chegarmos ao seu cerne, começaremos a fazer *tudo* nessa nova lógica. Por isso, de início, discutimos princípios e conceitos. Ouvimos, por muitos anos, que os atos equivocados que vemos diariamente nas unidades educacionais ocorrem por ausência de compreensão de princípios e conceitos.

Existe outra corrente que tenta entender o que subjaz às práticas que são realizadas. Uma vez explicitadas as concepções e os princípios que embasam esses fazeres, dialogamos com outras possibilidades. Partimos, geralmente, dessa abordagem teórica-metodológica. Isso é mais, muito mais, do que simplesmente iluminar a prática com a teoria; é conseguir compreender no que se assenta uma escolha procedimental. Afinal, uma prática sempre está assentada numa teoria; mesmo que quem a realize desconheça plenamente. E, uma vez trazida para a consciência, questionar-se com outras possibilidades teóricas é uma possibilidade de mudança.

Entregamos uma folha para cada participante, na qual estava escrito, ao centro, dentro de um retângulo, "Cozinha Experimental"; em volta, dez retângulos em branco, para que preenchessem. Ao término, perguntamos quem gostaria de socializar o seu preenchimento. A primeira contribuição veio de uma professora que elencou muitos objetivos e conteúdos. Solicitamos que uma professora formada em Nutrição se manifestasse; ela, por sua vez, elencou muitas situações sociais. Pedimos, também, que um assistente técnico educacional, formado em Gastronomia se manifestasse; ele também trouxe muitas contribuições de ordem social. E, por fim, mais uma professora desejou partilhar sua escrita, sendo um misto entre objetivos de aprendizagem e funções sociais da alimentação.

O interessante foi podermos colocar o grupo para se ouvir. Saímos da condição de parecer que estávamos o tempo todo direcionando a reflexão ou, até mesmo, tencionando para determinado lado. Conseguimos ajudar a equipe a pensar, nesse primeiro momento, que os objetivos de aprendizagem ou a função social das coisas que cercam a alimentação eram mais importantes, e isso não foi um detalhe.

Aproveitando essa afirmação de importância, apresentamos um texto muito curto sobre mapas conceituais. Fizemos questão que, ao terminarem o texto, escrevessem o que de novo aprenderam a respeito dos mapas conceituais, o que já sabiam, e se tinha algo que sabiam e que faltou estar no texto.

Saíram para um curto café, e, nesse momento, chamamos a atenção do grupo para os livros que estavam no centro da mesa: mais de vinte exemplares que tinham a alimentação como tema. Várias pessoas folhearam alguns exemplares; houve até pedido de empréstimo de alguns livros.

Ao retornarmos, tínhamos uma difícil tarefa, que considerávamos o coração da proposição, partilhamos com o grupo o nosso mapa mental para a questão da receita que faríamos em breve. Em verdade, estávamos apresentando ao grupo um novo conceito (mapa mental em vez de conceitual) e a forma pela qual pretendíamos que fizessem os seus planejamentos.

Há uma sinalização, de mais de duas décadas, nos documentos curriculares, nacionais e/ou municipais, de que são inadequados os planejamentos divididos em horas e em dias, contudo, pouco avançamos como instituição para o que se coloca no lugar desse planejamento fechado. Muitas unidades educacionais aboliram o planejamento semanal sem colocar nenhuma forma de planejamento no lugar, abrindo margem para um imenso improviso ou um "salve-se quem puder".

Em outro extremo, por não comungarem do "deixa rolar solto", muitas profissionais insistem em planejamentos fechados, afinal, renunciar a eles é estar à mercê do que se tem para o momento. Não compactuamos com nenhuma dessas visões, porém, reconhecemos que o problema existe e sinalizamos com o mapa mental como uma possibilidade de planejar a ação, sem ser fechada nem muito prescritiva.

E qual a melhor forma de apresentar esse planejamento? Partimos da ideia de vivenciá-lo plenamente. Assim, apresentamos ao grupo o que tínhamos planejado para a realização da receita que faríamos a seguir.

Mapa mental da receita

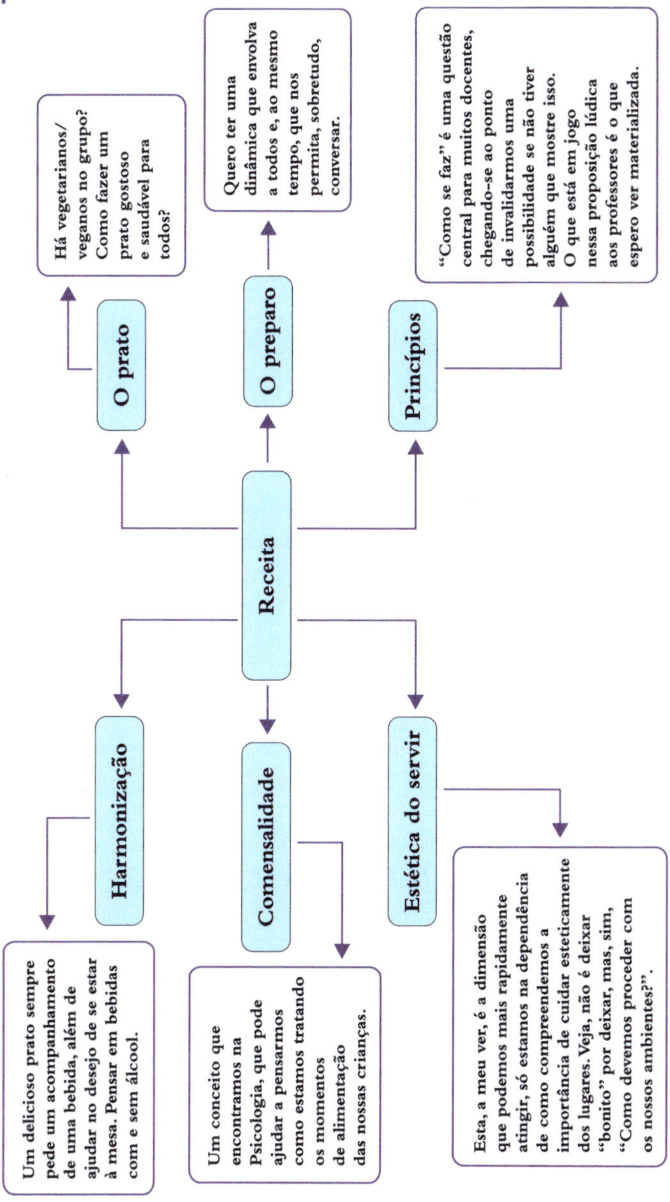

FIGURA 2.3 – Mapa mental da receita.

Apresentado o mapa conceitual, fomos para a ação: dividimos o grupo em dois, uma parte foi para a cozinha providenciar a comida e a bebida, e a outra parte foi organizar o ambiente para comermos. Aqui, há detalhes do planejamento da ação que precisam ser partilhados.

Os ingredientes para a realização do prato foram previamente comprados dois dias antes. Trouxemos pratos, talheres, toalhas de mesa, taças, folhagens e outros tantos itens que poderiam ser usados na decoração para ajudar o grupo que deveria preparar o ambiente. O mais interessante a se observar durante as ações foram as conversas em torno do que deveríamos fazer, como fazermos e o porquê de fazermos assim.

Da cozinha, já saiu uma interessante proposição acerca de como poderíamos fazer a próxima reunião pedagógica: máquina de macarrão, professora *sommelier*, salões de festa com cozinha *gourmet* e outras tantas. Ao levarmos a panela com a comida, que grata surpresa! Um lindo espaço estava organizado, até com música ambiente! Ao som do *jazz*, estávamos em comunhão.

Para nossa surpresa, faltando 15 minutos para encerrar o nosso encontro, várias pessoas vieram nos indagar: "*Não fará um encerramento?*". Para nós, a reunião já estava encerrada, e cada qual poderia ir se retirando, mas a experiência vivida foi tão significativa ao grupo que havia uma necessidade de amarrarmos os conceitos apresentados.

Depois de tudo o que foi vivenciado, não cabia sair explicando tudas as coisas, isso ficaria para o pós-encontro, então, veio-nos uma ideia de fazermos uma pergunta ao grupo: "*O que nos impede de fazermos o que hoje fizemos com as crianças?*". Uns olhavam de cá, outros olhavam de lá, e quase em uníssono responderam: "*Nada!*".

Não resistimos e abrimos ao grupo que era impossível não lembrar dos versos do grande poeta mineiro Carlos Drummond de Andrade (Moriconi, 2001), fazendo uma brincadeira: "*No meio do caminho, tinha uma professora*". Algumas vozes, para nossa surpresa, disseram: "*Precisamos deixar de ser as pedras do meio do caminho das crianças!*".

Depois do encontro: reconhecendo que não sabemos tudo

Algo que sempre esteve claro para nós foi o fato de que não dominávamos todas as áreas envolvidas na construção da Cozinha Experimental e que seria importante contar com parceiros nessa construção: a primeira e óbvia parceria se daria com a Nutrição educacional; a segunda, por lidarmos com crianças de 0 a 3 anos, seria a Fonoaudiologia.

Como trazer profissionais dessas áreas para nossa unidade educacional de forma agregadora e instigante e, o mais importante, de forma significativa? A SME-SP destina uma verba do Programa de Transferência de Recursos Financeiros (PTRF), denominada PTRF – Formação, para cada unidade educacional, no valor de 30 mil reais, e 50% desse valor pode ser para a contratação de profissionais, com a finalidade de formar diretamente os funcionários da unidade.

A única exigência é que haja uma interligação entre o PPP da unidade educacional, o PEA, com o que os assessores vão fazer com o grupo. O que chamaríamos de mínima coerência. Como o uso adequado da Cozinha Experimental faz parte do nosso Plano de Ação e de Formação, além de ter ganhado destaque no PPP de 2022 e de estar relacionado com o PEA que trata dos espaços da unidade educacional, vimos total adesão e significação o fato de chamar uma nutricionista e um fonoaudiólogo para compor o trabalho.

Não poderíamos, porém, trazê-los para conversar com o grupo todo de uma vez; precisávamos que essa conversa se desse aos poucos. E, assim, fizemos, chamando-os para conversarem inicialmente com as quatro professoras-módulo.

A gestão decidiu que as professoras-módulo do período matutino ficariam responsáveis pela Cozinha Experimental. Essa responsabilidade, que fique muito claro, não tem nada a ver com exclusividade de usar a cozinha ou de serem encarregadas de trazerem as crianças e os bebês para esse espaço, mas, sim, de serem agentes provocadores das outras professoras para o uso desse espaço educacional.

No dia 13 de abril de 2022, tivemos a primeira reunião das professoras Odete, Paola e Bruna com o fonoaudiólogo Iury e a nutricionista Siméia. Na sequência, transcrevo as impressões que as professoras tiveram desse primeiro contato:

No mundo fora do ambiente escolar, para uns, cozinhar pode ser uma diversão ou um encontro prazeroso, propiciando interações, e, para outros pode ser um dever diário ou uma profissão que garanta determinado padrão de vida. Mas, e para os bebês e as crianças do Centro de Educação Infantil (CEI) 13 de Maio, o que pode significar?

Há algum tempo, percebemos que atividades propostas aqui no CEI, quando se desdobram no preparo de bolinhos, sucos ou experimentação de frutas, trazem muito interesse aos pequenos, ampliando o interesse por essa atividade, mantendo-os concentrados por mais tempo e nas interações entre si e com a professora. Além disso, podemos citar os inúmeros questionamentos levantados, como já ocorreu de uma criança perguntar o porquê de a farinha ser branca.

No ano de 2021, com a retomada das atividades presenciais, no mês de setembro, enquanto o MGI B[6] *brincava na parte superior do CEI, a pequena Mariane S. percebeu que, do lado direito, havia muitas copas de árvores e se interessou, chamando a atenção das colegas Diana e Érica. Na época, conversamos com elas, explicamos que as árvores em questão se tratavam de jabuticabeiras e pertenciam à casa vizinha ao CEI. As pequeninas se mostraram surpresas com o nome da fruta, e, de uma forma não tão bem planejada, solicitamos aos donos do espaço a possibilidade de levar as crianças para conhecerem e experimentarem as jabuticabas na árvore.*

Aceitaram e foi uma manhã incrível! Fábio, Mariane, Teresa, Diana e Érica, inicialmente, demonstraram timidez ao explorar o quintal repleto de jabuticabeiras. O proprietário, um senhor de, aproximadamente, 70 anos, fez questão de estar presente e de contar aos pequenos que havia três espécies diferentes, com sabores que variavam de "docinho" para um "pouquinho azedo". Vendo-o experimentar cada uma, as crianças também começaram a fazê-lo, e Teresa solicitou trazer umas para sua irmã, Isabela, e sua amiga Julia. A visita foi encerrada, e, entre muitos risos e conversas, voltamos para o CEI com uma bacia cheia de jabuticabas para que as demais crianças pudessem experimentar a nova fruta coletada da casa vizinha ao CEI.

Continua

[6] N. do E.: sigla para Minigrupo I, turma B.

Continuação

Hoje, ao refletirmos sobre o ocorrido, percebemos as inúmeras oportunidades de continuidade e de aprofundamento perdidos diante da descoberta das jabuticabeiras e do interesse das crianças por aquela saborosa frutinha preta adocicada. Há um sentimento de frustração, pois compreendemos que, de alguma forma, os princípios da Educação Infantil não foram usados para analisarmos a situação e, assim, desdobrarmo-la em atividades que levassem a processos mais complexos na ampliação de vocabulário, conhecimento sobre como as frutas chegam às nossas casas, e, no caso do CEI, como as frutas, os legumes e as verduras chegaram para os bebês e as crianças em suas porções para as refeições programadas.

Ao retomarmos essa memória, percebemos que, naquela época e agora, no início do ano letivo de 2022, cozinhar pode até parecer um momento de brincadeira dentro do espaço do CEI, contudo, esse movimento de jogo simbólico, feito pelas crianças e rico em texturas, cheiros, sabores, cores e formas, amplia profundamente o processo de desenvolvimento cognitivo, social e afetivo dos bebês e das crianças.

Neste ano de 2022, tivemos o retorno do coordenador pedagógico Cristiano Alcântara, e admitimos que, inicialmente, ocorreram sentimentos de insegurança e de receio, afinal, ele estava na SME-SP como diretor da divisão de Educação Infantil e foi um dos responsáveis pela escrita e pela coordenação geral da elaboração do Currículo da Educação Infantil da Cidade de São Paulo. Todavia, para nossa grata surpresa, Cristiano provocou-nos para o aprofundamento das propostas pedagógicas, sempre nos guiando pelos princípios da Educação Infantil e nos incentivando a ter autonomia para irmos em busca da complexidade que cada proposta precisa ter. Trata-se de partir do simples, algo como propor para os bebês e as crianças que subam um degrau por vez na construção do conhecimento, mas sempre apresentando um desafio novo e maior que o anterior.

No caso do Projeto da Cozinha Experimental, é notório que as experiências ali propostas certamente despertarão a curiosidade e o movimento investigativo dos bebês e das crianças, propiciando que experimentem e conheçam diversos alimentos e suas diferentes formas de preparo; descobrindo texturas, cores, sabores e cheiros, degustando, ainda, da sensação de provar novos pratos culinários produzidos por eles mesmos.

Para melhor implementação e continuidade do Projeto Cozinha Experimental, o coordenador pedagógico convidou dois profissionais para nos orientarem na trajetória desse processo, sendo eles o Iury, fonoaudiólogo,

Continua

Continuação

e a Siméia, nutricionista. Nas quatro reuniões que tivemos com os dois, ficou muito clara a conexão direta entre a aquisição de novas palavras e a qualidade das intervenções dos adultos: "boas perguntas, estimulam boas respostas e criam diálogos".

Iury nos sugeriu, como ponto de partida, a aplicação de estratégias como: mapear quais crianças de cada turma apresentam dificuldades em se expressar oralmente, para lançar um olhar mais sensível, e, embora as atividades sejam dirigidas para todas as crianças, esse será o grupo de controle. Para isso, deveremos orientar e pedir o auxílio das professoras e do professor na observação de tais crianças.

Outra orientação que Iury nos passou foi pedir às famílias para contarem e anotarem o número de palavras que as crianças falam normalmente em casa, pois, segundo um estudo, crianças em processo de aquisição de vocabulário falam, em média, 60 palavras, que é o esperado para a faixa etária dos 18 meses e 2 anos. Isso nos surpreendeu, afinal, em nossa atuação como educadoras, nunca nos foi passada tal informação em nossas formações e nos aponta para um olhar mais sensível para com aqueles bebês e aquelas crianças que ainda usam outras formas de linguagem.

Além disso, Iury nos trouxe uma reflexão sobre a possível correlação que parece existir entre as crianças que apresentam um melhor desenvolvimento cognitivo e a oportunidade de experimentarem uma ampla variedade de alimentos, com cores, sabores e texturas diferentes.

Ainda em relação à comunicação, levantou-se a questão de quais estratégias poderão ser usadas nas situações, para que os bebês e as crianças participem e consigam demonstrar que houve entendimento, apesar de ainda não se comunicarem oralmente, por exemplo, o uso das pranchas de comunicação alternativa, algo muito utilizado com crianças maiores que, por alguma razão, não oralizam.

Por sua vez, Siméia enfatizou que a Cozinha Experimental deve ser um espaço agradável, onde as crianças possam se sentir seguras. É importante compreender os conceitos de experimentar e que a ênfase de atenção esteja nos alimentos, portanto, apontou que os utensílios deveriam ter cores neutras e de materiais leves, para a adequada manipulação por parte dos bebês e das crianças.

Ela recomendou usar estratégias diferentes das utilizadas em casa, pelas famílias, contando um pouco da história do alimento (de onde veio, como foi preparado, do que ele é feito, entre outras coisas).

Continua

Continuação

Além disso, outra recomendação importante é manter o foco, restringindo os temas a serem trabalhados e sempre ter clareza das intervenções que professoras/professores devem fazer.

Siméia sugeriu a criação de um Manual da Cozinha Experimental, abordando tópicos como: segurança alimentar, etiquetas de validade, boas práticas na cozinha e armazenamento.

Outro ponto para refletir é como criar situações que integrem os bebês e as crianças que ainda não oralizam, nas atividades da Cozinha Experimental. Por isso, a recomendação é trabalhar sempre no campo lúdico.

Uma estratégia sugerida para a ampliação do vocabulário é relacionar as características das frutas e confeccionar cartões com essas informações, permitindo a participação de todos, inclusive daqueles que ainda não oralizam.

Pensando nas construções que são fundamentais para a aquisição da linguagem oral, discutimos sobre quais desdobramentos seriam possíveis de se realizar com base nas atividades da Cozinha Experimental.

A busca de sentidos

Deve ter causado estranheza ao leitor ver que, no texto das professoras, para falar do primeiro encontro, uma jabuticabeira entrou na história, e, por uma situação do ano anterior, fizemos a nossa intervenção. Após a feitura dos mapas mentais, pedimos às professoras que escrevessem sobre a Cozinha Experimental. Na reunião seguinte, elas tiveram acesso ao texto com nossas considerações, e o reescreveram.

Supomos que a menção à jabuticabeira se dá por dois motivos: demonstrar que já presenciaram situações de interesse legítimo das crianças para questões da alimentação; e, o mais interessante para nós da Coordenação Pedagógica, demonstrar que perceberam que deixaram passar uma oportunidade que poderia ter sido ímpar na materialização de muitos dos princípios que apresentamos anteriormente. Se estivéssemos em busca de reconhecimento, ao pedir a escrita desse texto coletivo, poderíamos dizer que ele chegou com honra e mérito.

Despir-se e compreender que, nesse ato, reside a chance de mudar de postura é um avanço profissional para poucas, e ficamos muito felizes em saber que as professoras o fizeram cientes e conscientes de que esse texto seria publicado num capítulo de um livro que trata da temática do projeto didático na Educação Infantil.

Provisórias conclusões

Iniciei este texto com o uso da primeira pessoa e preciso terminá-lo assim, pois não posso imputar aos outros as minhas lacunas. Se ainda nem bem sei escolher um título, na pretensão de que tudo nele caiba, imagine conseguir sintetizar a experiência que se materializa na unidade educacional, de forma a contemplar toda a complexidade envolvida e, ao mesmo tempo, sem parecer escrever uma tese.

Creio que o leitor ficou curioso para saber como foi a segunda reunião pedagógica: posso adiantar que fizemos macarrão (com máquinas trazidas por três professoras) no salão de festas da casa da diretora (era para ser no da professora Rebeca, mas estava em reforma). Sair da escola é proposital: aumenta o engajamento.

As professoras Paola e Beatriz ficaram responsáveis pela arrecadação do dinheiro para a compra dos ingredientes do preparo da receita. Foi tudo perfeito? Não! Há coisas que precisarão ser melhoradas? Com certeza! Creio, porém, que um caminho foi percorrido: o projeto da Cozinha Experimental deixou de ser – e que fique claro que nunca foi – uma proposta só da gestão, em especial, do coordenador pedagógico, e se tornou da unidade educacional.

Contudo, o que desejo expressar nessas provisórias conclusões são pontos centrais para mim: o primeiro e mais relevante, muito do que fui/estou fazendo com o grupo está no campo do meu fazer tácito. Como estou em constante vigilância, tento, o mais rapidamente possível, sair do tácito e trazer para a consciência, tanto o que vem dando certo quanto o que está, por algum motivo, dando errado.

O segundo tópico que se refere ao fato de que viver/sistematizar o nascimento de um projeto didático envolve muitas variáveis, que vão muito além de técnicas a serem partilhadas. Há uma gama de "pré-requisitos" que as pessoas que participam da ação não têm, o que traz uma questão para a qual, no momento, não tenho uma resposta, mas que me mobiliza muito a pesquisar a respeito. Se for, a cada tópico, construir conjuntamente o pré-requisito, corro o risco de não chegar à ação. Optar por fazer a ação, cuidando dos pré-requisitos, é viável e factível?

Estou comprometido com os profissionais da unidade educacional, com a nutricionista Siméia e o fonoaudiólogo Iury a escrever essa experiência de forma pormenorizada, afinal, o campo precisa dessa escrita. Mas o maior mobilizador para seguir na sistematização dessa escrita são os bebês e as crianças. É fundamental que os adultos que atuem com essa faixa etária tenham compreensão dos significados que estão em ação na prática de constituição de uma Cozinha Experimental e que fique muito claro que essa constituição faz sentido e merece ser partilhada/construída quando imbuída de suas funções sociais.

Aqui, narrei uma possibilidade nascida de algo que foi anterior à minha chegada à unidade educacional. Já estavam fazendo a Cozinha Experimental. Porém, cioso e ciente do meu papel, compreendi que poderia e deveria usar do legítimo desejo do grupo para constituir uma narrativa que os ajudasse a se apropriarem da modalidade dos projetos didáticos.

Temos, como grupo educacional, uma estrada para percorrermos. Estou consciente disso e preocupado em desempenhar minha função de coordenação nos marcos procedimentais que auxiliem o grupo, talvez, daqui a um tempo, a se constituir autônomo, para determinar suas pesquisas, realizar suas proposições e avançar em suas constituições profissionais, recordando-se dessa experiência de construção da Cozinha Experimental como uma oportunidade de repensar os seus fazeres, da mesma maneira que as professoras que escreveram o relato deste capítulo.

Sonho que essa construção seja vista em perspectiva como o início de uma trajetória de constituição identitária profissional que subsidiou os membros do grupo a irem além da prescrição, e, o melhor, que, no ordinário do dia a dia, encontra-se o maravilhamento dos processos de humanização, e não no extraordinário, que, como o próprio nome já diz, é extraordinário...

Referências

ALCÂNTARA, C. R. *Coordenação pedagógica na infância*: a gestão dialogada com os registros. São Paulo: Phorte, 2020.

DE ALMEIDA, L. H. Os três momentos pedagógicos na educação infantil: experiências práticas de educação ambiental. *RELACult*, v. 6, 2020. DOI: 10.23899/relacult.v6i0.1691. Disponível em: https://periodicos.claec.org/index.php/relacult/article/view/1691/1234. Acesso em: 16 mar. 2023.

FERNANDES, H. N. *et al.* Uma análise sobre o processo de ensino pedagógico e a inserção da alimentação saudável na educação infantil. *Research, Society and Development*, v. 11, n. 2, p. e32811224056, 2022. Disponível em: https://rsdjournal.org/index.php/rsd/article/download/24056/22672/301961. Acesso em: 16 mar. 2023.

HABERMAS, J. *A ética da discussão e a questão da verdade*. 2. ed. São Paulo: Martins Fontes, 2007.

IMBERNÓN, F. *Formação docente e profissional*: formar-se para a mudança e a incerteza. 9. ed. São Paulo: Cortez, 2011.

MÃE, V. H. *As doenças do Brasil*. Rio de Janeiro: Biblioteca Azul, 2021.

MORICONI, Í. (org.). *Os cem melhores poemas brasileiros do século*. Rio de Janeiro: Objetiva, 2001.

NICOLAIO, A.; GRUVALD, M. P.; CAMARGO, D. Planejamento na educação infantil: entre necessidades, saberes e práticas. *Dialogia*, São Paulo, n. 39, p. 1-18, e20594, set./dez. 2021. Disponível em: https://periodicos.uninove.br/dialogia/article/view/20594/9343. Acesso em: 16 mar. 2023.

OLIVEIRA, G. F. de; SILVA, R. C. da. Atitudes socioambientais na educação infantil: um estudo em um CMEI da rede municipal de Recife-PE. *Debates em Educação*, v. 13, n. esp., p. 406-22, 2021. Disponível em: https://www.seer.ufal.br/index.php/debateseducacao/article/view/12327/9099. Acesso em: 16 mar. 2023

SÃO PAULO. Secretaria Municipal de Educação. Coordenadoria Pedagógica. *Currículo da cidade*: educação infantil. São Paulo: SME/Coped, 2019.

SANTOS, M. O. dos. Planejamento narrativo na educação infantil. *Debates em Educação*, v. 13, n. 33, p. 262–86, 2021. Disponível em: https://www.seer.ufal.br/index.php/debateseducacao/article/view/12653/9339. Acesso em: 16 mar. 2023.

SOUZA, C. F. S.; LORENSINI, S. R. G. Planejamento, avaliação e o fazer pedagógico. *Revista Multidebates*, Palmas, v. 4, n. 1, abr. 2020. Disponível em: https://revista.faculdadeitop.edu.br/index.php/revista/article/download/214/176/#:~:text=A%20flexibilidade%20e%20a%20revis%C3%A3o,a%20viverem%20esse%20cotidiano%20escolar. Acesso em: 21 mar. 2023.

ZEICHNER, K. *A formação reflexiva de professores*: ideias e práticas. Lisboa: Educa, 1993.

Bibliografia consultada

DIAS, N. M. *et al.* Linguagem oral e escrita na educação infantil: relação com variáveis ambientais. *Psicol. Esc. Educ.*, v. 23, e178467, 2019. Disponível em: https://www.scielo.br/j/pee/a/kF7vSfLz3yb7hkyrTJWKscN/?format=pdf&lang=pt. Acesso em: 16 mar. 2023.

TEIXEIRA, C. R.; DICKEL, A. A aquisição da linguagem por meio das interações promovidas pelo cuidador em classe de berçário. *Revista Psicopedagogia*, São Paulo, v. 30, n. 91, p. 52-63, 2013. Disponível em: http://pepsic.bvsalud.org/pdf/psicoped/v30n91/07.pdf. Acesso em: 21 mar. 2023.

O autor

Cristiano Rogério Alcântara

Doutor em Língua Portuguesa pela Pontifícia Universidade Católica de São Paulo (PUC-SP), com pós-doutorado em Psicologia da Educação pela mesma universidade. Mestre em Ciência da Informação e Documentação pela Escola de Comunicação e Artes da Universidade de São Paulo (ECA-USP). Graduado em Pedagogia e em Letras. Líder do Grupo Colaborativo de Estudo e Pesquisa da Formação Continuada Docente (GCOL). Coordenador pedagógico na Prefeitura Municipal de São Paulo. Coordenador do curso de Pedagogia da Faculdade Phorte.

Alejandra Dubovik
Alejandra Cippitelli

3

Um olhar sobre a Mostra Cultural da Infância[1]

[1] Tradução de Bruna Heringer de Souza Villar.

Mostra Cultural da Infância – Jardín Fabulinus

Tais Romero

Logo que comecei a escrever sobre a Mostra Cultural da Infância, realizada pelo Jardín Fabulinus, veio-me imediatamente à lembrança o que Penny Ritscher escreveu em seu livro: *¿Qué haremos cuando seamos pequeños?*:[2]

> Não é necessário que duas etnias se encontrem para que apareçam fenômenos de interculturalidade. O encontro e o enfrentamento entre distintas mentalidades já estão em nossas instituições educativas. Se observarmos como transcorre o ir e vir diário nas escolas 0-3 e 3-6, da perspectiva do antropólogo – curioso e distante ao mesmo tempo –, poderemos comprovar que, nelas, convivem duas culturas diferentes: a cultura dos adultos e a das crianças [...]. Já se sabe que um dos deveres dos educadores é conduzir as crianças, pouco a pouco, em direção a uma "aculturação", ou seja, a um conhecimento crescente dos esquemas culturais dos adultos. Porém, o contrário já não é tão evidente: o fato de que as crianças têm um contato com a realidade tão rica, fresca e inteligente, e isso poderia – ou deveria – servir como estímulo constante para os adultos. Falta um princípio de interculturalidade; os educadores correm o risco de ficar presos dentro de sua própria programação. (Ritscher, p. 17, tradução nossa)[3]

Continua

---

[2] N. da T.: "O que faremos quando formos pequenos?", em tradução livre.

[3] Ritscher, P. *¿Qué haremos cuando seamos pequeños?* 2. ed. Barcelona: Octaedro, 2002. (Colección Temas de Infancia – Rosa Sensat).

Continuação

É sabido que algumas experiências passam longe das palavras, que, ao contar o vivido, elas nem sempre dão conta de expressar a intensidade das emoções e dos sentimentos provocados. Isso aconteceu comigo quando visitei a Mostra do Jardín Fabulinus, intitulada *Los giros alrededor del mundo: Argentina como ponto de partida.*

Cheguei às 17 horas. O portão ainda estava fechado, as crianças, as famílias e os visitantes aguardavam em uma fila imensa. Enquanto eu esperava o portão abrir, já era possível perceber que aquelas pessoas aguardavam por um acontecimento especial, pareciam ansiosas e felizes. Eu estava transbordando de felicidade.

Quando o portão abriu, preparei-me para viver um sonho antigo: há muito tempo, eu me programava para ir a uma Mostra de Fabulinus, mas as datas nunca coincidiam. Por fim, eu estava lá, junto, perto, sendo parte daquele momento.

Com olhos de estrangeira, abertos, curiosos e encantados, fui descobrindo aos poucos, bem devagar, os detalhes. Enquanto eu andava, prestava atenção nas reações de quem estava ao meu lado, nas conversas entre as crianças e as famílias, nas expressões dos visitantes e nas falas de autoria das crianças, reconhecendo-se, vendo-se e percebendo-se nas produções, nas documentações e nos espaços, que são delas, prioritariamente delas.

O princípio de interculturalidade proposto por Ritscher (2002) era visível. A cultura do adulto e a da criança dialogavam de maneira harmoniosa e respeitosa, assim como as marcas, as descobertas, o processo e as perguntas, tudo se alinhavava como uma manta costurada fio a fio, por muitas mãos, muitos olhares e muitos saberes.

Os professores e todos os adultos presentes estavam ali para prestigiarem as crianças, elas como protagonistas, e os adultos como incentivadores, provocadores e coprotagonistas de um percurso constituído de significado.

A Mostra do Jardín Fabulinus foi um convite explícito ao belo, à beleza, a um projeto educativo portador de sentido.

Continua

Continuação

Desde a entrada, as salas, as paredes, o chão e até o teto davam forma a um itinerário coerente, como uma história sendo contada e cantada. A história aos olhos das crianças, sendo narrada por educadores com olhos encantados com a surpresa que o extraordinário da infância desperta.

Sabe o que a gente lê nos livros sobre a criança protagonista, o espaço como terceiro educador, a documentação que dá visibilidade às aprendizagens das crianças e dos professores? Então, a Mostra Cultural da Infância do Jardín Fabulinus é a teoria traduzida na prática.

E, lá no quintal, as famílias reunidas escutando músicas tocadas por outras famílias enquanto as crianças dançavam... Isso é a prova de que a escola pode ser uma comunidade de aprendizagem e de que a escola, a família e as crianças fazem parte de uma tríade que sustenta a esperança de uma infância vivida com inteireza e frescor.

A gestação da Mostra

Para começar, queríamos contar sobre o percurso da Mostra Cultural, pois uma de suas intenções é *tornar visível os projetos dos meninos e das meninas*. Gostaríamos de iniciar este texto com uma confissão: todo ano, até o final do ciclo letivo, todos nós, que formamos a comunidade educativa de Fabulinus e Berni (diretores, coordenadores, professores, funcionários da manutenção e do administrativo, famílias), começamos a imaginar o Projeto do ano seguinte. Cruzamo-nos nos corredores, no pátio, em uma sala e, como uma brincadeira, sem dizer qualquer outra coisa, "soltamos" um tema: *Bestiário*, *O macro e o micro*, *Viagens e viajantes*, *O tempo*, *A luz e a sombra*, e, assim, foram as últimas semanas de aula, apesar do cansaço acumulado durante o ano. Todos e todas nos sentimos provocados pela atração de buscar o tema do projeto que, no próximo ano, guiará parte do trabalho com as crianças.

Terminar o ano com a ideia de qual projeto desenvolveremos no próximo é deixar *uma pergunta aberta* sobre a mesa, que nos convida a pensar e a visualizar, durante as férias, o que faremos no ano seguinte.

Com frequência, perguntamo-nos como equipe: "*Como devemos nos mover na seleção de temas ou tópicos para o Projeto Anual?*". E há duas questões que, invariavelmente, aparecem:

Somos realmente respeitosas em relação aos interesses das crianças?
Estamos conscientes do que queremos que as crianças aprendam?

Se nos baseamos em nossa experiência, sabemos que os interesses das crianças e as suas formas de conhecer não se movimentam em uma única direção e ao mesmo tempo, mas, sim, parecem correr de forma simultânea em diferentes direções. Suas descobertas e seus desejos são o estímulo para encontrar um equilíbrio entre *nossos objetivos* e *seus interesses*, então, nosso esforço, como professores, é o de *manter viva uma atitude aberta e atenta para selecionar sabiamente o tema do Projeto Anual.*

Até aqui, falamos do modo e da importância de encontrar um tema que, depois, orientará o Projeto Anual que abordaremos durante o ano, algo que orienta algumas de nossas ações, já que tópico de investigação que abordaremos naquele ano será igual para todos os professores da escola.

As investigações podem ser múltiplas e variadas, acerca do *grafismo do movimento da figura humana*, do *grafismo do retrato*, da *construtividade*, da *tridimensionalidade*, da *linguagem da linha*, da *linguagem da argila* ou de temas mais concretos, como investigações sobre *A cidade*, *Contos tradicionais*, *As árvores da escola* e *O labirinto de Borges*.

Quando se está cruzando pelo tema do projeto, adultos e crianças precisam raciocinar sobre ele, *pensar em como abordá-lo*. Nesse ponto, adquirem vital importância as conversas em reuniões que crianças e adultos mantemos, em que o olhar e a palavra de cada um encontram lugar e, juntos, montamos um relato ou uma imagem que fortalece o projeto. Promover o diálogo e a participação de todos nas reuniões, como uma forma de vencer as ideias pessoais e acessar as do grupo, ajuda a tomar *decisões coletivas*.

Uma vez definidos na reunião, os temas com as crianças e com base no que elas dizem, fazem e perguntam, nós, professores, buscamos *caminhos possíveis*, identificamos algumas ideias que naturalmente se multiplicam em outras novas, que estão cheias de imagens e pensamentos subjetivos, e, nisso, reside o valor de compartilhar essas imagens para poder identificá-las e tomá-las de diferentes formas.

É importante destacar, nesse ponto, o significado que cobra o *trabalho coletivo*, já que por meio da *troca de ideias pessoais* e a *experiência* que cada professor contribui faz crescer o *pensamento do grupo*, não apenas em extensão, mas, também, em profundidade.

Uma vez que temos o tema do projeto e, dependendo de quais ideias novas surjam, montamos entre todos, professores, coordenadores e diretores, uma espécie de *banco de ideias*, que organizamos em um *mapa mental*, um diagrama que usamos para representar palavras, ideias, materiais, definições, imagens, significados, a fim de construir outros novos. Uma ferramenta que começamos a utilizar nos últimos anos, que nos permite *tornar visível o trabalho dos professores e os projetos de cada sala ou grupo de crianças*.

No mapa, organizamos as ideias que estamos buscando de acordo com seu tipo, que podem ser: *investigações de conhecimento físico*, *projetos gráficos*, *experiências de cooperação*, de *conhecimento lógico-matemático* ou de *Ciências Naturais*. Essa estratégia de montar o mapa não apenas permite uma *melhor visibilidade*, mas, também, oferece-nos a possibilidade de construir uma relação mais intensa entre as ideias, de organizar a informação e de tomar decisões, seja na construção de contextos preparados pelo professor, seja no tipo de documentação para o seguimento dos projetos pessoais das crianças.

O tema do Projeto Anual, muitas vezes, divide-se em *microprojetos*, que são os temas ou tópicos que tornamos visíveis por meio da *documentação pedagógica* e das *produções das crianças* na Mostra Cultural da Infância que, anualmente, fazemos na escola, em um fim de semana do mês de outubro.

PROJETO ANUAL

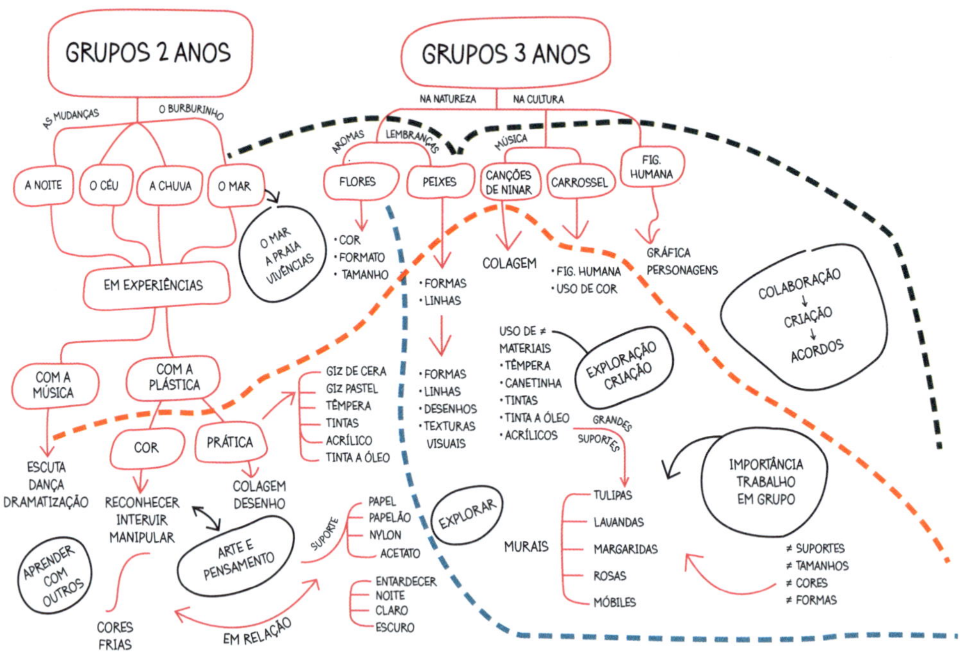

Figura 3.1 – Mapa Mental da Mostra Cultural da Infância: *Arte Fabe 2017 – A cor da música.*

A COR DA MÚSICA

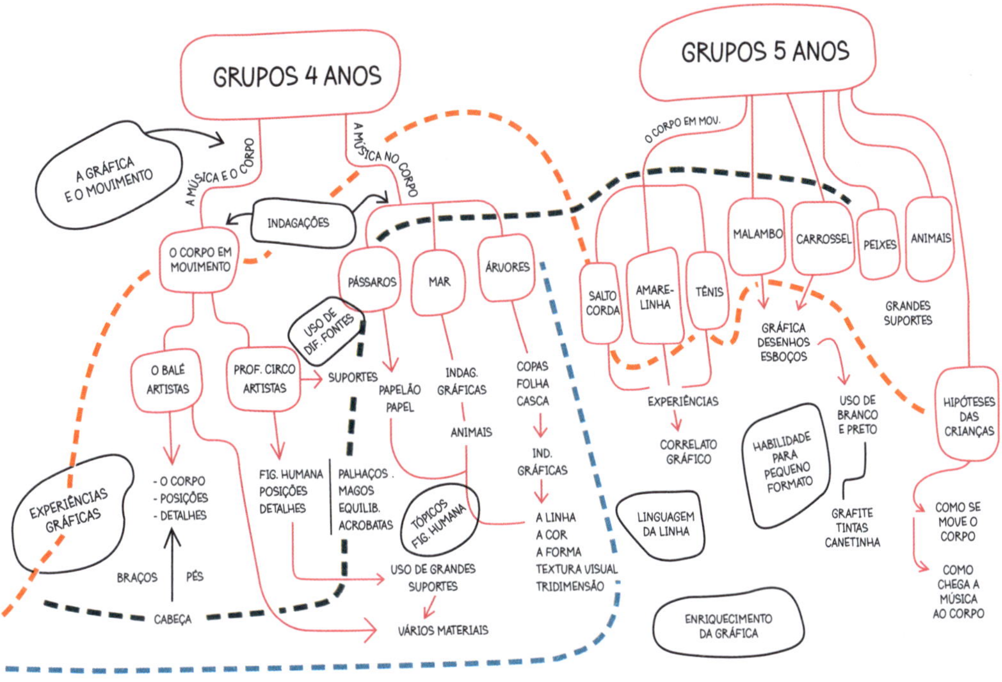

N. da T.: *Malambo* é um tipo de sapateado argentino. Trata-se de uma dança folclórica argentina, típica dos *gauchos* (ou gaúchos, em português, são os habitantes de zona rural dos pampas que se dedicam à criação de gado), interpretada apenas por homens, criada nos anos 1600, no Pampa. Sua vestimenta difere de acordo com as regiões (norte ou sul argentino, *norteño* e *sureño*, respectivamente). Consiste em um desafio de sapateado que procura imitar os movimentos do homem do campo, a cavalo, pois esse andar é considerado a principal característica da cultura *gaucha*. Além da Argentina, também é dançada no Uruguai e no Rio Grande do Sul.

Figura 3.2 - Mapa Mental disposto sobre as janelas de Fabulinus para ser visto pelas famílias e demais visitantes durante a Mostra.

O nascimento da Mostra

Nossa proposta é percorrer uma parte do caminho que nós, professores, coordenadores, diretores e famílias, fazemos pensando na ideia da Mostra Cultural, que se constrói com base em *múltiplos acordos* entre os professores de Artes, Música, Psicomotricidade e a comunidade em geral. A Mostra Cultural da Infância, a qual chamamos ARTE FABE (acrônimo de FABULINUS – BERNI, nome do Jardim de Infância e da Escola Primária e Secundária), seria impossível de imaginar sem a poderosa presença das artes, como: a literatura, a música, a pintura, a escultura, o cinema, o desenho, a poesia e a riqueza, que contribuem para as experiências diretas, o contato com a natureza, as relações com a comunidade, a participação em eventos culturais, a possibilidade de descobrir, investigar, explorar e refletir sobre o mundo que nos rodeia.

Para começar, gostamos de acreditar que a Mostra está pensada para que se veja refletida nela *toda a cultura da infância*, seus *modos de criar*, de *imaginar*, de *entender o mundo*, sua *maneira de se relacionar com os outros* e *com o conhecimento*, suas *ideias sobre os acontecimentos*, suas *hipóteses*, sua *capacidade de criar ideias por meio de múltiplas linguagens* em um universo multifacetado, em que é importante o conceito de criação e o de aprender com outros e, sobretudo, entre outros.

A figura do curador como cuidador da Mostra

A Mostra Cultural da Infância torna visível grande parte dos projetos que crianças e professores realizaram durante o ano. *Fazer uma seleção de quais serão os projetos que serão expostos na Mostra* é uma tarefa de seu curador.

A curadoria é um *exercício de escuta*, o curador é a pessoa – em nosso caso, duas pessoas – que tem a tarefa de *contar uma história em que os protagonistas são as crianças e as suas obras.*

Esta história que vamos contar tem como objetivo *surpreender o espectador*, pois um bom curador é criador de *fontes de conhecimento.* O curador cria o *projeto intelectual da Mostra*, não o do trabalho que se vai exibir. Ele é o responsável por *transmitir uma ideia, produzir um efeito, passar uma mensagem*, já que fazer a curadoria é *pôr em cena a produção das crianças.*

Descrevemos, a seguir, algumas das tarefas que, como curadoras, temos, para pôr em prática a Mostra Cultural da Infância ARTE FABE.

As tarefas do curador

A tomada de decisões:

- Definir as intenções da Mostra, o papel das obras das crianças que queremos que se tornem visíveis.
- Decidir os conteúdos que se desejam mostrar e que se dão pelos projetos: podem ser de animais, microprojetos, experiências gráficas com a linha etc.
- Construir uma narrativa em torno do que será exposto.

Em relação ao espaço físico:

- Construir um espaço físico e perceptivo que não é o da vida cotidiana.
- Ver, nos espaços de exibição e geral, algum tipo de operação ou movimento que proponha algo diferente, como um itinerário ou percurso espacial particular para apreciar as obras.
- Criar uma estrutura estética com uma instância pedagógica que dá ao visitante a possibilidade de ver caminhos diferentes.
- Intervém na montagem e na iluminação das obras.

- Consegue uma harmonia geral do que se exibe.
- Define os espaços para os projetos institucionais, os de grupo ou os da sala, que podem ser:
  - *Temáticos* (por exemplo, em torno de apenas um tema, como retratos, figura humana, animais).
  - *De diálogo entre o conteúdo e os materiais* (por exemplo, obras tridimensionais em argila).
  - *De diálogo entre o espaço e a obra* (por exemplo, obra de construção tridimensional, projetos arquitetônicos).
  - *De questionamentos* (por exemplo, sobre hipóteses das crianças: Como a água chega à sua casa? Onde estão os pensamentos?).

Todos esses espaços constituem *territórios para a construção de relatos didático-pedagógicos*, as *obras*, os *textos da sala*, a *disposição nas paredes*, a *documentação pedagógica*. Todas as Mostras precisam de um espaço, um contexto, um tempo, que as pessoas tomam para percorrê-las.

Essa configuração de conteúdo, relato, espaço, obras infantis e documentações configuram *uma rede, que guia as intenções da Mostra.*

Em relação à visibilidade da Mostra:

- Mostrar uma presença pública da cultura da infância.
- Mostrar a cultura institucional da escuta, seus saberes, seus espaços, suas particularidades, seus projetos.
- Tornar visível a múltipla circulação de linguagens que se dá na experiência das crianças.
- Definir um catálogo que narre a Mostra e que entrelace tudo o que será visto, com base em temas comuns ou similares, com indicações gráficas de um percurso possível.

Compartilhando alguns conceitos

A sala temática

A ideia da sala temática tem por objetivo *a criação de um espaço organizado em volta de um tema* ou *uma linha argumental com identidade própria.*

Essa ideia de construir salas temáticas favorece que, nelas, sejam expostas, juntas, as produções de crianças de 2, 3, 4 e 5 anos, o que estimula o visitante a percorrer toda a Mostra.

Figura 3.3 – Sala *Os sons da natureza*: arte fabe 2018 – *A cor da música*.

Figura 3.4 – Sala *O corpo em movimento*: arte fabe 2018 – *A cor da música*.

A *performance*

Trata-se de uma *ação artística* em que se combinam elementos da arte em campos diversos, como *a música*, *a pintura*, *a dança*, *o lúdico*, *a construção*. As crianças, em um espaço já circunscrito da escola, põem em jogo uma relação entre as suas atuações e o público.

Figura 3.5 - *Performance*: *Monstros*, destacando as máscaras confeccionadas pelas crianças (5 anos) - arte fabe 2017 - *Era uma vez... Clássicos revisitados*.

Figura 3.6 - *Performance*: *Intervenção com brochas e espuma sobre suporte transparente* (meninos e meninas de 2 anos) - arte fabe 2016 - *Macro* - *Micro*.

O catálogo

O catálogo da Mostra Cultural da Infância é o *espaço geográfico em papel*, em que se verte um *relato curatorial*, mais uma série de teorias de *por que fazemos o que fazemos*.

No catálogo, registramos, de *maneira ordenada*, descrições e dados gerais da Mostra, se as obras são *individuais* ou *em grupo*, o *tamanho delas*, o *tipo de materiais usados*, as documentações que narram os processos das crianças. Os catálogos, ao longo dos anos, passam a ser *uma memória visível do percurso feito pela escola* nas Mostras Culturais.

Figura 3.7 - Catálogos de diferentes Mostras Culturais da Infância.

Figura 3.8 - Catálogos em formatos variados.

A iluminação

A iluminação da Mostra Cultural é um elemento muito importante, porque *pode se apresentar de infinitas formas que condicionam o resultado das obras que vamos expor*. A escolha que fazemos da iluminação pode mudar totalmente a percepção do visitante. Para isso, pensamos em escolher as luzes. Isso implica *dirigi-las a um ponto*, *graduá-las*, *colori-las com filtros*, *polarizá-las* com a finalidade de conseguir determinado efeito, segundo o contexto que objetivamos montar.

FIGURA 3.9 – Instalação de produções gráficas em inglês: *Sounds and Colours in and around us* ["Sons e cores dentro e em volta de nós", em tradução livre] – ARTE FABE 2018 – *A cor da música*.

FIGURA 3.10 – Mostra Cultural da Infância: ARTE FABE 2019 – *Voltas... ao redor da casa*.

As instalações

Uma instalação que se realiza em um espaço e em determinado contexto não é apenas uma série de objetos colocados nesse espaço; ela está, sim, pensada com o objetivo de *transmitir uma ideia*. Por definição, uma instalação tem uma duração de tempo determinada e, por conseguinte, entra no âmbito do que se considera *arte efêmera*.

A instalação tem a grande possibilidade de criar uma experiência de interação com o espectador e despertar sentimentos ou inflexões, já que estimula a percepção sensorial em todos os sentidos: visão, olfato, audição e tato.

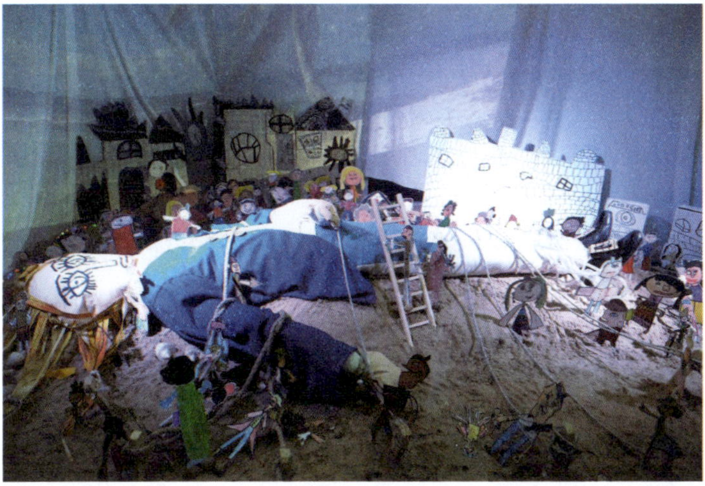

Figura 3.11 - Instalação: *Gulliver* - arte fabe 2015 - *Sobre viagens e viajantes*.

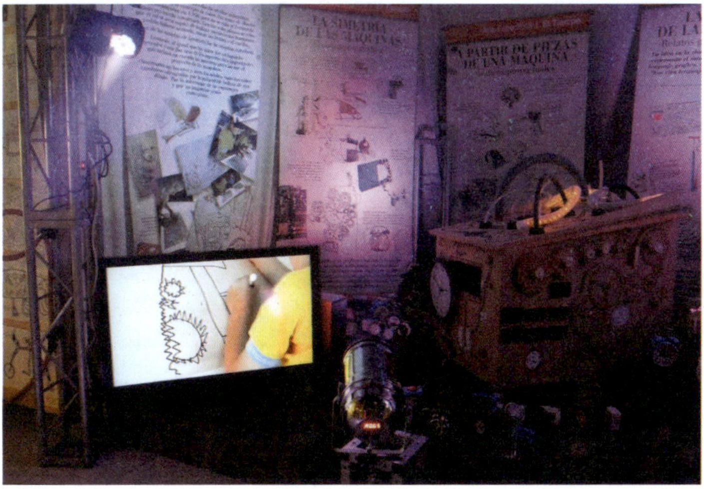

Figura 3.12 - Instalação: *A máquina do tempo* - arte fabe 2013 - *O tempo*.

A documentação

A missão da documentação é gerar uma maneira de os visitantes poderem *visualizar os projetos* que as crianças desenvolvem na escola.

Ressalta-se que a documentação tem uma estrutura e um conteúdo que mostram os processos pelos quais passam as crianças, bem como seus *pensamentos*, suas *hipóteses* e suas *relações com o conhecimento*. Em alguns casos, a documentação também narra o porquê da escolha do formato da obra, o uso de determinados materiais, sempre levando em conta os aspectos didáticos que atravessam, juntos, professores e crianças.

A documentação e os catálogos das Mostras são parte do acervo cultural, fazem parte do arquivo da escola e dão conta de *nossos processos na hora de avaliar nossas práticas*.

Figura 3.13 - Documentação em diferentes formatos (vídeo, papel e produções gráficas das crianças encadernadas, em formato de catálogo): arte fabe 2018 - *A cor da música*.

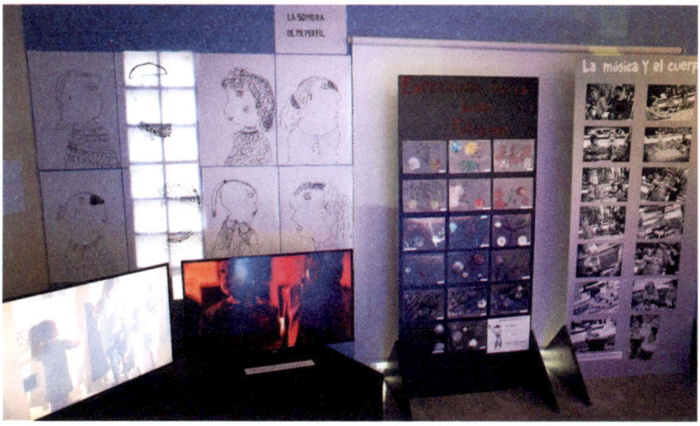

Figura 3.14 - Documentações fotográficas e de produções gráficas sobre painéis e documentações em vídeo que acompanham a experiência do desenho da figura humana de perfil: arte fabe 2018 - *A cor da música*.

O anúncio e o convite

Um dos temas importantes na hora de pensar a Mostra Cultural é o seu *título*, que deve ser amável, sedutor, instigante e que convide a pensar no que o visitante verá.

Tanto no desenho do *pôster* que anuncia a Mostra quanto no *convite* e no *catálogo*, devem estar presentes os grafismos das crianças, que comunicam, de forma antecipada, o que poderá ser visto na Mostra.

Figura 3.15 - Pôsteres de convite da Mostra Cultural da Infância: arte fabe 2012 - Água e arte fabe 2019 - *Voltas... ao redor da casa*.

Figura 3.16 - Convites de diferentes tamanhos e formatos às Mostras Culturais da Infância do Jardín Fabulinus.

A Mostra Cultural da Infância é *um ponto de encontro* de crianças e adultos, entre os muitos que a escola propõe. Tem como objetivo concretizar e tornar visível a cultura da infância. Representa nosso desejo de mostrar a potência criativa das crianças, já que elas são suas protagonistas. Ela ocorre em um espaço e em um tempo. Além disso, a Mostra torna visível *a busca do espírito inovador dos professores*, seus *trabalhos de investigação* e seus *esforços para propiciar novos olhares, novos enfoques* e *novas teorias sobre a infância.*

Trata-se de uma Mostra para crianças e adultos, em que estão apresentadas infinidades de *percursos, espaços com efeitos-surpresa* para seguir aprendendo, em que se propicia o *papel de protagonismo das crianças* em seu próprio território e em que tentamos, com isso, criar *uma poética da qualidade de vida*, que as crianças devem ter em uma escola.

As autoras

Alejandra Dubovik

Professora de Educação Infantil e Primária. Fundadora (1998) e diretora institucional do Jardim de Infância Fabulinus e da Escola Primária e Secundária Antonio Berni. Participou do curso Rol del Coordinador Pedagógico de las Escuelas de Reggio Emilia ("O papel do coordenador pedagógico em Reggio Emilia", em tradução livre), pela Redsolare Argentina. Coautora dos livros *Construção e construtividade: materiais naturais e artificiais nos jogos de construção* (2018) e *A linha como linguagem: repertório do visível* (2020), ambos publicados em pela Phorte Editora. Posteriormente, publicou o livro *Territorios de juego y exploración: derecho a jugar,* pela editora Octaedro (2022).

Ministrou cursos de formação e capacitação para professores de Educação Infantil de gestão pública e privada no âmbito do Ministério da Cultura e Educação das seguintes localidades: Buenos Aires, Santa Fe (Argentina), Montevidéu (Uruguai), São Paulo, Rio de Janeiro, Florianópolis, Curitiba e outras cidades do Brasil.

Alejandra Cippitelli

Professora de Educação Infantil. Cofundadora (1998) do Jardim de Infância Fabulinus e da Escola Primária e Secundária Antonio Berni. Participou do curso Rol del Coordinador Pedagógico de las Escuelas de Reggio Emilia ("O papel do coordenador pedagógico em Reggio Emilia", em tradução livre), pela Redsolare Argentina. Coautora dos livros *Construção e construtividade: materiais naturais e artificiais nos jogos de construção* (2018) e *A linha como linguagem: repertório do visível* (2020), ambos publicados em pela Phorte Editora. Posteriormente, publicou o livro *Territorios de juego y exploración: derecho a jugar*, pela editora Octaedro (2022).

Ministrou cursos de formação e capacitação para professores de Educação Infantil de gestão pública e privada no âmbito do Ministério da Cultura e Educação das seguintes localidades: Buenos Aires, Santa Fe(Argentina), Montevidéu (Uruguai), São Paulo, Rio de Janeiro, Florianópolis, Curitiba e outras cidades do Brasil.

Gabriela Thomazinho

Gabriela Lotta

Marie Østergaard Møller

4

Autonomia pedagógica na Educação Infantil: um estudo comparativo entre Brasil e Dinamarca

O famoso ditado de que é necessária uma aldeia para se educar uma criança, muitas vezes, esconde a importância das instituições e das políticas públicas para o processo educativo. Fato é que é necessário uma aldeia, suas instituições educativas, suas regras, suas políticas públicas e seus profissionais da educação para que as crianças sejam educadas. E isso porque, para além da dimensão mais voltada ao conhecimento, o processo de educação envolve a socialização das crianças em uma determinada sociedade, na qual deverão portar não apenas conhecimentos, mas também um saber sobre a vida coletiva e social. A educação, nesse sentido, pode ser vista como parte de um processo de socialização das nossas crianças e de construção de uma civilização da qual elas farão parte, mas que também ajudarão a construir, manter e mudar.

Este capítulo aborda a educação, o trabalho de seus profissionais e as instituições educativas como parte de um processo social mais amplo, analisando políticas públicas de forma mais abrangente e explorando a definição dada por dois países à autonomia pedagógica, visando à socialização das crianças de uma determinada sociedade.

Para compreender esse processo, analisamos comparativamente dois casos extremamente diferentes que nos permitem, portanto, ver qual a relação entre o que se constrói como autonomia pedagógica e o que a sociedade espera desse processo de socialização. Escolhemos Dinamarca e Brasil como casos que podemos comparar o trabalho pedagógico, observando duas sociedades muito diferentes – em tamanho, história, grau de homogeneidade e desigualdade –, mas que têm em comum a ideia de que pedagogos são atores fundamentais na educação de suas crianças.

Comparando o desenho das políticas de Educação Infantil nos dois países e como se constrói a ideia de autonomia pedagógica neles, podemos observar como essas sociedades tão distintas pensam a formação de suas crianças para uma vida coletiva.

Métodos

Com o intuito de explorar como as políticas de Educação Infantil brasileiras e dinamarquesas definem a autonomia pedagógica de profissionais, organizações e governos locais, nós analisamos as principais leis e diretrizes publicadas desde 1987 nos dois países. A partir dessa data, foi incluída a Constituição Federal Brasileira de 1988, a qual representou um ponto de virada para a Educação Infantil, já que a Constituição integrou-a ao resto do sistema educacional (Brasil, 1988). Na Dinamarca, regulações do trabalho pedagógico elaboradas, promulgadas desde 1987, são importantes para compreender a autonomia pedagógica atual.

Para identificar os documentos, foi realizada uma busca sistemática em bases de dados e *sites* governamentais. No Brasil, a busca foi realizada na *homepage* do Ministério de Educação usando as palavras *pedagogia, pedagógico, pedagogo, magistério, Educação Infantil, pré-escola* e *educação básica*. Ao total, 14 documentos nacionais foram selecionados (Brasil, 1988, 1996, 1998a, 1998b, 1998c, 1999, 2006a, 2006b, 2006c, 2009, 2010, 2014, 2017, 2018). Na Dinamarca, uma busca sistemática foi realizada no *site* Restinformation,[1] no Instituto Nacional dos Municípios, em bases de dados de pesquisa, no Instituto de Avaliação Dinamarquês (EVA) e em referências da literatura usando as palavras dinamarquesas para *pedagogia, Educação Infantil, educação, pré-escola, day-care institutions*. Ao total, 28 documentos dinamarqueses foram selecionados.

A análise dos documentos foi realizada com o suporte do *software* NVivo. Criamos uma lista de códigos associada com a base teórica desta pesquisa e codificamos os documentos. Neste capítulo, apresentamos a análise de quatro códigos: "Autonomia municipal", "Autonomia organizacional", "Autonomia profissional" e "Estilo de gestão". A literatura de administração pública e sobre profissionais da linha de frente argumenta que o grau de autonomia e controle das organizações e de profissionais

[1] Disponível no endereço: https://www.retsinformation.dk/

tem uma forte influência na implementação e nos resultados das políticas públicas (Brugué, 2004; Lotta, 2015; Pires, 2009; Sabel, 2002). Uma vez codificados, uma análise comparativa foi realizada para cada código.

Resultados

A história da Educação Infantil é bastante similar na Dinamarca e no Brasil. Nos dois países, essa história foi marcada pela oposição entre as instituições voltadas a crianças de famílias pobres e aquelas voltadas para as de famílias ricas. No Brasil, em sua origem, as instituições voltadas às crianças pequenas eram associadas principalmente à área de assistência social. Apesar de, já no século XIX, existirem algumas instituições que visavam ao desenvolvimento educacional das crianças, apenas as de famílias de elite tinham acesso a elas. Na Dinamarca, asilos para crianças pobres foram criados por pessoas físicas e organizações privadas no começo do século XIX, pouco tempo depois, foram criadas instituições pré-escolares com o intuito de apoiar mães solo de classe média e alta.

De início, trabalhadores da Educação Infantil não precisavam ter nenhuma formação profissional. Com a integração das instituições voltadas às crianças pequenas ao sistema educacional, demandas por profissionais mais qualificados foram estabelecidas, e o curso de Pedagogia se tornou o local preferencial de formação desses profissionais. Ao longo das últimas três décadas, ambos os países aumentaram as regulações sobre a Educação Infantil com o estabelecimento de diretrizes nacionais e legislações que orientam o trabalho de pedagogos e organizações. O Quadro 4.1 mostra que a distribuição de referências codificadas segue um padrão parecido nos dois países, e em ambos a maior parte das referências são para autonomia organizacional. Nos próximos parágrafos, analisamos o conteúdo dessas diferenças e discutimos as principais diferenças e semelhanças.

Quadro 4.1 – Conteúdo codificado para "Autonomia municipal", "Autonomia organizacional" e "Autonomia profissional"

Código	Brasil	Dinamarca
Autonomia municipal	**32%** • competência para ofertar Educação Infantil e definir legislação, regras e diretrizes complementares; • oferecer qualificação permanente aos pedagogos; • monitorar e orientar as organizações de Educação Infantil; • criar ferramentas de avaliação da *performance* dos pedagogos.	**36%** • competência para ofertar Educação Infantil e definir legislação, regras e diretrizes complementares; • aprovar e supervisionar os planos pedagógicos implementados nas instituições de Educação Infantil; • o conselho municipal determina e publica objetivos e estrutura básica; • assegurar coerência entre objetivos e estrutura básica da Educação Infantil ofertada.
Autonomia organizacional	**37%** • assegurar a elaboração do Projeto Político-Pedagógico por um processo democrático com engajamento da comunidade escolar; • definir objetivos de aprendizagem e procedimentos de monitoramento desses objetivos; • implementar um currículo baseado parte no nacional e parte construído localmente; • autonomia administrativa para a gestão de recursos financeiros, materiais e humanos.	**40%** • o gestor é responsável por preparar e avaliar o plano pedagógico e assegurar que o trabalho pedagógico seja realizado nos parâmetros da estrutura do plano; • o gestor tem autonomia pedagógica e administrativa condicionada pelas decisões do conselho municipal e dos conselhos de pais.
Autonomia profissional	**31%** • liberdade de ensinar com ideia central do trabalho pedagógico; • participar da construção da proposta pedagógica da unidade educacional em que trabalha; • Construir e seguir um plano de trabalho alinhado com a concepção pedagógica de sua unidade educacional.	**24%** • autonomia pedagógica condicionada pelos temas pedagógicos definidos por lei; • autonomia pedagógica reduzida desde 2004.

* As porcentagens indicam a distribuição da codificação de "Autonomia" entre os códigos de Autonomia municipal, organizacional e profissional.

Quadro 4.2 – Conteúdo codificado para "Estilo de gestão"

Código	Brasil	Dinamarca
Estilo de gestão	• gestão democrática como ideia central; • gestão escolar deve ser compartilhada e cooperativa, envolvendo a comunidade escolar e engajando as organizações representativas dos pais, das crianças e dos profissionais da unidade; • registros sobre o desenvolvimento das crianças podem ser feitos por procedimentos diversos, como relatórios de observação, fotografias, portfólios, desenhos etc.; • avaliação qualitativa da instituição deve ser realizada conjuntamente com os pais para promover aprimoramentos; • práticas pedagógicas e *performance* dos pedagogos devem ser avaliadas por instrumentos elaborados pelos sistemas educacionais locais.	• gestão baseada em evidências como ideia central; • desenvolvimento de avaliação e documentação indicando a conexão entre as atividades pedagógicas e o desenvolvimento e o aprendizado das crianças; • a estrutura de documentação e supervisão deve ser definida pelo município junto com a unidade educacional; • a documentação e a avaliação devem seguir as rotinas fixadas pela legislação e pelo município.

A autonomia municipal é parecida nos dois países. Em ambos, os municípios têm a competência para ofertar Educação Infantil, definir diretrizes complementares, supervisionar e apoiar as unidades educacionais. Na Dinamarca, os municípios também são responsáveis pela aprovação dos planos pedagógicos de cada organização. No Brasil, essa aprovação não é competência dos municípios, cabendo a eles a função de apoio e monitoramento das unidades.

Ainda que, nos dois países, a autonomia organizacional seja a mais citada, o modo como ela se dá difere em nível de *enforcement*.[2] Na Dinamarca, há uma maior obrigatoriedade de as unidades educacionais seguirem as diretrizes nacionais e locais. Outra diferença é que, na Dinamarca, o gestor tem maior autonomia. No Brasil, a autonomia é garantida à totalidade da comunidade escolar, isto é, nas organizações de Educação Infantil dinamarquesas, as decisões são centradas no gestor, e, nas brasileiras, a comunidade escolar inteira deve ser engajada nas decisões. A autonomia organizacional também pode variar de acordo com as regulações municipais voltadas para a Educação Infantil.

A autonomia profissional tem maior relevância nos documentos brasileiros, uma vez que é tida como uma ideia central do trabalho pedagógico. Conforme define a Lei de Diretrizes e Bases da educação nacional (LDB), a atuação pedagógica deve seguir o princípio da "liberdade de aprender, ensinar, pesquisar e divulgar a cultura, o pensamento, a arte e o saber" (Brasil, 1996, Art. 3º, II). Essa autonomia profissional é condicionada pela estrutura e pelo projeto pedagógico de cada unidade educacional. Já na Dinamarca, o papel dos pedagogos é definido mais vagamente pela legislação. A autonomia profissional também é condicionada pela estrutura da organização, mas os pedagogos têm uma larga margem de manobra. Desde 2004, a autonomia profissional tem sido reduzida pela legislação.

Parte dos documentos também se referiam ao "estilo de gestão" que pode ou deve ser adotado na Educação Infantil. A ideia central

[2] N. do E.: o termo *enforcement* refere-se à capacidade para impor e se fazer cumprir leis e regras.

nos documentos brasileiros é a gestão democrática, a qual tem como principais instrumentos a construção, a implementação e a avaliação do Projeto Político-Pedagógico por toda a comunidade escolar. O objetivo é que a gestão compartilhada e cooperativa apoie a corresponsabilidade e a garantia da qualidade de cada organização. Também há orientações sobre documentação e avaliação, mas essas orientações deixam a cargo das organizações e dos profissionais a decisão de como documentar e avaliar o desenvolvimento infantil, o trabalho dos profissionais e as próprias instituições. Recomenda-se principalmente a autoavaliação institucional realizada pelo conjunto da comunidade escolar. Já os documentos dinamarqueses enfatizam a necessidade de uma gestão baseada em evidência e a criação de uma cultura de avaliação. Há definição de procedimentos fixos e com maior nível de *enforcement*. Além disso, os municípios têm um papel maior na regulação da documentação e dos procedimentos de avaliação que devem ser seguidos pelas organizações de Educação Infantil.

Considerações finais

A autonomia local é considerada um importante fator para a implementação de políticas públicas. Neste capítulo, mostramos que tanto Brasil quanto Dinamarca definem um nível considerável de autonomia para os municípios formularem e executarem suas políticas de Educação Infantil. Dessa maneira, elementos locais e concepções pedagógicas diversas podem ser adotadas em diferentes municípios e organizações. Em ambos os países, pedagogos têm sua autonomia profissional condicionada pela estrutura e pela concepção das unidades educacionais em que trabalham, ou seja, têm autonomia pedagógica para criar práticas diversas desde que estejam alinhadas ao que foi definido pela sua instituição. Os contornos dados à autonomia organizacional são diferentes. No Brasil, as organizações têm maior autonomia de definição de seus Projetos Político-Pedagógicos e devem seguir o princípio da gestão democrática. Na Dinamarca, porém, há, um maior *enforcement* sobre as organizações, e estas devem realizar um gestão por evidências.

Quais são os possíveis efeitos da forma como a autonomia é definida para a implementação das políticas de Educação Infantil? A autonomia local está associada à ideia de que problemas públicos complexos não conseguem ser resolvidos na formulação de políticas públicas, pois o contexto é condicionante da complexidade do problema (Silva, 2013). A garantia de autonomia municipal possibilita que as políticas de Educação Infantil sejam contextualizadas e adequadas à diversidade dos territórios. Contudo, é necessário considerar o risco de desigualdades na implementação, principalmente no caso brasileiro, em que há uma desigualdade de capacidades estatais e disponibilidade de recursos (Grin e Abrucio, 2018).

Quanto à forma como definem a autonomia organizacional e o estilo de gestão, tanto as ideia de gestão democrática quanto da gestão com base em evidências podem ter efeitos associados aos resultados obtidos pelas organizações de Educação Infantil. A análise da realidade local, o planejamento local de longo prazo, a resolução de problemas complexos contínuos podem acompanhar a gestão de cada organização e configurar um aprendizado contínuo. Enquanto a ênfase na gestão democrática no Brasil busca que o aprendizado seja de toda a comunidade escolar, na Dinamarca há a centralização das decisões no gestor. Conforme indicado por Silva (2013), em modelos de gestão organizacional com alto nível de autonomia das organizações locais, cabe às unidades centrais garantirem às unidades locais os meios e os recursos de implementação. Portanto, para a efetivação de uma política de Educação Infantil de qualidade, é necessário que estejam garantidas essas condições às unidades locais.

Referências

Brasil. *Base nacional curricular comum (BNCC)*. Brasília, DF: Ministério da Educação, 2017.

Brasil. *Constituição da República Federativa do Brasil*. Brasília, DF: Presidência da República; Casa Civil, 1988. Disponível em: http://www.planalto.gov.br/ccivil_03/constituicao/constituicao.htm. Acesso em: 8 mar. 2023.

Brasil. *Diretrizes curriculares nacionais para a educação infantil.* Brasília: MEC/SEB, 2010.

Brasil. *Indicadores da qualidade na educação infantil.* Brasília, DF: MEC/SEB, 2009.

Brasil. *Lei nº 9.394, de 20 de dezembro de 1996.* Estabelece as Diretrizes e Bases da Educação Nacional. Brasília, DF: Presidência da República; Casa Civil, 1996.

Brasil. *Parâmetros nacionais de qualidade para a educação infantil.* Brasília, DF: Ministério da Educação/Secretaria de Educação Básica, 2006a.

Brasil. *Parâmetros nacionais de qualidade para a educação infantil.* Brasília, DF: Ministério da Educação/Secretaria da Educação Básica, 2006b.

Brasil. *Parâmetros nacionais de qualidade da educação infantil.* Brasília, DF: União nacional das dirigentes municipais da educação/Ministério da Educação, 2018.

Brasil. *Parecer CNE/CEB 22/1998.* Diretrizes curriculares nacionais para a educação infantil. Brasília, DF: Ministério da Educação e do Desporto/Conselho Nacional de Educação, 1999.

Brasil. *Plano nacional de educação 2014-2024.* Lei nº 13.005, de 25 de junho de 2014, que aprova o Plano Nacional de Educação (PNE) e dá outras providências. Brasília, DF: Câmara dos Deputados, 2014.

Brasil. *Política nacional de educação infantil*: pelo direito das crianças de zero a seis anos à educação. Brasília, DF: MEC/SEB, 2006c.

Brasil. *Referencial curricular nacional para a educação infantil.* Brasília: MEC/SEF, 1998a.

Brasil. *Referencial curricular nacional para a educação infantil.* Brasília, DF: MEC/SEF, 1998b.

Brasil. *Referencial curricular nacional para a educação infantil.* Brasília, DF: MEC/SEF, 1998c.

Brugué, Q. Modernizar la administración desde la izquierda: burocracia, nueva gestión pública y administración deliberativa. *Revista del CLAD Reforma y Democracia*, n. 29, p. 1-16, 2004.

Grin, E. J.; Abrucio, F. L. Las capacidades estatales de los municipios brasileños en un contexto de descentralización de políticas. *Revista del CLAD Reforma y Democracia*, n. 70, feb. 2018.

Lotta, G. S. *Burocracia e implementação de políticas de saúde*: os agentes comunitários na estratégia saúde da família. Rio de Janeiro: Fio Cruz, 2015.

PIRES, R. R. C. Burocracia, discricionariedade e democracia: alternativas para o dilema entre controle do poder administrativo e capacidade de implementação. *Cadernos Gestão Pública e Cidadania*, n. 14, v. 54, p. 147-87, 2009.

SABEL, C. F. *Beyond principal-agent governance*: experimentalist organizations, learning and accountability. New York: Columbia University, 2002.

SILVA, M. S. *Governança experimentalista*: construção histórica, conceitos atuais e limitações para aplicação no caso brasileiro. 2013. 46 p. Monografia (Especialização em Gestão de Políticas Públicas de Proteção e Desenvolvimento Social) – Escola Nacional de Administração Pública, Brasília, 2013.

As autoras

Gabriela Thomazinho

Doutoranda em Administração Pública e Governo na Fundação Getulio Vargas (FGV). Graduada em Economia e mestra em Educação pela Universidade de São Paulo (USP). Durante doutorado, realizou intercâmbio acadêmico na Universidade de Aalborg (Dinamarca). É pesquisadora do Núcleo de Estudos da Burocracia (NEB) e do Centro de Estudos da Metrópole (CEM).

Gabriela Lotta

Professora e pesquisadora de Administração Pública e Governo da Fundação Getulio Vargas (FGV). Foi professora visitante em Oxford (Blavatnik School of Government), Aalborg (Dinamarca), na Universidad del Chile e na Pontifícia Universidade Católica do Peru (PUC-Peru). Doutora em Ciência Política pela Universidade de São Paulo (USP), mestre e graduada em administração pública pela FGV. Coordenadora do Núcleo de Estudos da Burocracia (NEB). Docente da Escola Nacional de Administração Pública (Enap). É pesquisadora do Centro de Estudos da Metrópole (CEM) e pesquisadora afiliada no Brazil LAB de Princeton. É bolsista produtividade 2 do CNPQ. Em 2021, foi nomeada como uma das 100 acadêmicas mais influentes do mundo na área de governo pela organização Apolitical.

Marie Østergaard Møller

Professora associada do Departamento de Política e Sociedade da Universidade de Aalborg. Doutora em Ciência Política pela Universidade de Aarhus. Seus interesses de pesquisa incluem os encontros Estado-cidadão, categorização, políticas e administração pública, método de vinhetas e métodos interpretativos. É pesquisadora do Welfare, Innovation, Social Work and Employment Relations (WISER) e foi organizadora da 4ª Street-level Bureaucracy Conference 2022.

Tona Castell

5

Proposta educativa: *jam-session*[1,2]

[1] N. do E.: *perfomance* informal de *jazz* (ou de *rock*) em que os músicos não fizeram um ensaio prévio, nem planejaram de antemão o que tocariam.
[2] Tradução de Bruna Heringer de Souza Villar.

Como professora de Educação Infantil desde os anos 1980, vivi, pratiquei, equivoquei-me e desfrutei de muitas experiências ao longo de minha atividade profissional nas salas de aula das escolas de Educação Infantil. Também aprendi a compreender e a analisar, de forma cada vez mais profunda, as atividades que se desenvolvem nas escolas, além de chegar a uma concepção refletida acerca da Educação Infantil.

Essa visão me ajuda a demonstrar como as atividades se veem influenciadas e afetadas por diversas variáveis:

- O contexto, com os vínculos e as relações que se estabelecem entre a professora e as crianças e entre as próprias crianças.
- A compreensão e a expressão verbal e não verbal atribuída à linguagem significativa e socialmente compartilhada, atendendo aos diferentes níveis de maturidade das crianças.
- O objetivo inicial das propostas educativas e a sua realização por meio da provocação, planificada ou sem programação: uma chegada inesperada, um relato ou uma história, uma incorporação imprevista, um fato cotidiano etc.
- A capacidade da professora de observar dinamicamente, interpretar e valorizar, de maneira constante, o que acontece na sala de aula e fora dela. Essa ação pensada e, muitas vezes, de pouca duração, leva a tomar decisões rápidas e a readaptar a atividade segundo as respostas das crianças, respostas que, *a priori*, não são controláveis (era só o que faltava!) e que podem levar a terminar antes do previsto, a tomar um rumo não planejado ou a deixar inacabado o que se está desenvolvendo.

Atualmente, já não desenvolvo minha ocupação profissional dentro das escolas. No entanto, continuo conhecendo, interpretando e analisando ações educativas por meio da direção da revista *Infância*, da Associação de Professores Rosa Sensat.

Cada artigo da revista pode rememorar uma unidade educacional, ou parte dela, pelo imaginário contido no texto, que descreve o dia a dia de muitas escolas. Expõem-se experiências autênticas, reais, escritas de coração, por professoras e equipes educativas, tudo isso alinhado com escritos que promovem e conduzem à reflexão do que se faz e por que se faz, e a um aporte teórico de recomendações pedagógicas que facilitam a compreensão das ações. A educação e o ensino, como práticas sociais imprescindíveis para o progresso da sociedade, requerem que o conhecimento gerado seja analisado e compartilhado de maneira ativa.

Com base nessa consideração, este texto desata as partes organizacionais das unidades educacionais e as reflexões da vida cotidiana das escolas de Educação Infantil de 0 a 3 anos e de 3 a 6 anos.

Para documentá-lo, e para ilustrar, exponho diferentes fragmentos de artigos de professoras, todas elas pertencentes aos Conselhos da revista *Infância*, que, com seus escritos, levaram suas ideias e suas maneiras de fazer a outras professoras e a outros educadores, de acordo com a concepção de infância e aprendizagem compartilhada por todos os Conselhos da revista e a Associação de Professores Rosa Sensat. É um grande desafio sair do papel da revista para fazer parte deste livro para leitores ávidos de sapiência educativa.

***

A cada ano, a cada curso, nas escolas, produz-se o ritual de planejar o que vai acontecer ao longo do curso para dispor de uma visão panorâmica das diferentes propostas e tarefas cotidianas que se realizarão e que tomam forma nas unidades didáticas. Essa visão se estrutura segundo os critérios, as decisões e os acordos da equipe educativa no âmbito pedagógico e se unem no projeto educativo. Cada escola delineia e elabora seu documento a partir do momento em que se baseia na particularidade de seu entorno social e cultural e caráter próprio da equipe docente.

Os projetos educativos na Educação Infantil, de 0 a 6 anos, fundamentam-se, basicamente, em um conhecimento da vida cotidiana de meninos e meninas, da cultura do contexto familiar no qual habitam, e das possibilidades e das potencialidades que a escola onde estamos localizados oferece – e, muitas vezes, generalizadas nas linhas estratégicas dos centros escolares. Esse saber, que, em princípio, pode ser intuitivo e pouco elaborado, permite ir incorporando, pouco a pouco, ingredientes que devem contribuir com significado e sentido às práticas educativas. Além disso, esse saber deve ser um elo que favoreça a continuação entre os dois principais núcleos de vida das crianças, da família e da escola de Educação Infantil.

Por isso, o objetivo da Educação Infantil é contribuir com o desenvolvimento integral das capacidades, entendidas como as habilidades globais, que abraçam todos os aspectos da pessoa – sociais, afetivos e emocionais, motores, comunicativos e cognitivos.

Nesse marco conceitual, definimos por propostas as ações que se desenvolvem com clara intencionalidade educativa e que, na Educação Infantil, podem ser de diversas naturezas, desde as planificadas de forma coerente com as orientações do currículo, já flexível e aberto, até as que surgem espontaneamente pelas sugestões, pelas necessidades e pelos interesses de meninos e meninas.

Também nos referimos às propostas que toda a equipe de educadores e professoras, de forma dialogada e conjunta, queiram dispor em determinado momento, incluindo suas ideias no dia a dia.

> [...] é uma situação ou conjunto de situações que preveem certas atividades mediante as quais se pretende propiciar o êxito de determinadas aprendizagens, referidas a conteúdos de diferentes tipos e de várias áreas do conhecimento, com base nos interesses das crianças. (Generalitat de Catalunya, 2012, p. 64)

Portanto, as propostas são um começo, mais pensado e planejado ou, talvez, improvisado, e um caminho que pode fomentar e gerar novas propostas de aprendizagem, fruto do pensamento divergente que, como seres humanos, praticamos.

O papel das pessoas educadoras é o de dar forma, organização, ordem e coerência ao cenário – físico e temporal – em que terá lugar a ação educativa, a experiência e no qual se originará a aprendizagem. Além disso, é preciso permitir a constância da intencionalidade educativa por meio da própria observação e valorização, para poder analisar e modificar suas atuações em relação às distintas variáveis metodológicas.

Início da planificação das propostas

Partimos da premissa de que a Educação Infantil é um contexto de desenvolvimento e crescimento no qual tudo o que acontece no dia a dia tem valor educativo. Entende-se por contexto as circunstâncias que habitam um ambiente de vida, caracterizado pelos fatos vividos, pelas relações emocionais que se estabelecem, pela linguagem e pelo significado social compartilhado, pelas práticas desenvolvidas ao mesmo tempo e no mesmo espaço.

Por essa razão, as pessoas adultas das escolas da Educação Infantil, desde as professoras até as cozinheiras e as estagiárias, ainda que assumam responsabilidades diferentes, estabelecem relações e, também, vínculos de forma consciente ou inconsciente, além de oferecerem modelos de relação e padrões de comportamento a meninos e meninas.

Todas as diferentes práticas, situações e vivências cotidianas das crianças na escola de Educação Infantil devem ser consideradas como atividades com uma grande potencialidade educativa: as perguntas nas descobertas, nos rituais diários, na preparação do café da manhã e do almoço, na brincadeira espontânea, nas atividades planejadas, nos momentos de troca de fraldas ou de controle de esfíncteres, na recolhida de materiais, nas entradas e nas saídas... Por isso, é importante destacar como o tempo é uma variável necessária para realizar todas essas experiências. O tempo da criança, não o do adulto.

Falamos, então, da ação educativa que respeita as diferentes maneiras de aprender da criança, que adéqua o ensino às características e às condicionantes pessoais e sociais, que seleciona adequadamente os conteúdos, que fomenta as atividades para pensar, apresentar dúvidas e reelaborar o conhecimento e que serve de impulso para atuar com autonomia e responsabilidade.

Tudo isso de modo inclusivo, sem nenhum tipo de discriminação.

As peculiaridades de cada escola

Todas as crianças são diferentes e todas as escolas são diversas.

Cada escola, com suas peculiaridades, deve ser consciente de que tem como missão acolher, de forma positiva, tanto as crianças quanto as suas famílias. São muitos anos de escolarização os que virão e, por isso, devem ser vividos com respeito e confiança mútuos.

> No sul de uma pequena ilha do Mediterrâneo, encontramos um povoado. Há uma escola pequena, pulcra e familiar. São poucas crianças e professores, em comparação com a maioria das escolas públicas, e esta circunstância é uma das características que nos identificam como um centro educativo diferente. Há outras características que tornam uma escola peculiar: um entorno privilegiado, uma equipe de professores estável e com a percepção de melhorar, uma comunidade próxima e participativa... Tudo isso faz que tenhamos nas mãos um pequeno tesouro ao qual não queremos renunciar. (Carreras e Pons, 2019)

A escola deve ser um lugar de estabilidade – pelo trabalho e labor constante e regular dos adultos –, de segurança e de afetividade – de entusiasmo pelo trabalho bem realizado. Deve ser e, também, mostrar-se assim. É de grande importância a imagem que a escola projeta às crianças e às famílias, porque é uma imagem de identidade, da qual as crianças e as famílias também fazem parte e participam.

Além disso, a escola tem a função de cuidar para que meninos e meninas consigam aprendizagens funcionais e significativas, que adquiram sentido pelo desenvolvimento das capacidades de cada criança, e deve velar para que cada um consiga isso em seu ritmo.

Os cenários de aprendizagem

Nós, professoras, devemos ter um saber profundo sobre as crianças, a sua personalidade, o conhecimento que têm de si mesmas e em relação aos demais, o domínio de suas próprias possibilidades e habilidades. Também conhecermos quais são as estratégias de aprendizagem que vão adquirindo e aplicando, para podermos acompanhar e conduzir essa aprendizagem.

Devemos ser coerentes e garantir a relação das ações educativas com essa representação que temos da infância, sobretudo o fruto da reflexão compartilhada entre equipes de profissionais. Essas ações educativas se realizam em espaços e com materiais que evidenciam os valores pedagógicos vividos na escola de Educação Infantil e o papel que os adultos têm na Educação.

Os cenários de aprendizagem se refletem no ambiente e na organização concreta desses espaços e desses materiais. Nesse ponto, referimo-nos a todos os espaços de uma escola de Educação Infantil, tanto as salas quanto os espaços exteriores, incluindo os locais em que se come e se dorme. Todo espaço é suscetível e motivador à aprendizagem. Atualmente, tem-se redesenhado os pátios para promovê-los e ampliá-los como contextos de aprendizagem e desenvolvimento: desníveis, vegetação, areais amplos, tudo o que possa provocar um desafio.

Isso se dá em razão de o espaço organizado, tanto da área interna quanto da externa, ter de possibilitar o processo de exploração, de experimentação e de investigação das crianças. Espaços agradáveis e pensados esteticamente são um fator-chave no processo educativo.

Em consequência, deve-se planejar os espaços e, também, a organização temporal, com o objetivo de possibilitar que seja possível criar, estabelecer e fluir relações entre crianças, entre crianças e adultos, e, também, entre cada menino e menina com o espaço, promovendo uma resposta mais autônoma possível.

> Habitar o espaço em vez de ocupá-lo e governar o tempo em vez de persegui-lo seriam as condições fundamentais para permitir que as crianças se situem no centro da ação educativa. Na companhia de alguns adultos, que apresentam perguntas juntamente com elas e criam contextos coerentes e harmoniosos, em que a simultaneidade, a flexibilidade e a continuidade de espaços, tempos e ações favorecem a autonomia, fazem meninos e meninas se sentirem protagonistas das experiências e cúmplices das propostas para dar sentido à vida compartilhada. [...]
>
> Como podemos fomentar a autonomia se, com frequência, somos nós, os adultos, aqueles que decidem o movimento e o tempo das crianças? As novas orientações do currículo do segundo ciclo de Educação Infantil nos dão algumas pistas:
>
> "Criando ambientes em que o adulto não antecipe as ações da criança com a intenção de salvá-la das dificuldades que se apresentam e sem parar para comprovar a satisfação que pode produzir por si mesma.
>
> Mostrando confiança nas iniciativas que surgem das crianças. Dando liberdade para se organizarem, reconhecer o esforço de cada um, promover a iniciativa quando tomam decisões, trocam ideias".
>
> Teríamos que avançar até um contexto previsto e organizado, de maneira que os espaços e o tempo possam permitir aos seus interlocutores se definir em fisionomias pessoais, e não em papéis pré-constitutivos. Um contexto em que a flexibilidade, a continuidade e a simultaneidade das ações, dos espaços e dos tempos sejam critérios fundamentais de nossa intervenção organizativa e metodológica.

> Se pretendemos colocar a criança no centro do labor educativo, para que seja construtora de seu processo de crescimento e aprendizagem, temos de criar contextos que lhe permitam organizar o conhecimento e que fomentem suas descobertas. Nós, adultos, teríamos que procurar que, em sua experiência cotidiana na escola, a criança possa dar sentido às suas vivências, que possa unir os fatos a um significado e estabelecer conexões entre a experiência da escola e a que vive além da escola, nas relações sociais mais amplas, como é a da família. Uma escola que seja o ponto de encontro das experiências que a criança vive em seu entorno e em que é ajudada a reelaborar e a compartilhar sem artifícios didáticos. (Pujol, 2017)

Quando acontece a provocação

Os currículos do primeiro e do segundo ciclo de Educação Infantil se materializam explicitando as capacidades que os meninos e as meninas têm que adquirir ao finalizar a etapa. Muito além da conquista de conhecimentos, atitudes e habilidades, as capacidades implicam a possibilidade de utilizá-los de maneira transversal e interativa em contextos e situações diferentes. Assim, a brincadeira adquire especial interesse como a forma mais natural e inata de conhecer e entender o mundo e, portanto, de aprender. A mente curiosa e atenta das crianças precisa ser o motor que as conduz a experimentar e a brincar pelo simples prazer de adquirir novos conhecimentos e de superar dificuldades. Concordamos plenamente com o ideário do *Currículo da Cidade: Educação Infantil* (São Paulo, 2019, p. 161-2):

> Um currículo integrado deve acontecer de modo a encaminhar os processos pedagógicos a partir dos princípios de uma pedagogia da infância. Essa pedagogia se caracteriza pela escuta e pelo diálogo, pelo envolvimento entre docentes, famílias/responsáveis e crianças nos territórios, pelo respeito às culturas infantis, entre outros, e também garante continuidade. O trabalho pedagógico realizado na EI [Educação Infantil] privilegia a curiosidade dos bebês e das crianças, mostrando

caminhos que também estão presentes na vida e nas aprendizagens das crianças de 6 até 12 anos, como recomenda o Currículo da Cidade – Ensino Fundamental (São Paulo, 2017) para o Ciclo de Alfabetização:

1. As infâncias são diversas.
2. Crianças são detentoras de direitos e deveres.
3. Crianças têm direito a acessar múltiplas linguagens, inclusive a escrita.
4. A brincadeira é um direito fundamental da criança.
5. A sala de aula, o pátio, o parque e a brinquedoteca têm grande significado para as crianças e podem auxiliar na aprendizagem.
6. O Ciclo de Alfabetização demanda um trabalho docente coletivo, sistemático e coordenado.

Compreender como as experiências dos bebês e crianças vão se reinventando e oferecem caminhos para as aprendizagens mais complexas é fundamental para poder pensar as continuidades ou progressões, não por conteúdos advindos da estrutura das disciplinas, mas pelas aprendizagens constitutivas dos sujeitos nos grupos.

Assim, é nesse marco curricular que a concretude de qualquer proposta deve ser uma ajuda que permita antecipar o que se pretende fazer no caminho da aquisição das capacidades. Programar e planejar são verbos que expressam a intenção da realização concreta de uma atividade de qualquer ordem ou dimensão. É importante incorporar a forma particular de cada criança ao se apropriar da proposta, e também merece ser captada a sua marca pessoal.

Há muitos anos, durante férias em Paris, visitei o Centro George Pompidou.[3] Como é sabido, esse centro cultural – entre outras propostas – promove iniciativas de arte contemporânea dirigidas às crianças por meio da criação e da experimentação. Naquele dia, tive a sorte

[3] N. do E.: museu parisiense de arte nacional moderna e contemporânea. Foi o primeiro desse tipo na Europa. Com seu prédio de arquitetura moderna de vários andares, o Centro multicultural abriga exposições diversas, com artes concebidas em diferentes linguagens. O primeiro e o segundo andares contam com espaços destinados às crianças e às suas criações artísticas.

de conhecer uma dessas iniciativas, assistindo a uma oficina que meninos e meninas (entre 6 e 8 anos) estavam fazendo em um espaço muito amplo.

Nessa oficina, as crianças experimentavam com blocos de argila e combinavam, empilhavam, encaixavam e dispunham os diferentes blocos como construção arquitetônica, em forma de escultura e habitáculo, por onde se podia transitar. Aqueles meninos e aquelas meninas compartilhavam entre si seus testes, suas dúvidas, suas ideias, suas propostas e hipóteses e, sobretudo, expressavam o entusiasmo do processo. Enquanto isso, o adulto que os atendia estava disponível, próximo, escutava-os, fazia alguma sugestão, mas quase não falava. Gostei disso e me fez pensar sobre o papel do adulto durante o tempo da oficina.

Rodeada por essa atmosfera tão especial, fiz-me a pergunta: Como seria nas mãos das crianças? Como essa proposta poderia ser repensada para que fosse oferecida às crianças de 2 anos da Educação Infantil?

Ponto de partida

Para poder encontrar respostas nas genuínas perguntas que me surgiram – em razão do bonito contágio feito pela oficina que experienciei em Paris –, para começar, foi necessário repensar:

- O número de crianças que participariam e, nesse sentido, achei oportuno fazer agrupamentos pequenos.
- Como teria que apresentar a argila: em cima das mesas, com um suporte no chão etc.
- Quais outros materiais poderíamos oferecer para enriquecer a expressão compositiva das crianças, no diálogo com a argila.
- Se faria falta fazer alguma adequação do espaço onde se realizariam as oficinas.
- Como e qual deveria ser o papel do adulto durante as sessões. Isso, porém, estava claro para mim desde o início: estar disponível, próximo e com uma atitude de escuta, o que deveria ser sempre possível em qualquer momento na escola.
- Fazer um processo de seguimento para observar:

> - Quais ações, relações e descobertas as crianças preferencialmente fazem com a argila.
> - Por meio de qual linguagem as crianças intervêm e quais respostas emocionais elas expressam durante as oficinas.
>
> O objetivo inicial para todas as crianças na hora de fazer essa proposta de oficina – adequando-a a cada grupo de idade em relação à apresentação, agrupamento das crianças e em relação com o espaço – era lhes dar a possibilidade de desfrutar do contato com este material para explorar as qualidades sensoriais que ele favorece. (Nicolás, 2020)

Com base na observação e na análise de como cada menino e cada menina desenvolve determinada proposta, obtemos informações de muita utilidade para planejar o passo seguinte, porque nem sempre ocorre aquilo que a equipe de professoras esteve pensando animadamente tantas horas, já que o planejamento se motiva pelo entusiasmo. Na Educação Infantil, muitas vezes, aquilo que pretendíamos e sua realização diferem em doses muito elevadas. O importante é a capacidade de reação diante dessas situações. Ao fazer observações sistemáticas, descrevendo, primeiro, o fluxo do que acontece, anotando as variáveis não apenas das crianças, mas também dos adultos, dos tempos, das condições em geral, pode-se chegar a conclusões pensadas e sábias, não automáticas nem rápidas.

> As boas ideias surgem ao questionarmos momentos, espaços e práticas que dissonam, a fim de melhorá-los e espremer deles todo o suco que puderem dar; em nosso caso, para tirar toda a aprendizagem que possa acontecer. Ultimamente, na escola, acontece muito isso de fazermos perguntas de tudo o que acontece...
>
> *A horta e tudo o que acontece* foi uma das pesquisas que propusemos este ano, visto que que tínhamos materiais muito bons para manipular, observar, interagir, e, ademais, contávamos com um recurso humano muito potente: as crianças, as professoras e a colaboração de um grupo de moços e moças com diferentes habilidades do

> Ateliê Baix Camp, de nosso município, que nos ajudam a mantê-la duas vezes por semana. E, por tudo isso, acreditávamos que esse espaço tinha que produzir um grande momento de encontro e descoberta, e não foi assim. Era uma sessão muito programada e forçada dentro do horário, na qual tinha que ir todo o grupo para fazer a mesma atividade: "*Hoje, todos vamos plantar*", "*Agora, vamos passando de dois em dois para regar*"... Vocês podem imaginar que era um momento muito tenso? E, evidentemente, o que se aprendia resvalava por todos os lados.
>
> Diante dessa reflexão, reformulamos toda a dinâmica da horta. Tínhamos claro que deveria seguir a linha iniciada pela escola com qualquer aprendizagem: um espaço aberto e livre, em que, na hora do recreio, a criança poderia entrar, permanecer e atuar como precisasse naquele instante.
>
> Agora, se você for um menino ou uma menina da comunidade dos pequenos de nossa escola, depois do almoço, você encontrará a porta da horta aberta para poder regar os brócolis, as alfaces ou a roseira, plantar tomates ou abobrinhas, cheirar alecrim, hortelã ou tomilho, comer morangos ou ervilhas, colher acelgas, observar as flores das favas,[4] as abelhas, as formigas ou os besouros, encontrar tesouros, como sementes, pedras ou carapaças de caracóis ou, se você quiser, apenas passear pelos sulcos. Sozinho(a) ou acompanhado(a) pelas outras crianças, moços, moças e monitores.
>
> Cria-se um ambiente de interrelação tão rico em aprendizagens, tanto no âmbito humano quanto de interação com o entorno, que toda a equipe está de acordo que foi uma boa ideia que queremos ampliar na comunidade das crianças mais velhas e dos jovens! (Lleonart, 2020)

No entanto, programar também tem outro significado, aquele que parte do deslumbramento, da capacidade de surpresa e de fascínio por parte da criança e que também sentimos com ela, aceitando suas iniciativas, seus erros e suas incertezas, sem esperar unicamente condutas ou soluções previstas.

---

[4] N. do E.: referente à planta *Vicia faba*.

Além disso, o planejamento deve refletir as propostas de livre decisão das crianças, provocadas não só pelo que programamos, mas também pelo que não programamos. Nós, professoras, intuímos e acreditamos saber o que acontecerá com uma menina, com um menino, com um grupo reduzido de crianças, com todo o grupo. Contudo, o improviso, fruto do que não planejamos, tem seu lugar na escola.

> Dia de chuva, lá fora, tudo está molhado. Nosso pátio, simples, com solo irregular, de areia e cascalho, encheu-se de poças. Gostamos disso; certamente, encontraremos tempo para calçarmos as botas e sair para nos salpicarmos, para revolvermos essa água escura, cor de chocolate.
>
> Chegou Marina, com um caracol nas mãos, que se mexia, valente, por suas mãos, levantando os cornichos, xeretando. Todos se reuniram para olhá-lo. É curioso que um animalzinho tão comum e fácil de encontrar desperte sempre tanta expectativa entre as crianças. Fascina-me essa capacidade que têm de viver tudo como se fosse a primeira vez.
>
> Deixamos que aquele momento fosse se desenrolando em seu ritmo. A professora se aproximou pouco e, de longe, escutava o que diziam entre elas. Várias crianças, não todas, rodearam o caracol, observando-o; algumas o tocavam com muita delicadeza, outras, de uma forma mais brusca, como se buscassem desencadear algum movimento imprevisível. Muita lentidão para sua capacidade de espera.
>
> A professora acabou se aproximando e fez uma pergunta:
>
> – Se vocês fossem caracóis, onde se esconderiam?
>
> Aquela pergunta desencadeou um monte de respostas espontâneas e imaginativas, as quais provocaram que muitas crianças das que não estavam interessadas também quisessem responder e imaginar uma pequena toca sob medida.
>
> – Pois venham! Vamos ao pátio procurar onde os caracóis se escondem! (Hurtado, 2020)

O tempo

Todo o coletivo de professoras e de educadores entende que todo tempo é educativo. O tempo que flui entre estar com a família e estar na escola; o tempo escolar e o tempo de voltar ao contexto familiar. Tempo de confiança, sem julgamentos nem avaliações.

Devemos tentar organizar o tempo das crianças com flexibilidade e, assim, acontecerão muitas aprendizagens significativas.

Cada criança precisa de seu próprio tempo para poder decidir o que fazer, como fazê-lo, se deve fazer sozinha ou em grupo. Durante esse ritmo individual do tempo, desenvolve estratégias e constrói conhecimentos. É preciso que se deixe tempo suficiente para a participação, a brincadeira, os vínculos.

> Parece que a vida não nos permite o luxo de reivindicar a calma. Inclusive, às vezes, o fato de aparentar isso gera certo alarme e se percebe como algo inadequado em uma sociedade que vive acelerada, planejando o futuro enquanto navega nas turbulências do presente. Por acaso não temos oportunidades e necessidades para o aqui e agora? E se, na verdade, o que não existe é o presente, ou ele não tem valor? A escola pode e deve resgatar os prazeres da calma? Pode ela existir sem que pensemos ou sintamos intensamente cada momento que transcorre entre nós?
>
> *Um sereno caminhar na escola*
>
> As escolas de Educação Infantil não são alheias a todas estas perguntas e são muitas as educadoras que, como nós, sentem a necessidade de compensar com tranquilidade, silêncio e escuta uma realidade absorvida pelo redemoinho das pressas. Meninos e meninas apenas vivem um clima cotidiano de serenidade, e a educação precisa disso para emendar a excitação que produz a hiperatividade das pessoas adultas em seu exibicionismo por demonstrar que ensinam.
>
> Com certeza, parar e dar um respiro nesse turbilhão tem efeitos curativos e esclarecedores para alinhar

> o rumo educativo. Não é fácil fazer essa pausa, mas esse propósito é essencial para transformar estruturas espaciais, temporais e, fundamentalmente, de trato nas relações. Assim, como nosso trabalho implica um profundo compromisso, devemos investir entusiasmo e energia em sentir, pensar e melhorar o transcorrer dos minutos que passamos com e para as crianças.
>
> Quando estamos na escola, precisamos de um tempo que não nos empurre para acelerar o ritmo. Por essas e muitas outras razões, falar dos espaços educativos não pode ser feito sem considerar o tempo. Além disso, uma grande referência para compreender como este transcorre provém da observação da própria evolução dos animais e das plantas do entorno. Vemos como crescem e cumprem seus ciclos vitais, inspirados pelos períodos de temporada e transformando suas características mediante sua dança coletiva pausada e contínua. O suceder da vida ao longo das quatro estações não engloba relógios, mas ciclos, processos vitais que parecem rituais, como o brotar das árvores, os cortejos das aves ou a procura do descanso no outono. São processos rítmicos, quase ritualizados, em sequência, e com uma grande harmonia no trânsito entre os diferentes eventos. Em grande medida, parece uma sugestiva inspiração para configurar o marco temporal e melhorar o ambiente educativo. (Díez Pérez, 2019)

Os materiais

Os materiais, com sua ampla forma de expressão, devem favorecer o desenvolvimento de todas as capacidades das crianças. Estão ao seu alcance e servem para manipular e fazer algo com eles, gerando, assim, o interesse das crianças em torno deles. Materiais simples, cotidianos, variados, acessíveis, de grande riqueza sensorial, que atraem "sua" atenção (não a da professora). São fonte inesgotável de sensações e ações, impulsores do valor estético e criativo e de grande potencial educativo.

Selecionar, manter, renovar, organizar se baseiam na análise, na argumentação e na reflexão pedagógica, e não no fato de seguir tendências ou nomes de pedagogos aos quais interessaria tanta publicidade vazia. Adaptar-se e dar resposta à diversidade.

> Um dia, Núria pegou as pedrinhas da praia da mesa dos tesouros para fazer sopas. Com sua ação, dizia-me que precisava de alguma coisa. Antes de introduzir o novo material, conversei com as crianças, vimos a necessidade de vigiar que não as pedrinhas não se espalhassem pelo chão, de recolhê-las, e, assim, adicionamos castanhas, bolotas, lentilhas, grãos-de-bico.
>
> A relação que as crianças têm com os materiais também pode nos guiar para fazer modificações, para ver qual é o mais adequado, qual tem mais possibilidades de brincadeiras... Acredito que não haja muitas regras fixas; pode ser que algo que tenha funcionado bem em um ano, mas, com outro grupo, não servirá, e vice-versa. Eu também gosto de conversar com as crianças, para que vejam o que se espera. Lembro que, uma vez, comprei alguns utensílios[5] de cozinha de porcelana e os introduzi com muito cuidado, falando com elas, estabelecendo regras, procurando formas de facilitar a brincadeira (com bandejas para transportar as peças com mais facilidade). É evidente que, de vez em quando, alguma peça se quebrava, mas a brincadeira se tornou mais cuidadosa e diferente. (Majoral, 2012, p. 15)

A autorregulação

Nas propostas educativas, cada menino e cada menina deve ter consciência de seu próprio processo de aprendizagem. As diversas estratégias das professoras tornam possível que a criança tome consciência e se dê conta do que sabe, do que vai aprendendo, do que lhe interessa, de como pode averiguar, indagar, conhecer...

[5] N. do E.: no original, *firetas*, termo em catalão que se refere a brinquedos que imitam utensílios de cozinha em porcelana, em estanho ou em outros materiais, como jogos de chá. Neste caso, englobam, também, os talheres para a brincadeira.

Trata-se de escutar a criança. E, para estar atentos a essa escuta, os diálogos verbais e as situações informais nos ajudariam a saber como percebe e descreve seu processo de aprendizagem, quais ideias surgiram, quais sensações sentiu, quais dificuldades encontrou, como viveu a experiência. Ao observar as crianças, visualizamos aspectos das atividades cotidianas que ajudarão a regular seu processo de aprendizagem.

Com a autorregulação, também há a conciliação dessa escuta pelo planejamento. Propostas realmente significativas e funcionais do nosso ponto de vista nem sempre o são da perspectiva de uma criança ou da de um grupo. A autorregulação também é uma ação intrínseca ao acontecimento diário que precisa de certo treinamento por parte dos adultos para não desistir de um planejamento muito hermético e imutável.

> Fazia dias que muitas das propostas de investigação que eram preparadas deixavam de despertar interesse, eram exploradas com rapidez, e meninos e meninas procuravam espaços e objetos para criar cenários de brincadeiras simbólicas, esquecendo o objetivo de investigação proposto inicialmente.
>
> A observação desse fato levou a professora a procurar outras propostas. Assim, nasceu o "bosque encantado".
>
> Com materiais naturais (galhos, caules, folhas, partes de arbustos etc.) que os meninos e as meninas trouxeram de alguma de suas perambulações pelo entorno, e, também, com um material pensado e apresentado pela professora para completar a proposta, com a finalidade de criar personagens (massa de modelar, papelão, palitos, roupas pequenas etc.), foi-se criando esse bosque tão especial e encantado, um cenário mágico, cheio de esconderijos, lugares protegidos, certos espaços abertos e alguns mais fechados, uns mais escuros e outros mais iluminados.
>
> Meninos e meninas iam criando seus personagens e, à medida que surgiam, iam vivendo histórias inventadas de forma improvisada. Histórias de brincadeira simbólica e com muito sentido para as crianças. (Serra e Hurtado, 2019)

As hipóteses que fazemos em cada uma das propostas podem "fracassar" por algum elemento: o espaço, os materiais, o tempo investido, entre outros. Nós devemos estar alertas aos indícios e às evidências que nos mostram. Além disso, precisamos reagir ao mesmo tempo que reformulamos, em nosso pensamento, aquela proposta, adaptando-a ao momento, às suas circunstâncias e, talvez, às novas necessidades. Tudo isso porque sabemos: as intenções dos adultos, muitas vezes, não coincidem com os interesses das crianças.

O papel da professora

Para realizar a ação educativa, a professora precisa desenvolver uma busca constante do significado e da lógica em seu trabalho. Deve ter consciência de sua própria prática, em razão da complexidade da sala de aula, para elaborar, experimentar, avaliar e redefinir suas maneiras de intervenção de forma incessante.

Entende-se esse fato pela concepção do ensino como uma profissão que exige sólidas habilidades intelectuais, e não meramente como uma profissão distributiva ou de reprodução e aplicação de fórmulas aprendidas e rotineiras, que produzem dependência e estatismo.

Esqueçamos a imagem de uma professora distribuindo cartões a meninos e meninas de sua turma para que todos realizem a mesma ação ou a pergunta escutada em muitas reuniões: *[Isso é] a partir de qual idade?*

Tampouco se trata da professora como a pessoa que organiza e coloca os materiais em sua sala com a pretensão que estes, por si – ou em nome da "estética" –, sejam suficientemente atrativos e sugestivos para que meninos e meninas, por meio da exploração, experimentação e descoberta cheguem a uma aprendizagem. Isso não define o objetivo da aprendizagem, e, ainda por cima, delega a responsabilidade da aprendizagem ao menino e à menina que, com sua autonomia, "alcançarão" novas metas. Essa poderia ser uma banal e pouco ponderada interpretação sobre os componentes do programa do Currículo do Primeiro Ciclo de

Educação Infantil (de 0 a 3 anos) (Generalitat de Catalunya, 2012, p. 29): "Deve ser considerado o entorno da escola de Educação Infantil como um contexto de desenvolvimento no qual tudo o que acontece cotidianamente tem valor educativo para a criança".

E, em outro extremo, temos a professora que, com ou sem material, dirige continuamente as propostas que delineia (às vezes, a mando da direção do centro de Educação Infantil) em relação a crianças que pouco, muito ou nada entendem o que, como e por que devem aprender. Muitas vezes, essa professora se baseia em uma interpretação própria e muito superficial de referenciais pedagógicos mais ou menos de moda. É um modelo totalmente adultocêntrico, que não leva em consideração os processos de desenvolvimento e de aquisição nos primeiros anos de vida das pessoas, tão intensos, complexos e diversos como as crianças na escola. Parece mais uma "secundarização" da etapa da Educação Infantil.

> Há caminhos diversos, crianças diversas e escolas diversas. Não é preciso que todo mundo faça a mesma coisa.
>
> O que sinto que se esquece, em muitos casos, é da reflexão, da evolução, do diálogo real entre professores, com crianças e com todos os relacionados com o mundo da Educação.
>
> Como entendemos uma criança? O que ela precisa para aprender? Qual o nosso papel? E os espaços que propomos? E os diferentes contextos e momentos do dia? Que tipo de cidadão gostaríamos que fosse? O que transmitimos? Como poderíamos fazer isso? O que nossa escola pode oferecer?
>
> Tudo teria que ser um processo lento, reflexivo e compartilhado. Temos um trabalho precioso e uma responsabilidade enorme. (Majoral, 2019)

O que acontece na sala de Educação Infantil deve ser compartilhado com as colegas, com as estagiárias, com os diferentes profissionais que conhecem e convivem com as crianças. A escola não é a soma de salas fechadas com pessoas dentro delas. A escola é uma engrenagem de pessoas, fatos, conexões, circunstâncias e ideias. Como adultos e como responsáveis para que todas as peças funcionem corretamente, a equipe educativa supera as divergências pessoais e realiza um esforço de coerência, de se colocar de acordo, para moldar, no dia a dia, o projeto educativo.

> Precisamos combinar duas linguagens que querem transmitir uma ideia paralela, sabendo que compartilhamos um mesmo olhar em relação à infância. Queremos dizer a mesma coisa, mas não nos saem as mesmas palavras. O valor de cada frase nunca será igual para todos. Tentamos aproximar olhares como nos aproximamos um do outro, sem olhar nos olhos, mas, sim, olhar juntos, na mesma direção. Entretanto... chega o caos: textos que perdem harmonia, linhas inteiras borradas, palavras mudadas. Pensamentos que precisam ser ordenados em busca de frases inspiradoras.
>
> Pouco a pouco, vão nascendo as conexões entre as palavras. Começamos relatando a experiência, encontrando certa ordem entre as ideias. É preciso esticar esse fio, porque as reflexões e as dúvidas se vão acomodando, para encontrar seu lugar no texto, procurando a harmonia plenamente compartilhada. Quando duas pessoas escrevem juntas, se não estão conscientes acerca do fato de que suas experiências são diferentes, o trabalho compartilhado lhes mostra.
>
> Sem ser suficientemente conscientes, os olhares conectam em silêncio, e se desenvolve um novo diálogo. É tempo de gerar novas perguntas até escutar uma nova melodia. (Viyuela e Sargatal, 2019)

A avaliação

A avaliação é um processo que se integra nas atividades educativas para entender como as crianças se desenvolvem e aprendem e para saber em qual momento do processo de desenvolvimento se encontra cada criança. É evidente que a avaliação deve ser motivada pela reflexão de todos os adultos, professores, educadores e profissionais, que compartilham os cenários de aprendizagem com as crianças, e, também, da família. As oportunidades de aprender são uma responsabilidade compartilhada.

As informações que a avaliação fornece nos ajudam a conhecer de qual atenção, de quais estímulos e de quais propostas precisa cada criança e como proporcionar esses fatores a ela.

Os instrumentos para realizar tal processo são a observação e a documentação pedagógica, pois permitem dispor de informação objetiva, perceptível e contrastada sobre os comportamentos e as atuações das crianças. Mediante a observação e a documentação pedagógica, reconstrói-se a experiência educativa, tornam-se visíveis os processos das crianças e a relação que mantêm com as outras e sua atividade. Ademais, expõe-se como é ou foi a prática docente. Esse fato deve originar uma reflexão constante sobre a própria prática, com o fim de progredir nesse quesito.

Uma professora observadora, que quer gerar expectativas construtivas de aprendizagem, deve aprender a sê-lo. Nem tudo vale, nem deve ser feito de qualquer maneira.

O objetivo da avaliação deve ser, em primeiro lugar, a valorização do progresso individual, livre e único de cada menino e cada menina, e a adequação da ação educativa, para ajustá-la às suas necessidades.

Ponto final

Sempre entendi as propostas educativas como um todo. Como uma orquestra de *jazz*, na qual todos têm seu papel, seu instrumento, com sua melodia. Alguns músicos que se regozijam com seus sons, seus solos, sua improvisação, sua espontaneidade e que, de vez em quando, unem-se a outros músicos com outros instrumentos por prazer, para compartilhar alegrias e energias, por puro diálogo harmonioso. Uma orquestra que, às vezes, desafina e que, também, procura melhorar. Não é preciso ter público, porque sua vida, seu dia a dia, é seguir os ritmos – de adágios[6] a alegros[7] –, descobrir, encontrar-se, buscar belas notas e difíceis acordes.

Este texto, por sua vez, foi delineado como um mosaico de breves peças musicais. Como um *pot-pourri*[8] de fragmentos textuais que, por si, têm caráter e coração, porque foram escritos pensando na infância.

Uma unidade educacional deve ser gerada da razão ou, então, de que modo, se os compositores não escreverem as peças musicais? Imaginando-se o som e o tempo, a cadência e os silêncios. E, quando cada músico a interpreta com base em suas conquistas diárias, o compositor sente uma satisfação infinita, porque a música cresceu e voa.

Deixemos que a música inunde nossas escolas de Educação Infantil.

Este texto conta com fragmentos de artigos escritos por:

Assumpta Carreras e Àngels Pons. Conselho da revista de Menorca (Baleares).
Maite Pujol. Conselho da revista de Osona.
Montserrat Nicolás. Conselho da revista de Barcelona.
Anna Lleonart. Conselho da revista de Baix Camp.
Mar Hurtado. Conselho da revista de Osona.
Sergio Díez Pérez. Conselho da revista de Cantabria.
Sílvia Majoral. Conselho da revista de Barcelona.
Àlex Viyuela e Eva Sargatal. Conselho da revista de La Garrotxa.

---

[6] N. da T.: andamento musical lento, entre 66 e 76 batidas por minuto. Sua velocidade é considerada lenta, porém, agradável. O termo deriva do latim *ad agio*.

[7] N. da T.: andamento musical leve, de velocidade mais acelerada, sendo mais rápido que o alegreto e mais lento que o presto.

[8] N. do E.: composição que resulta de partes de músicas conhecidas colocadas em sequência.

Referências

CARRERAS, A.; PONS, À. Plana oberta. Aquella altra escola... *Infància*, n. 229, jul. 2019. Disponível em: https://www.rosasensat.org/revista/infancia-229-3/plana-oberta-aquella-altra-escola/. Acesso em: 9 fev. 2023.

DÍEZ PÉREZ, S. Educar de 0 a 6 años. El sustento del clima en la educación infantil: Lugares, relaciones y procesos en calma. *Infància*, n. 173, mar. 2019. Disponível em: https://www.rosasensat.org/revista/infancia-173-2/educar-de-0-a-6-anos-el-sustento-del-clima-en-la-educacion-infantil-lugares-relaciones-y-procesos-en-calma/. Acesso em: 10 fev. 2023.

GENERALITAT DE CATALUNYA. Departament d'Educació. *Currículum i orientacions*: educació infantil – primer cicle. Barcelona: Servei de Comunicacions i Publicacions, 2012. https://educacio.gencat.cat/web/.content/home/departament/publicacions/colleccions/curriculum/curriculum-infantil-1cicle.pdf. Acesso em: 9 fev. 2023.

HURTADO, M. El moviment dels caragols. *Infància*, n. 233, mar. 2020.

LLEONART, A. Les maduixes estan vermelles? Anem a l'hort! *Infància*, n. 235, oct. 2020.

MAJORAL, S. Plana Oberta. El sentit comú. *Infància*, n. 227, 2019. Disponível em: https://www.rosasensat.org/revista/infancia-227/plana-oberta-el-sentit-comu/. Acesso em: 13 fev. 2023.

MAJORAL, S. *Seguint el fil de les propostes dels infants*. Barcelona: Rosa Sensat, 2012. (Collecció Temes d'Infància, n. 68).

NICOLÁS, M. Una nova mirada al taller d'argila. *Infància*, n. 232, jan. 2020.

PUJOL, M. L'escola: espais per habitar i temps per viure. *Infància*, n. 218, p. 20-4, oct. 2017. Disponível em: https://www.rosasensat.org/revista/infancia-218-2/. Acesso em: 9 fev. 2023.

SÃO PAULO (Município). Secretaria Municipal de Educação. *Currículo da cidade*: educação infantil. São Paulo: SME/Coped, 2019. Disponível em: https://educacao.sme.prefeitura.sp.gov.br/wp-content/uploads/2019/07/51927.pdf. Acesso em: 9 fev. 2023.

Serra, G.; Hurtado, M. Bones pensades. Un bosc màgic i encantat que sorgeix al costat dels infants. *Infància*, n. 229, jul. 2019. Disponível em: https://www.rosasensat.org/revista/infancia-229-3/bones-pensades-un-bosc-magic-i-encantat-que-sorgeix-al-costat-dels-infants/. Acesso em: 13 fev. 2023.

Viyuela, À.; Sargatal, E. Plana oberta. Escriure a quatre mans. *Infància*, n. 228, jul. 2019. Disponível em: https://www.rosasensat.org/revista/infancia-228-4/plana-oberta-escriure-a-quatre-mans/. Acesso em: 13 fev. 2023.

Bibliografía consultada

Ferri, G. I ara què? escrits d'un inconformista pedagògic. Barcelona: Rosa Sensat, 2019. (Collecció Temes d'Infància).

Generalitat de Catalunya. Departament d'Educació. *Currículum i orientacions*: educació infantil – segon cicle. Barcelona: Servei de Comunicacions i Publicacions, 2016. Disponível em: https://educacio.gencat.cat/web/.content/home/departament/publicacions/colleccions/curriculum/curriculum-infantil-2n-cicle.pdf. Acesso em: 14 fev. 2023.

Generalitat de Catalunya. Departament d'Educació. *Orientacions per a l'avaluació*: educació infantil – primer cicle. Barcelona: Servei de Comunicacions i Publicacions, 2015. Disponível em: https://educacio.gencat.cat/web/.content/home/departament/publicacions/colleccions/curriculum/orientacions-avaluacio-infantil-1cicle.pdf. Acesso em: 14 fev. 2023.

Generalitat de Catalunya. Departament d'Educació. *Orientacions per a l'avaluació*: educació infantil – segon cicle. Barcelona: Servei de Comunicacions i Publicacions, 2020. Disponível em: https://educacio.gencat.cat/web/.content/home/departament/publicacions/colleccions/curriculum/orientacions-avaluacio-infantil-2cicle.pdf. Acesso em: 14 fev. 2023.

A autora

Tona Castell

Professora de Educação Infantil e licenciada em Psicopedagogia. Como docente, sempre trabalhou em escolas públicas. Depois de 20 anos na área infantil, atualmente, trabalha como assessora técnica docente no Departamento de Educação (Comunidade Autônoma da Catalunha), em âmbitos relacionados com a formação permanente, com a tecnologia e, também, com o currículo da Educação Infantil, com foco na formação em tecnologia digital na Educação Infantil e na competência digital docente. Como professora associada da Universidade Autônoma de Barcelona, ensina na graduação de Educação Infantil, no mestrado de Psicopedagogia e é tutora de trabalhos finais de graduação, nas áreas de Educação Infantil e Ensino Fundamental, com os temas: a observação sistemática e a tecnologia nos processos de aprendizagem.

Até julho de 2021, conciliou esses trabalhos com a direção da revista *Infância*, da Associação de Professores Rosa Sensat. Publicou vários artigos em revistas e realizou palestras sobre experiências e o uso da tecnologia na etapa de Educação Infantil.

Ana Lúcia Borges

6

Projetos de Investigação na escola de Educação Infantil

A viagem não acaba nunca. Só os viajantes acabam. E mesmo estes
podem prolongar-se em memória, em lembrança, em narrativa.
Quando o visitante se sentou na areia da praia e disse:
"Não há mais quever", sabia que não era assim. O fim duma viagem
é apenas o começo doutra. É preciso ver o que não foi visto,
ver outra vez o que se viu já, ver na Primavera o que se vira
no Verão, ver de dia o que se viu de noite, com sol onde
primeiramente a chuva caía, ver a seara verde, o fruto maduro,
a pedra que mudou de lugar, a sombra que aqui não estava.
É preciso voltar aos passos que foram dados, para os repetir, e para traçar
caminhos novos ao lado deles. É preciso recomeçar a viagem. Sempre.

José Saramago

Recorre-se a Saramago (1981) para contar de qual lugar se dará nosso diálogo sobre projetos de investigação na escola de Educação Infantil. Sou diretora de escola há aproximadamente vinte anos, a maior parte deles na Educação Infantil; anteriormente fui professora de crianças de 4 a 6 anos por mais de uma década. Compartilharei, neste texto, experiências na docência e na gestão de unidades de Educação Infantil brasileiras, especificamente de escolas públicas na região metropolitana de São Paulo. Como propõe Saramago (1981), gostaria de fazer uma viagem de volta às minhas práticas para, com o apoio da memória, ver não só o que não foi percebido, mas também o que mudou, ou seja, rememorar, agora de um jeito diferente, com a experiência acumulada desde então.

Da minha formação inicial em Magistério e em Pedagogia, no fim da década de 1980, até os dias de hoje, o Brasil passou por diferentes mudanças na organização de políticas para atendimento à infância. Todas elas tiveram impacto no trabalho que realizamos desde 1990 em turmas pré-escolares. Vivi, na docência e na gestão, as problemáticas da quantidade (a corrida por ampliação de atendimento) e a da qualidade da educação oferecida às crianças. É nesta última que se insere a discussão sobre o trabalho com projetos na escola de Educação Infantil.

Os anos 1980 são conhecidos como a década da luta por direitos, em harmonia com diferentes conferências mundiais. Desde então, importantes marcos legais impactaram a educação das crianças pequenas, como a Constituição Federal (Brasil, 1988), o Estatuto da Criança e do Adolescente (Brasil, 1991) e a Lei de Diretrizes e Bases da Educação Nacional (Brasil, 1996). A educação passou a ser direito da criança, e a Educação Infantil entrou para o sistema educacional como primeira etapa da Educação Básica. Tais mudanças buscaram superar o caráter assistencialista das políticas para a infância, além de minimizar os efeitos da desigualdade social.

Dessa forma, para mudar da assistência para a educação foi preciso alterar políticas de investimento e de formação de professores(as).

Logo viria o debate sobre a qualidade e, com ele, a preocupação com as propostas pedagógicas. Nos anos 1990, reconhecidos como a "era do currículo na Educação Infantil" (Bujes, 2002, p. 107), houve uma proliferação de propostas curriculares por todo o país e, como consequência, também nas duas cidades da região metropolitana de São Paulo onde trabalhei como professora. Estavam em disputa diferentes convicções e concepções de criança, de educação, de família, de sociedade e de infância. Como professora de duas redes municipais vizinhas, vivenciei propostas pedagógicas distintas, a depender da posição política do governo à frente da Secretaria de Educação.

Como consequência da realidade das políticas divergentes desses dois municípios, vivenciei diferentes significados de metodologia de Projeto. Em um dos municípios, o "Projeto" era compreendido como "Projeto da Instituição", amplamente discutido em assembleias do Conselho de Escola. Tal projeto deveria responder a uma necessidade daquela comunidade, e o trabalho desenvolvido na escola deveria impactar seu entorno, ou seja, visava transformar realidades e envolver a comunidade no Projeto Político-Pedagógico (PPP) da escola por meio da gestão democrática. "Currículo" não era palavra para a Educação Infantil naquele município, ao menos no que a nossa memória permite lembrar.

No outro município, por sua vez, as políticas de orientação às práticas pedagógicas estavam em maior conformidade com a política do Ministério da Educação que lançou, em 1998, o Referencial Curricular Nacional para a Educação Infantil (RCNEI) (Brasil, 1998). Nesse município, falava-se em *Projetos Didáticos*. Políticas de formação continuada de professores(as) foram desenvolvidas com a finalidade de incorporar o RCNEI nas práticas diárias com as crianças. Para a Secretaria de Educação desse município, falar de formação de professores(as) da Educação Infantil era, sim, falar de currículo. Havia documentos curriculares construídos nessa rede anteriores ao RCNEI.

Como resultado dessas formações e da incorporação do RCNEI na prática das equipes escolares, foi elaborado um novo documento curricular do município. A Proposta Curricular (São Bernardo do Campo, 2007) deveria orientar o PPP da escola e se materializar no trabalho do(a) professor(a). Um dos instrumentos metodológicos adotados no PPP eram os chamados *Projetos Didáticos*.

Para discutir a metodologia de Projeto na Educação Infantil como o vemos hoje, pretendo partir dessa experiência com os Projetos Didáticos citados, da perspectiva de "voltar aos passos que foram dados" e, depois, "traçar caminhos novos ao lado deles", já que ampliei minha experiência para a gestão e, também, agreguei conhecimentos novos nesse caminhar.

Dessa forma, organizamos o texto da seguinte maneira: começarei por compartilhar a experiência na docência com os Projetos Didáticos. Em seguida, buscarei discutir *Projetos de Investigação* como os compreendemos hoje. Na sequência, pretendo tecer algumas observações sobre o papel da gestão para, depois, encerrar o texto com algumas considerações.

Na exposição das ideias, dialogarei com os fundamentos da Teoria Histórico-Cultural.

Uma experiência com Projetos Didáticos: "A pedra que mudou de lugar, a sombra que aqui não estava"

Entre os anos de 1992 e 1995, trabalhei em uma escola de Educação Infantil afastada da região central da cidade com um grupo de professoras jovens e ávidas por conhecimento e por desenvolver uma prática pedagógica transformadora com as crianças daquela região. Na ocasião, a Secretaria de Educação estava construindo uma nova proposta pedagógica (São Bernardo do Campo, 1992) com o objetivo de superar as propostas anteriores, marcadas, de um lado, pelo assistencialismo e, de outro, pela educação compensatória com antecipação de escolaridade. Participei ativamente da elaboração desse documento, que trazia a novidade dos tempos de abertura política: as teorias de Piaget, Vygotsky e Wallon.

Anos mais tarde, passei a entender alguns equívocos desta mistura e do que era chamado de *construtivismo* ou *sociointeracionismo*.[1] Apesar disso, a proposta de 1992 dava um salto nas concepções de criança e de educação que, a meu ver, aproxima-se mais do que hoje se entende ser uma educação para crianças pequenas.

Com a abertura política e a entrada de vários teóricos no campo da Educação, havia um clima efervescente de vontade de mudar as práticas, de ler os livros que chegavam. Esse processo de estudo foi tão intenso que Arelaro (2005) o classificou como "violento". Em pouco tempo, foi preciso conhecer as teorias, citá-las nos PPPs das escolas e fundamentar as práticas com base em seus pressupostos.

Ainda na década de 1990, os estudos de Emília Ferreiro e Ana Teberosky (1986) chegaram ao Brasil e marcaram as formações oferecidas pela Secretaria de Educação do município (Borges, 2015). Caberia à Educação Infantil preparar as crianças para o Ensino Fundamental e, para isso, antecipavam-se conteúdos e modos de ensino. A proposta curricular vigente na época foi substituída aos poucos, por documentos de orientação curricular em outra direção. Trocamos devagar o tempo da brincadeira pelas lições de decodificação do código alfabético. Nós, professoras, trabalhamos intensamente na produção de matrizes de "atividades" para rodar no mimeógrafo o ano inteiro.

Em virtude das condições objetivas de trabalho e da formação continuada, tratou-se de uma apropriação superficial do conjunto de teorias a que tínhamos acesso. Por consequência, pudemos observar as lacunas dessa formação no trabalho com os Projetos Didáticos propostos tempos depois, como será discutido aqui.

Na continuidade das formações, a Secretaria de Educação organizou vários documentos de orientação à rede, e um deles indicou como deveria ser a rotina para as crianças de 0 a 3 anos e para as de 4 a 6 anos. Nessa mesma época, o Referencial Curricular Nacional para a Educação Infantil (RCNEI) (Brasil, 1998) chegou ao município e sustentou nossas práticas

[1] Sugere-se a leitura de Duarte (2006).

por bastante tempo. Fomos orientadas ao uso de sequências didáticas e de Projetos Didáticos para o ensino dos conteúdos das áreas de conhecimento.

Uma "palavra de ordem" utilizada pelos agentes da Secretaria de Educação naquele tempo era "otimização". Tempos, espaços e materiais deveriam ser otimizados em uma rotina capaz de proporcionar variedade de possibilidades às crianças, calculadas para definir o que aconteceria diaria, semanal e eventualmente. Os Projetos Didáticos foram planejados nesse contexto para otimizar os conteúdos escolares definidos no RCNEI de forma "interdisciplinar". Houve, nesse momento, uma mistura de concepções e conceitos que rondam os discursos pedagógicos em torno dos Projetos: aprendizagem significativa e interdisciplinaridade.

Que lembrança tenho da prática com os chamados Projetos Didáticos? Sabe-se, hoje, que alguns estudiosos fundamentaram os projetos como metodologia de trabalho pedagógico, mas, como a memória permite rever, como professora, aprendi o modo de fazer com quem me orientava, e não os seus fundamentos. Esse modo de fazer foi multiplicado para várias escolas.

Em momentos destinados ao planejamento, nós, professoras, olhávamos para as listas de conteúdos que deveríamos dar conta de ensinar em um ano e elegíamos aqueles que seriam, a nosso ver, melhor "ensináveis" dentro da organização de um projeto didático. Era preciso selecioná-los de forma a contemplar as diferentes áreas do conhecimento previstas no RCNEI. Após a escolha dos conteúdos, um deles teria destaque no título do projeto; por exemplo: *Planetas*.

Ainda na fase de planejamento, era definida a chamada *atividade disparadora* ou *atividade inicial*, que seria a forma como anunciaríamos às crianças o projeto que passaríamos a desenvolver. Esse momento também era chamado de *situação inicial de comunicação*.

Na estrutura do Projeto Didático eram previstas as etapas subsequentes à atividade disparadora. Quanto mais interessante fosse a atividade disparadora, mais bem-sucedido seria o projeto, ou seja, o envolvimento das crianças. A próxima etapa era a de colher, com as crianças, o que sabiam sobre o assunto. Esse momento é chamado de *conhecimentos prévios*.

Com isso, havia uma margem para acrescentar uma ou outra etapa entre as que já estavam predefinidas.

Outro elemento fundamental na estrutura de um projeto didático era o *produto final* ou a *culminância*. O Projeto todo era dirigido ao produto final que, em geral, seria exposto em algum evento para as famílias. Era evidente o mínimo de ação da criança nos trabalhos expostos, além de ser uma única proposta para todos (32 "trabalhinhos" iguais!). Cabe ressaltar que o desenvolvimento dos Projetos era muito apreciado em nossa prática. Era confortável ter todo o controle do processo que sabíamos que iria se desenrolar por alguns meses.

Ocorre que algumas etapas do Projeto eram bastante artificiais. Transformavam-se conteúdos em várias "tarefinhas" das diferentes áreas do conhecimento. Muitas delas eram dedicadas a exercícios mecânicos de escrita e numerais. Então, o que havia de diferente em uma metodologia de Projetos? Era a reunião de tarefas de várias áreas do conhecimento em torno de um mesmo tema. Assim, acreditávamos que a interdisciplinaridade estava garantida e que, por isso, haveria ali uma aprendizagem significativa.

Nosso trabalho era o de extrair da natureza, da arte, da literatura toda a sua complexidade e subtraí-la, ou seja, reduzir e transformar o patrimônio cultural em conteúdos ocos desdobrados em muitas lições nas folhas de sulfites. Podíamos, no final de um Projeto Didático, encadernar todas essas folhinhas e teríamos nada mais do que uma apostila. Era nossa realização como ideal de ser professora.

Retomo, aqui, o problema da fragilidade em nossa formação, aliada a uma orientação curricular conteudista. De partida já havia o equívoco de uma proposta que segue conteúdos prescritivos, e não as crianças (Malaguzzi, 1999), e de um Referencial que se organiza por área de conhecimento para a Educação Infantil. O que era chamado de interdisciplinar acabava por ser apenas uma soma de conteúdos de diferentes áreas do conhecimento.

"A pedra que mudou de lugar." Ao rever os passos de nosso trabalho com os Projetos, hoje, percebo que eles respondiam mais a uma necessidade de organização dos conteúdos do que, de fato, a uma pergunta da criança e a desenvolver seu pensar sobre o mundo. Crianças invisíveis, "mudas, telepáticas".[2] No lugar da afirmação do protagonismo das crianças, estas eram transformadas em "respondentes", da perspectiva de uma pedagogia transmissiva (Oliveira-Formosinho e Formosinho, 2013). Na prática, o que prevaleciam eram posturas adultocêntricas e a transformação de criança em "Pinóquio", como sabiamente dizia Rubem Alves (2005).

"A sombra que aqui não estava." É possível observar, hoje, ao retornar aos passos dados, o descompasso entre o discurso e a ação, fruto de incorporações superficiais das teorias, da ênfase nas trocas de modelos, e não na autoria docente, consciente dos princípios e das concepções que deseja fundamentar sua prática. De qualquer forma, a estrutura do Projeto Didático era bastante interessante e será retomada posteriormente. É preciso, também, deixar claro que, muitas vezes, meu encantamento por determinado tema encantava as crianças.

Como mencionado, era grande a influência do RCNEI no nosso trabalho com as crianças. A política de entregar na mão de cada professor(a) do país um exemplar cumpriu seu destino: ser, de fato, usado. Lembro-me de estar sempre com ele nas reuniões de planejamento. Cabe pensar a força de uma política de subsídio à prática do(a) professor(a) por meio de "manuais", de "livros didáticos", sem que se ofereça, na mesma medida, uma formação sólida em conhecimento pedagógico, em Filosofia, em Artes...

Em nosso meio de trabalho, o RCNEI significou um avanço, uma superação ao espontaneísmo que minimizou o trabalho do(a) professor(a). Era um sentimento de retomada da docência. Contudo, concorda-se com a análise de Bujes (2002, p. 233):

---

[2] Referência ao poema *A rosa de Hiroxima*, de Vinicius de Moraes, também conhecido na voz de Ney Matogrosso.

> O que o Referencial concebe como âmbito ou domínio de experiências, que intitula Conhecimento do Mundo, é composto por eixos de trabalho assim denominados: Movimento, Artes Visuais, Música, Linguagem Oral e Escrita, Natureza e Sociedade e Matemática. Em que pese esta denominação, não é difícil identificar, entre estes eixos, os campos disciplinares "clássicos" do ensino fundamental pelo mundo afora, ou seja, Língua Materna, Matemática, Ciências Naturais, Estudo Sociais, Artes, Música, Educação Física. Mesmo que se tenha pretendido inovar em algumas proposições em tais eixos, o seu núcleo nada deixa a dever às formulações mais conservadoras em termos dos conteúdos escolares vigentes de longa data nas escolas.

Durante muitos anos, nós, professoras, desenvolvemos a prática dos Projetos Didáticos como descrita. Sabe-se, hoje, das distorções ocorridas ainda sob o discurso da qualidade. Uma delas é a própria identidade da Educação Infantil, em que não cabe a antecipação de conteúdos escolares do Ensino Fundamental. Nós aprendemos muito nesse processo: que as crianças são muito capazes; que elas pensam sobre o mundo e desenvolvem suas próprias teorias; que têm seus próprios meios, suas próprias linguagens para expressar o que sabem e o que querem saber, apesar de toda a nossa tentativa de controle.

Ainda que dessa forma, com pouco espaço de participação e expressão das crianças nas diferentes linguagens, nosso empenho era para que fossem encantadores. Então, temas recorrentes eram reproduzidos nos Projetos, já que, na troca de "receitas pedagógicas", eles pareciam dar mais certo com as crianças: dinossauros, castelos medievais, animais selvagens. Hoje, com a inspiração de Benjamin (2009), compreende-se que as crianças se interessam por muitas coisas à sua volta: um tatu-bola, a casa do joão-de-barro na árvore do parque, a corrida das nuvens no céu...

Tempos depois, já na gestão de uma unidade de Educação Infantil, entendi a potência de um Projeto como metodologia de trabalho com as crianças pequenas e busquei aprender com a minha experiência anterior:

retirar dela o que deveria repetir e o que deveria superar, agora, com o apoio de uma teoria que orientaria o meu pensar e o meu agir com as crianças de forma consciente.

Projetos de Investigação: *para traçar caminhos novos*

Para traçar caminhos novos, parte-se da mudança de lugar que a Educação Infantil ocupou nos documentos oficiais mais atuais. As Diretrizes Curriculares Nacionais para a Educação Infantil (DCNEI), fundamentadas pelo Parecer nº 20, de 11 de novembro de 2009 (Brasil, 2009), destacam a Educação Infantil como uma etapa peculiar, conferem a ela uma identidade não mais subordinada ao Ensino Fundamental, e sua organização curricular não se dá por áreas de conhecimento ou conteúdos escolares. Essa mudança paradigmática exige do(a) professor(a) não só que reveja suas concepções, mas também sua postura e seu fazer pedagógico.

Dessa perspectiva, como a concepção de infância foi alterada, foi preciso rever a metodologia de projetos desenvolvida com as crianças, porque tem-se aprendido mais sobre as peculiaridades das crianças pequenas e sobre o papel da escola e do(a) professor(a) no seu desenvolvimento. De um lado, busca-se superar práticas pedagógicas espontaneístas, que reduzem o papel do o(a) professor(a) e deixam as crianças à própria sorte; de outro, busca-se superar a postura adultocêntrica e a aceleração artificial do desenvolvimento por meio de práticas antecipatórias que desconsideram o potencial desse momento da vida das crianças.

Como é possível, então, pensar uma metodologia de projetos garantindo tanto o brincar e as interações como eixo do currículo quanto as aprendizagens por meio de experiências com as diferentes linguagens?

Os estudos da Teoria Histórico-Cultural revelam que o período mais intenso no desenvolvimento da personalidade humana é o da idade pré-escolar. É nesse período que a educação formal mais pode ter influência nos desenvolvimentos físico, estético, intelectual e moral. Condições favoráveis de vida, aliadas a uma organização adequada dos processos pedagógicos, podem contribuir para que a criança desenvolva intensamente "diferentes capacidades práticas, intelectuais e artísticas" (Zaporózhets, 1987, p. 228, tradução nossa).

Portanto, professores(as) desempenham um papel valioso no desenvolvimento das crianças. Para Vygotsky (2010), professores(as) são os(as) responsáveis por organizar o meio social educativo, ou seja, "tornar o meio social escolar, em seu espaço físico, em sua convivência e em seus desafios, tão complexos quanto a história, a cultura e a própria vida" (Barros e Pequeno, 2017, p. 83).

A história, a cultura e a própria vida adentram o meio social escolar organizado pelo(a) professor(a). Ocupam-se, cuidadosa e esteticamente, as paredes, os corredores, os espaços coletivos e as próprias salas de referência com objetos da cultura como um museu, uma galeria de arte, um antiquário, uma oficina de marcenaria, um conservatório musical, uma biblioteca, entre outros. Nesses ambientes, as produções das crianças se misturam com as obras de artistas, de homens e mulheres que deixaram suas criações para as novas gerações.

Vygotsky (*apud* Prestes e Tunes, 2018, p. 91) explica que:

> No meio, existem as formas ideais desenvolvidas e elaboradas pela humanidade que deverão surgir ao final do desenvolvimento. Essas formas ideais influenciam a criança desde os seus primeiros passos no processo de domínio da forma inicial. No seu processo de desenvolvimento, ela se apropria do que antes era uma forma externa de relação com o meio ou a transforma em seu patrimônio interno.

Ao organizar o meio social educativo, o(a) professor(a) apresenta o patrimônio cultural humano em sua forma mais elaborada, ou seja, a arte, a música, a literatura, a dança etc., não de forma simplificada, artificial ou reduzida. Chega de reduzir a arte a desenhos mimeografados, de achar que as crianças estão criando ao fazer cópias de obras do Romero Brito! Chega de reduzir toda a beleza e a complexidade da cultura escrita à recitação de letras do alfabeto! De fazer das linda poesia *As meninas*, de Cecília Meireles (2017), ou *As borboletas*, de Vinicius de Moraes (1970), transformarem-se em caça-palavras enfadonhos! Chega de só cantar músicas do repertório da indústria do consumo para crianças!

O meio social educativo deve ser apresentado à criança como complexo. Isso, porque, segundo Vygotsky (*apud* Prestes e Tunes, 2018, p. 89-90):

> O meio se apresenta como fonte de desenvolvimento para as formas de atividade e das características superiores especificamente humanas, ou seja, exatamente a relação com o meio é a fonte para que surjam essas características na criança.

Imaginemos esse espaço organizado de forma a atrair a curiosidade das crianças, a encantar, a envolver, a provocar a criança a pensar: Como essa coisa funciona? Que sons saem daqui? Que história tem dentro desse livro? Como é o trabalho do vendedor de frutas da vendinha na frente da escola? E outras tantas perguntas sobre o ambiente que possa desafiar a criança a pensar, a ter ideias sobre o mundo diante de seus olhos, a fazer perguntas, perguntas, perguntas. A arte, a música, a poesia... para encantar! Para criar nas crianças necessidades humanizadoras!

Por meio da organização dos espaços, dos materiais que o(a) professor(a) dispõe ao alcance das crianças, por exemplo, um canto com um vaso de planta e uma lupa, um globo terrestre, uma lanterna, uma máquina fotográfica antiga, uma revista de ciências, um jornal, enfim, objetos diversos, a criança os explora e cria suas teorias, pensa sobre a origem das coisas e tenta explicá-las em uma série de dependências e correlações (Vygotsky, 2020). Ela observa e compara; retira dos objetos seus aspectos essenciais, generaliza e tira suas próprias conclusões (Zaporózhets, 2014).

O parque e a área verde dentro da própria instituição (privilégio das escolas mais antigas, como a que trabalhamos atualmente) ou a pracinha ao redor são fontes de curiosidades para as crianças. Bichinhos, folhas variadas, gravetos, plantas, flores, perfumes, cores, orvalho da manhã, nuvens do céu, todos são objetos de interesse das crianças. Essas fontes de curiosidade podem se transformar em vontade de saber por meio da ação intencional de um(a) professor(a) que observa com atenção as crianças em suas experiências. O(A) professor(a) ouve a ideia da criança e a convida a ampliar essa ideia para além do imediato por meio da organização sistemática da experiência.

Nesse ambiente intencionalmente organizado pelo(a) professor(a) vemos a possibilidade do trabalho com projetos de investigação. Seu ponto de partida não é mais o conteúdo que está registrado em algum documento curricular, mas a curiosidade da criança na experiência concreta com o mundo (e não com as folhas de tarefas!). O projeto parte, aqui, da pergunta da criança, pergunta sobre a qual, por merecer uma resposta, ou seja, por fazer sentido, haverá o esforço para respondê-la.[3] Ações serão orientadas para esse fim. As etapas que, na situação anterior, eram definidas pela professora e respondiam a um conteúdo artificial, alheio à curiosidade da criança, aqui serão planejadas e definidas *com* a criança, de acordo com o propósito da sua investigação.

A criança, nessa perspectiva, participa, toma decisões, expressa suas hipóteses e as testa, controla os rumos da sua pesquisa, com a ajuda do(a) professor(a) e de seus colegas.

Em vez de crianças "respondentes" de tarefas, nesses Projetos de Investigação as crianças trabalham com a "mão na massa". Em ação, nas atividades práticas, plásticas, nas investigações da natureza, as próprias crianças fazem as conexões possíveis para essa idade, ou seja, "a criança deve trabalhar nisso por ela mesma [...] conectar, conectar, conectar" (Vygotsky, 2020, p. 149). Segundo Vygotsky (2020), o desafio na educação da criança em idade pré-escolar está em desenvolver um programa que é peculiar e orientado a um fim, porque considera as características dessa criança em idade pré-escolar. Explica, ainda, que é um programa do(a) professor(a), mas também da própria criança, "que responda tanto aos

[3] Ouvi algumas vezes a Professora Doutora Suely Mello Amaral falar que as perguntas boas são as que merecem respostas e, porque merecem, faz sentido buscá-las.

interesses emocionais da criança como às peculiaridades de seu pensamento relacionado a representações gerais" (Vygotsky, 2020, p. 148).

Muitas vezes, em minha experiência como professora de crianças pequenas, "dei aula" em vez de promover experiências. Ainda hoje observo isso como gestora, ou seja, ou as professoras "dão aula" ou caem no espontaneísmo de práticas que subestimam as crianças e não as desafiam a desenvolver as máximas qualidades humanas. Com base em investigações, Vygotsky (2020, p. 149) explica que:

> [...] a criança em idade pré-escolar elabora por si teorias, toda uma cosmogonia sobre a origem das coisas e do mundo. Ela mesma tenta explicar uma série de dependências e correlações. A criança desta idade está em tal estágio em que o pensamento se configura por figuração e caráter concreto. Ela elabora suas teorias sobre a origem dos animais, sobre o nascimento das crianças, sobre o passado etc. O que isso significa? Significa que uma criança em idade pré-escolar tem uma tendência a entender não apenas fatos separados, mas a estabelecer também algumas generalizações.

Para o autor, é preciso considerar essas tendências do desenvolvimento das crianças ao pensar em propostas pedagógicas para a idade pré-escolar.

Compreende-se que os projetos de investigação são coerentes com essa tendência e contribuem para que a criança faça, por si própria, as conexões e que aprenda a diferenciar, distinguir, a estabelecer algumas generalizações. É muito além daquele entendimento de "interdisciplinaridade", de soma de conteúdos. São conexões, relações de dependência no pensamento das crianças, e não no documento de planejamento do(a) professor(a). O papel do(a) professor(a), nesse processo, além da organização de espaços e materiais, é o de ampliar a ideia inicial da criança, dar asas ao seu pensamento e ajudá-la na tomada de decisão. O(a) professor(a) deve ouvir a criança, dar atenção ao que ela pensa, mostrar que as suas ideias importam, encorajá-la. Para isso, há meios e recursos nas mãos do(a) professor(a): organizar uma visita; convidar um membro da comunidade que sabe sobre um assunto de interesse para conversar com as crianças; ajudar na produção de registros dos dados coletados; discutir com as crianças a forma como vão expor ou comunicar os saberes e as descobertas para compartilhar com os colegas, com as famílias. É um trabalho de protagonismo da criança e do(a) professor(a).

Observa-se que há, aqui, também, uma situação disparadora. Ela está no meio organizado que despertou na criança a curiosidade e a transformou em vontade de saber. Há etapas, mas estas são definidas com as crianças, são necessárias para responder suas perguntas e suas inquietações. Há um "produto final", ou seja, a comunicação do processo organizado de maneira planejada, esteticamente cuidada de expor e compartilhar suas descobertas. Há muita aprendizagem na preparação da comunicação do projeto desenvolvido.

A diferença está na forma como o(a) professor(a) orienta todo o trabalho, desde a organização do espaço até a produção de documentação, de comunicação do pensamento da criança. Está nas relações que ele(a) próprio(a) tem com o conhecimento, sua vontade de saber. Encanta-se com sua própria aprendizagem? É curioso(a) e criativo(a)? Como esse(a) professor(a) entende seu papel? Que visão tem das crianças, de como elas se desenvolvem? Qual a sua concepção de currículo para a infância?

Desse modo, a depender do que se entende sobre o currículo na escola de Educação Infantil, é possível organizar o meio social educativo de maneiras distintas. Ele pode ser organizado de forma a atender as necessidades mais básicas de alimentação e de higiene, ou seja, de cuidados. Além disso, pode criar necessidades ricas, que superam as biológicas, como a arte, a literatura, as ciências. Nas DCNEI (Brasil, 2009, p. 12) o currículo é definido como:

> Conjunto de práticas que buscam articular as experiências e os saberes das crianças com os conhecimentos que fazem parte do patrimônio cultural, artístico, ambiental, científico e tecnológico, de modo a promover o desenvolvimento integral de crianças de 0 a 5 anos de idade.

Essa forma de definir o currículo parece coerente com a metodologia de projetos. Por meio dele pode-se articular os saberes das crianças com os conhecimentos que fazem parte dos patrimônios cultural, artístico, tecnológico, ambiental e científico. As experiências das crianças com esses conhecimentos acontecerão nas interações entre as crianças, com os(as) professores(as) e os objetos culturais. Esses objetos culturais podem estar ali mesmo no espaço escolar, no seu entorno, na comunidade, nas famílias. Segundo Vygotsky (2020, p. 149),

> [...] a tarefa consiste em abrir de um modo geral, diante da criança, o mundo da arte literária. O mesmo ocorre em relação à música: temos a tarefa de abrir para a criança, de um modo geral, o mundo da música, a possibilidade da percepção musical. O mesmo se refere também à ciência. A tarefa consiste em conduzir a criança à ciência.

Quem são os artistas da região, os músicos e os cientistas? A relação com as famílias e com a comunidade do entorno da escola amplia as possibilidades de desenvolvimento dos projetos. Professoras e professores não estão sozinhos e podem contar com a parceria de muita gente. Tenho, em minha lembrança, o encantamento das crianças na ocasião em que uma avó foi convidada para ensinar sua receita de bolinho de chuva. Como ele cresce ao ser jogado na gordura quente? O que é o fermento? Houve, também, um pai contador de histórias com bonecos que confeccionava em sua oficina e um jardineiro que ensinou as crianças a fazer um vaso autoirrigável. Lembro do encantamento das crianças quando convidamos a Bateria da Escola de Samba do bairro, vencedora de muitos prêmios na cidade. Esses e tantos outros exemplos que contribuíram no processo de descoberta do mundo da arte, da ciência, da literatura, da música estavam bem ali, ao lado.

De volta às DCNEI (Brasil, 2009), chama-se a atenção para o lugar da brincadeira e das interações. Segundo as Diretrizes, elas são eixos norteadores do currículo. Cabe, então, refletir um pouco a esse respeito e estabelecer uma relação com a temática dos projetos. Na gestão de escolas de Educação Infantil observam-se várias formas de compreender "a brincadeira como eixo do currículo", algumas delas equivocadas, a meu ver. Para exemplificar, observam-se rotinas espontaneístas, o famoso *laissez-faire*. Nessas práticas, o papel do(a) professor(a) é reduzido ao mínimo diante da incompreensão do que de fato representa a brincadeira para a criança em idade pré-escolar em seu desenvolvimento.

Segundo a Teoria Histórico-Cultural, a brincadeira de papéis é a atividade principal da criança em idade pré-escolar (Leontiev, 1988; Vygotsky, 2008). Isso significa, segundo essa teoria, que a brincadeira é a atividade que determina o desenvolvimento da criança nessa idade. Vygotsky (2008, p. 36) diz, ainda, que a brincadeira é como "uma especificidade da idade pré-escolar". É fonte de desenvolvimento, como explica:

> A ação num campo imaginário, numa situação imaginária, a criação de uma intenção voluntária, a formação de um plano de vida, de motivos volitivos – tudo isso surge na brincadeira, colocando-a num nível superior de desenvolvimento [...]. (Vygotsky, 2008, p. 35)

Vygotsky (2008, p. 25) ainda explica que:

> A imaginação é o novo que está ausente na consciência da criança na primeira infância, absolutamente ausente nos animais, e representa uma forma especificamente humana de atividade da consciência; e, como todas as funções da consciência, forma-se originalmente na ação.

Compreende-se, dessa forma, a importância da brincadeira na idade pré-escolar, e não se pode prescindir de tempo para ela. Depende-se da ação intencional do(a) professor(a) para promovê-la diariamente.

Elkonin (1987) reconhece que, muitas vezes, os(as) professores(as) não sabem ao certo qual o seu papel na brincadeira das crianças por desconhecer sua importância no desenvolvimento da personalidade e da consciência. A brincadeira, ou o "jogo", ao contrário da visão espontaneísta, implica uma orientação intencional do(a) professor(a) com base na observação das crianças em atividade. O(a) professor(a) organiza o ambiente (com as crianças), disponibiliza materiais, amplia as suas experiências de vida, o que repertoriará os roteiros da brincadeira de papéis, ou seja, criará os conteúdos do brincar.

Na brincadeira, a criança representa uma pessoa adulta em determinada função social; ela generaliza, no "jogo de papéis", as características e as regras de comportamento daquela função. No entanto, só as representa se tais regras forem conhecidas por ela. Quais são as funções, em nossa sociedade, conhecidas pelas crianças? Segundo Elkonin (1987, p. 92, tradução nossa), "seus conhecimentos provêm dos encontros diretos com estas pessoas, do que sobre elas lhe falam os pedagogos, os livros. Neste sentido, as fontes dos conhecimentos que adquirem as crianças são múltiplas".

No pátio da escola, em geral, observam-se crianças brincando de *casinha*, representando o papel social da mãe; de *escola*, representando o papel da professora; de *mercado*, representando a função do caixa ou a do consumidor. Por que um repertório tão restrito de papéis? É possível ampliar esse repertório? Lembramos de uma frase da Profa. Suely Amaral Mello (2017, p. 46): "formar cada criança, independentemente de origem, de situação social e de gênero, para ser um dirigente"! Como formar crianças para ser dirigentes com tamanho empobrecimento de experiências e de conteúdos de brincadeiras?

Pensemos na relação da brincadeira com os projetos. Para a brincadeira de papéis, é preciso organizar o trabalho pedagógico de forma a oferecer às crianças o conhecimento de diferentes papéis e funções sociais na sociedade. Do contrário, o que se observa na escola são crianças brincando sempre da mesma coisa. Como mencionado, as condições de vida e de educação têm um papel decisivo no desenvolvimento psíquico da criança. Por meio da educação, a criança tem a oportunidade de assimilar a experiência social, um conjunto de conhecimentos e de habilidades que formam as capacidades especificamente humanas (Leontiev, 1947; Rubstein, 1946 *apud* Elkonin, 1987; Vygotsky, 1934).

Na escola, esse processo ocorre de forma sistemática e intencional, portanto, o papel do(a) professor(a) é fundamental. Ao longo do projeto, a criança tem a oportunidade de conhecer diferentes funções sociais, como o vendedor de frutas da feira ao lado, o pintor de uma obra de arte, um arquiteto. Por meio de sua investigação, ela aprende as maneiras de agir, a linguagem, as particularidades que formam o conjunto daquela função, e, assim, generaliza-as. Desse modo, nas brincadeiras, as crianças que têm acesso a esse amplo e diversificado conhecimento podem assumir diferentes papéis.

Com essas reflexões, compreende-se a responsabilidade das equipes escolares em superar práticas empobrecidas ou antecipatórias. Destaca-se o lugar das brincadeiras de papéis e dos projetos nas rotinas das crianças. Para teóricos histórico-culturais, as brincadeiras são fundamentais na escola de Educação Infantil, mas não são as únicas. Ao lado delas, outras atividades também são importantes e enriquecem o seu conteúdo, como o desenho, a modelagem, a dança, as construções, a literatura, (Zaporózhets, 1987). Para o autor, não se trata de antecipar um ensino forçado e de abreviar a infância, mas, ao contrário, de uma prática pedagógica capaz do "desenvolvimento amplo e [d]o enriquecimento máximo do conteúdo das formas especificamente infantis de atividade lúdica, plástica, prática e, também, da comunicação das crianças entre si e com os adultos" (Zaporózhets, 1987, p. 247, tradução nossa).

Com base no que foi exposto até aqui, procurei refletir sobre a importância da educação sistemática e intencional na instituição de Educação Infantil e uma das propostas de trabalho nela desenvolvida, ou seja, os Projetos de Investigação. Iniciei com as memórias do trabalho como professora e avancei no tempo, já com as reflexões observadas na gestão de escolas de Educação Infantil, à luz da Teoria Histórico-Cultural. Diante de tudo isso, penso ser necessário destacar, de forma breve, o papel da gestão na metodologia de projetos. É comum pensar o que professores e professoras devem ou não fazer, mas é preciso muita gente para educar uma criança. Esse tema será tratado a seguir.

Projetos de Investigação e o papel da gestão: "E para traçar caminhos novos ao lado deles. É preciso recomeçar a viagem. Sempre!"

A complexidade do trabalho pedagógico na Educação Infantil requer uma equipe que trabalha em colaboração. O isolamento de professores(as) não cabe nessa instituição, que tem a tarefa de formar as máximas qualidades humanas nas crianças. Dessa forma, para "traçar caminhos novos", é preciso que seja "ao lado deles(as)", ou seja, a gestão não pode ser "de gabinete". Selecionou-se cinco fazeres da gestão para elucidar como se pensa esse papel: formação continuada no contexto de trabalho; gestão das relações; gestão do espaço e do tempo e gestão do tempo; gestão dos recursos financeiros e relação com as famílias e comunidade.

Formação continuada no contexto de trabalho

Tenho discutido, em outros trabalhos, acerca do papel da gestão na organização dos processos formativos dentro do contexto de trabalho. É no cotidiano das práticas que emergem as necessidades de conhecimento, de interlocução, de aprendizagem entre pares. O(a) gestor(a) que acompanha as práticas pedagógicas, observa-as e analisa-as, pode contribuir com a equipe na elaboração de um plano de formação que responda às expectativas e às necessidades próprias daquela determinada realidade escolar.

Ações intencionais dos(as) professores(as) na organização do meio e no desenvolvimento dos projetos com as crianças requerem conhecimento pedagógico e repertório cultural, ou seja, não basta ter o livro na estante, é preciso conhecer o que tem dentro dele para lançar mão quando a criança precisar investigar. Nesse sentido, a gestão pode contribuir ao criar condições para ampliar o nível de leitura da equipe ou de acesso a diferentes manifestações artísticas, por exemplo. Várias ações intencionais podem ser realizadas: incentivar rodas de leituras, promover visitas a diferentes espaços culturais, entre outras.

No acompanhamento sistemático das práticas, a gestão dispõe de dados reais para analisar e compreender as necessidades da equipe. Com o uso de diferentes instrumentos de documentação pedagógica, a gestão cria condições e mobiliza professores(as) para refletir sobre seu fazer e compartilhar impressões e conhecimentos.

Crianças encantadas, com vontade de saber, precisam de professores(as) com brilho nos olhos. Precisam de professores(as) que também sejam pesquisadores(as).

Gestão das relações (adulto/adulto, adulto/criança, criança/criança)

As relações dentro da escola refletem concepções, valores, personalidades. Entre adultos, a gestão precisa estar atenta às relações, se são colaborativas ou competitivas, por exemplo. Precisamos aprender a compartilhar, a tomar decisões em nome da coletividade, e essas são qualidades aprendidas nas relações, já que, não são inatas. Nascemos com o instinto da competição, necessário à sobrevivência, mas aprendemos a compartilhar, a ser solidário, a tomar decisões em nome de um PPP, e não de interesses pessoais.

Certa vez, trabalhei em uma unidade de Educação Infantil, já como gestora, e acompanhei uma chamada "mostra cultural" aberta às famílias. O evento tinha como objetivo expor os resultados, ou seja, o "produto final" dos Projetos Didáticos desenvolvidos ao longo do semestre. Era o meu primeiro ano naquela unidade e estava conhecendo, ainda, o modo de ser, os valores e as concepções daquela equipe. O que observei desde a preparação, a montagem da exposição até a apreciação das famílias? Professoras em disputa para conquistar o melhor espaço para suas produções.

Havia ali uma competição acirrada por quem teria mais espaço e melhor localização para expor. Eram 16 turmas, com a média de 30 crianças em cada uma e, assim, cada professora queria expor pelo menos dois trabalhos de cada criança. Não havia espaço para tanto trabalho junto; eles ocuparam desordenadamente até as paredes de vidro, que deixavam o ambiente iluminado e bonito.

O que observei nessa exposição de projetos: havia, na equipe, alta competitividade, individualismo e disputa de poder, que reverberavam na forma como se trabalhava com as crianças. Não havia trabalho em equipe; os trabalhos das crianças eram respostas individuais a tarefas propostas no projeto. Todos iguais! As famílias entravam na exposição à procura do desenho, da pintura do seu filho, e ignoravam o conjunto. Comparações eram inevitáveis. Com 30 "trabalhinhos" iguais, sobressaíam-se as habilidades individuais das crianças. Não podemos esquecer que formamos personalidades! Que valores, regras de comportamentos estão ensinando para as crianças com essas posturas? A serem individualistas? Estão reforçando a tese da meritocracia ou formando personalidades solidárias, que pensam na coletividade?

Estava claro, ali, que havia muito "material de trabalho" para a gestão, desde a necessidade de mudar concepções, crenças pedagógicas até a gestão das relações. Seria preciso dedicar tempo, pensar em ações para constituir relações mais horizontalizadas, solidárias, cooperativas. Era preciso aprender a trabalhar em equipe e cuidar das "vaidades".

Aprendi, com essa experiência, diferentes questões acerca dos Projetos. Uma delas foi sobre a forma como se deve cuidar da exposição. Aprendi que é preciso um trabalho de curadoria para montar uma exposição, que as crianças precisam participar desse momento e tomar decisões. O resultado ou produto final de um Projeto não é uma tarefa, mas uma forma de expor as descobertas, comunicar, expressar a experiência e, para isso, as crianças escolhem como fazer, qual a linguagem e o fazem considerando o grupo, não reforçando individualismos. Elas aprendem a dividir. Todo esse processo implica uma mudança de postura desde o início do projeto e também mudanças nas relações entre adultos e com as crianças.

Entre adultos e crianças, as relações mostram qual o lugar que a criança ocupa naquela instituição. A depender desse lugar, as crianças podem ser incentivadas mediante propostas enriquecedoras que as considerem capazes, ou serão "respondentes" de propostas reducionistas, artificiais. No exemplo da exposição, elas ficavam na sala com alguma tarefa para mantê-las ocupadas enquanto as professoras montavam a exposição.

Isso mostra o que pensamos sobre as crianças e afirmamos a elas, por meio de nossas atitudes, o seu lugar de "inferioridade", de "não saber", de "incompetência". Dessa maneira, nas relações com as crianças, vamos mostrando a elas seu lugar no mundo.

Assim como os(as) professores(as), a gestão precisa estar atenta às relações entre as crianças. Para nos deter nos Projetos, podemos orientar o ambiente educativo para propostas humanizadoras que combatam preconceitos, consumismos, entre outros. As crianças podem aprender, desde cedo, a compartilhar, a discutir e expor suas ideias, a respeitar e ouvir o outro, e a apreciar as produções dos colegas.

Certa vez, observei crianças brincando de *casinha*. Havia, na organização do espaço, uma cozinha, um quarto de bebê e uma sala. Uma menina se dividia entre acalentar o "bebê" e "preparar o jantar". Um menino ficou na "sala", "assistindo à televisão" com o "controle remoto" na mão o tempo inteiro da brincadeira. O que podemos pensar sobre a ação dessas crianças na brincadeira? Que regras de comportamento estão presentes na representação do papel social da "mãe" e do "pai"? Que tipo de relações estão explícitas?

A observação do cotidiano da escola fornece à gestão muitas cenas para enriquecer a reflexão sobre a proposta pedagógica da instituição, mas é preciso que a gestão considere que as relações, os valores e os costumes também fazem parte do "currículo", dos conteúdos para a formação de professores(as) e de toda a equipe de funcionários(as).

Gestão do espaço e do tempo

No início deste texto, comentou-se sobre transformar a escola em uma "galeria". A gestão tem muito a fazer, tanto na organização das ações formativas como na própria organização do espaço: observar e cuidar das paredes da escola, refletir sobre cada canto, cada corredor, sua estética e seu potencial como fonte de curiosidade para as crianças.

Temos, ultimamente, exercitado o olhar para a estética da escola. Acostumamos nossa visão ao amontoado de bugigangas, caixas e mais caixas no ambiente escolar. Em *todas* as escolas onde trabalhei, vi acumulação de tranqueiras. Tenho uma coisa que não serve mais na minha casa? Vou levar para a escola! Havia armários abarrotados. Quantas vezes usamos aquilo em um ano? Nunca! O que esse ambiente poluído ensina às crianças? Como é possível ter imaginação, criar em meio ao caos?

É preciso construir na equipe uma nova visão: objetos, móveis, tudo o que está dentro da sala de referência, nos corredores, no pátio, no parque está ali porque tem uma função exclusiva para o uso das crianças, para sua curiosidade, sua imaginação e sua possibilidade de expressão. Está ao alcance da criança para o seu uso autônomo.

Cabe, ainda, pensar sobre a qualidade de cada objeto e o que ele representa. O que está implícito nas panelinhas de plástico cor-de-rosa, e como esse material orienta o seu uso? A gestão de uma escola precisa ter esse olhar crítico para cada objeto e contribuir para que todos da escola também o desenvolvam.É um exercício do olhar, um hábito a ser construído todos os dias, com toda a equipe escolar.

A gestão do tempo é outro fator crucial na instituição de Educação Infantil. O tempo da Educação Infantil é o tempo da infância, o tempo da brincadeira, o tempo de descobrir o mundo e pensar sobre ele. É o tempo de se expressar nas diferentes linguagens e de *curiosiar*.[4] É um tempo único e peculiar. Temos que saber o que fazer do tempo com as crianças. Experiência precisa de tempo.

Gestão dos recursos financeiros

É papel da gestão articular as necessidades apontadas pelos diferentes atores da escola – professores(as), funcionários(as), famílias – em prol da execução dos projetos. Nas reuniões de Conselho de Escola, de Associação de Pais e Mestres, é preciso cuidar das decisões para que sejam democráticas e que atendam às prioridades do PPP. Nesse sentido, ao

[4] Termo proferido pela Professora Doutora Terezinha Rios em palestra sobre PPP realizada no Centro de Formação de Professores (Cenforpe), para gestores escolares da rede municipal de Educação de São Bernardo do Campo (SP).

pensar nos projetos de investigação, a gestão pode, poe exemplo, viabilizar as saídas das crianças aos museus ou a outros dispositivos culturais ou investir os recursos em objetos e mobílias que favoreçam as investigações das crianças, a curiosidade, a imaginação e a criação.

Relação com as famílias e a comunidade

As famílias e a comunidade são parceiras na educação das crianças pequenas. Uma escola aberta à comunidade terá muito mais recursos para o desenvolvimento dos projetos das crianças. Trata-se de uma tarefa da gestão: conhecer sua comunidade, buscar estratégias para a participação, ter um bom acolhimento e cuidar das relações com a equipe escolar. Já trabalhei em uma escola onde a equipe mostrava resistência em receber as famílias e a comunidade. Com o passar das ações formativas e dos estudos, a equipe foi percebendo o quanto a comunidade pode ajudar nos projetos das crianças.

É na comunidade que encontramos uma diversidade de funções sociais que muito podem compartilhar com as crianças. Alguns desses exemplos já foram dados anteriormente. Chama-se a atenção, aqui, para a gestão. As relações com a comunidade, com as famílias, o comércio da região, os dispositivos culturais do bairro, todas elas são conquistadas e dependem de uma gestão aberta e disposta para isso.

Recordo um episódio: levamos crianças de 2 anos à feira do bairro. A princípio, as crianças não receberam a atenção que deveriam, foram subestimadas. Aprendemos que a gestão precisa cuidar do envolvimento da comunidade: conversar antes com os feirantes, por exemplo, explicar os objetivos e o quanto eles podem contribuir para a educação das crianças. Conforme esses passeios à feira e ao comércio local começam a ser mais frequentes, a comunidade se acostuma e participa mais efetivamente.

Outro exemplo foi a visita a um museu de arte. Houve grande resistência dos administradores do museu em receber crianças pequenas. A gestão precisou, de um lado, convencê-los, e, de outro, cuidar de ensinar à própria equipe escolar sobre a postura adequada em determinados espaços culturais. É importante destacar que as crianças aprendem a respeitar as produções dos outros, dos colegas, dos funcionários no dia a dia da instituição. Ao cuidarmos da estética do ambiente, ao valorizarmos as produções das crianças, expondo-as sempre na sua altura, elas vão aprendendo a cuidar e a respeitar esses ambientes e essas produções. O tipo de linguagem e as regras de conduta próprias de um ambiente também fazem parte da cultura, e isso pode ser aprendido pelas crianças.

Além disso, fomos ao *pet shop*, em razão da conversa interessada das crianças sobre o cachorro machucado de uma delas. Muitas perguntas surgiram na conversa. Procuramos, então, a veterinária do bairro. Ela atende aos animais de estimação em um consultório com *pet shop*. Ao conversar com ela sobre as perguntas das crianças, aceitou recebê-las no consultório. Para essa visita, a profissional combinou com a dona de um cão Labrador para levá-lo no mesmo horário, pois a veterinária sabia que o cachorro era extremamente dócil e gostava de crianças. As crianças fizeram diferentes perguntas, assistiram aos cuidadores dando banho no cachorro, observaram os cuidados com o ouvido, a secagem dos pelos etc. Voltaram para a escola e fizeram uma campanha para não maltratarem os animais.

A intenção, ao mostrar esses exemplos corriqueiros, é a de afirmar o quanto é importante que a gestão esteja envolvida no trabalho pedagógico da equipe de professores(as). Algumas vezes, é preciso ajudar o(a) professor(a) a ampliar as propostas, as fontes de pesquisa para um projeto desenvolvido com as crianças. Para isso, a gestão precisa saber o que está acontecendo. O acompanhamento sistemático das práticas possibilita a interlocução entre gestão e professores(as) e um nível mais alto de implicação nos projetos com as crianças.

Considerações finais

Busquei, nesse texto, compartilhar minha trajetória no trabalho com projetos ao longo de meus mais de trinta anos de carreira, tanto como professora quanto na gestão de uma instituição de Educação Infantil. De tudo o que foi apresentado, desejo encerrar com algumas reflexões acerca de uma problemática que tenho procurado compreender nos últimos anos: o esvaziamento teórico nas práticas pedagógicas.

No início do texto, contei como eram desenvolvidos os "Projetos Didáticos" com as crianças. Naquela época, nós, professoras, trocávamos os modelos, as receitas, mas não sabíamos ao certo quais eram os princípios e as concepções que fundamentavam essa proposta de trabalho. O que poderia ser transformador acabava por reproduzir um modelo transmissivo, antecipatório e artificial. Hoje, defendemos a autoria da equipe escolar em suas propostas e a não separação entre quem pensa e quem executa a ação pedagógica. Para isso, é necessário um amplo plano de formação continuada dentro do cotidiano de trabalho.

Um plano de formação consistente e a reflexão sobre a prática podem deslocar o lugar que a instituição de Educação Infantil ocupa no imaginário dos(as) próprios(as) professores(as), das famílias e da sociedade como um todo. É preciso conhecimento para saber como as crianças aprendem, como se desenvolvem e como é intenso esse desenvolvimento na idade pré-escolar. É preciso conhecer a identidade e as peculiaridades dessa etapa da Educação Básica para saber o que fazer com as crianças nesse tempo, que é único em toda a sua vida.

Precisamos de uma instituição com profissionais que sabem o que fazer, como fazer e por que o fazem. A trajetória na educação de crianças pequenas demonstra que é possível sermos copistas de receitas ou professores(as) autores(as), pesquisadores(as). As condições de vida das crianças e o trabalho educativo, intencional, ou seja, consciente e sistematizado, impactam o desenvolvimento do pensamento, da memória, da imaginação, da linguagem das crianças.

A exemplo da metodologia de projetos apresentada neste texto, mostra-se que, de um lado, podemos formar crianças "respondentes", passivas, individualistas, ou, de outro, formar personalidades atuantes, curiosas, confiantes e solidárias. Como profissionais, podemos abreviar o tempo da infância das crianças com tarefas escolares enfadonhas ou transformar a instituição em espaço de vida! Uma vida como Manuel de Barros (2018) expressa no poema *Tempo*. Nessa poesia, enxergo o projeto de investigação e a brincadeira como vida de criança. É a imagem da Educação Infantil em minha mente.

> *Tempo*
>
> Nesse tempo a gente era *quando* crianças. Quem é *quando* criança a natureza nos mistura com as suas árvores, com as suas águas, com o olho azul do céu. Por tudo isso que eu não gostasse de botar data na existência.
>
> *Manoel de Barros* (2018)

Referências

ALVES, R. *Pinóquio às avessas*: uma estória sobre crianças e escolas para pais e professores. Campinas: Verus, 2005.

ARELARO, L. R. G. Não só de palavras se escreve a educação infantil, mas de lutas populares e do avanço científico. *In*: FARIA, A. L. G.; MELLO, S. A. (org.). *O mundo da escrita no universo da pequena infância*. Campinas: Autores Associados, 2005.

BARROS, D.; PEQUENO, S. Cultura, educação e desenvolvimento humano. *In*: COSTA, S. A.; MELLO, S. A. (org.). *Teoria histórico-cultural na educação infantil*: conversando com professoras e professores. Curitiba: CRV, 2017. p. 77-86.

BARROS, M. *Memórias inventadas*. Rio de Janeiro: Alfaguara, 2018.

BENJAMIN, W. *Reflexões sobre a criança, o brinquedo e a educação*. São Paulo: Duas Cidades; 34, 2009.

BORGES, A. L. *Gestão na escola de educação infantil*: ressignificação das práticas e mudança na cultura escolar. 2015. 145 p. Dissertação (Mestrado em Gestão e Práticas Educacionais) – Universidade Nove de Julho, São Paulo, 2015. Disponível em: https://bibliotecatede.uninove.br/bitstream/tede/1206/2/Ana%20Lucia%20Borges.pdf. Acesso em: 14 fev. 2023.

BRASIL. Senado Federal. [Constituição (1988)]. *Constituição da República Federativa do Brasil*. Brasília, DF: Imprensa Oficial, 1988.

BRASIL. *Estatuto da criança e do adolescente*. Lei nº 8.068, de 13 de julho de 1990: Constituição e legislação relacionada. São Paulo: Cortez, 1991.

BRASIL. Presidência da República. Lei nº 9.394, de 20 de dezembro de 1996. Estabelece as diretrizes e bases da educação nacional. *Diário Oficial da União*: seção 1, Brasília, DF, ano 134, n. 248, p. 1-9, 23 dez. 1996.

BRASIL. Ministério da Educação. Conselho Nacional de Educação. Câmara de Educação Básica. Parecer CNE/CEB nº 20/2009, aprovado em 11 de novembro de 2009. Revisão das Diretrizes Curriculares Nacionais para a Educação Infantil. *Diário Oficial da União*: seção 1, Brasília, DF, p. 14, 9 dez. 2009. Disponível em: http://portal.mec.gov.br/dmdocuments/pceb020_09.pdf. Acesso em: 15 fev. 2023.

BRASIL. Ministério da Educação e Cultura. Secretaria de Educação Fundamental. *Referencial curricular nacional para a educação infantil*. Brasília: MEC, 1998. Disponível em: http://portal.mec.gov.br/seb/arquivos/pdf/rcnei_vol1.pdf. Acesso em: 15 fev. 2023.

BUJES, M. I. E. *Infância e maquinarias*. Rio de Janeiro: DP&A, 2002.

DUARTE, N. *Vigotski e o "aprender a aprender"*: crítica às apropriações neoliberais e pós-modernas da teoria vigostskiana. 4. ed. Campinas: Autores Associados, 2006. (Coleção Educação Contemporânea).

ELKONIN, D. Problemas psicológicos del juego em la edad preescolar. *In*: DAVIDOV, V.; SHUARE, M. (org.). *La psicología evolutiva y pedagogica en la URSS*: antología. Moscú: Progreso, 1987. p. 83-102. (Biblioteca de psicología soviética).

FERREIRO, E.; TEBEROSKY, A. *Psicogênese da língua escrita*. Tradução de Diana Myriam Lichtenstein *et al.* Porto Alegre: Artes Médicas, 1986.

LEONTIEV, A. N. Uma contribuição para a teoria do desenvolvimento da psique infantil. *In*: VYGOTSKY, L. S.; LURIA, A. R.; LEONTIEV, A. N. *Linguagem, desenvolvimento e aprendizagem*. São Paulo: Ícone, 1988.

MALAGUZZI, L. Histórias ideias e filosofia básica. *In*: Edwards, C.; GANDINI, L.; FORMAN, G. *As cem linguagens da criança*. Porto Alegre: Artmed, 1999.

MEIRELES, C. *Poesia completa*. São Paulo: Global, 2017.

MELLO, S. A. Bebês e crianças pequenininhas como sujeitos: participação e escuta. *In*: COSTA, S. A.; MELLO, S. A. (org.). *Teoria histórico-cultural na educação infantil*: conversando com professoras e professores. Curitiba: CRV, 2017. p. 243-52.

MORAES, V. *A rosa de Hiroxima*. 1954. Disponível em: https://www.viniciusdemoraes.com.br/pt-br/musica/cancoes/rosa-de-hiroxima. Acesso em: 23 fev. 2023.

MORAES, V. *As borboletas*. 1970. Disponível em: https://www.viniciusdemoraes.com.br/pt-br/poesia/poesias-avulsas/borboletas. Acesso em: 23 fev. 2023.

OLIVEIRA-FORMOSINHO, J.; FORMOSINHO, J. Perspectiva pedagógica da associação criança: pedagogia-em-participação. *In*: OLIVEIRA-FORMOSINHO, J.; KISHIMOTO, T. M. *Em busca da pedagogia da infância*: pertencer e participar. Porto Alegre: Penso: 2013.

PRESTES, Z.; TUNES, E. *Sete aulas de L.S. Vigotski sobre os fundamentos da pedologia.* Rio de Janeiro: E-Papers, 2018.

SÃO BERNARDO DO CAMPO (Município). Secretaria de Educação, Cultura e Esportes. *A educação infantil em São Bernardo do Campo*: uma proposta integrada para o trabalho em creche e EMEIs. São Bernardo do Campo: Prefeitura de São Bernardo do Campo, 1992.

SÃO BERNARDO DO CAMPO (Município). Secretaria de Educação e Cultura. *Proposta curricular.* São Bernardo do Campo: Secretaria de Educação e Cultura, 2007.

SARAMAGO, J. *Viagem a Portugal.* Porto: Círculo de Leitores, 1981.

VYGOTSKY, L. S. A brincadeira e o seu papel no desenvolvimento psíquico da criança. Tradução de Zoia Prestes. *Revista Virtual de Gestão de Iniciativas Sociais*, v. 8, p. 23-36, jun. 2008.

VYGOTSKY, L. S. *Psicologia pedagógica.* Tradução de Paulo Bezerra. 3. ed. São Paulo: WMF Martins Fontes, 2010.

VYGOTSKY, L. S. Instrução e desenvolvimento na idade pré-escolar. Tradução de Pável Golub e Marina Damaros. Revisão técnica de Achilles Delari Junior. *Caderno RCC#21*, v. 7, n. 2, maio 2020.

ZAPORÓZHETS, A. Importancia de los periodos iniciales de la vida en la formación de la personalidad infantil. *In*: DAVIDOV, V.; SHUARE, M. (org.). La psicología evolutiva y pedagógica en la URSS: antologia. Moscú: Progreso, 1987. (Biblioteca de psicología soviética).

A autora

Ana Lúcia Borges

Pedagoga pela Universidade Metodista de São Paulo (Umesp). Especialista em Educação Infantil pela Umesp. Especialista em Gestão Escolar pela Universidade de São Paulo (USP). Mestra em Educação pela Universidade Nove de Julho (Uninove). Doutora em Educação pela Universidade Júlio de Mesquita (Unesp). Membro do Grupo de Estudo em Teoria Histórico-Cultural (Unesp).

Karen Ramsey

Wendy Lee

7

Histórias de Aprendizagem e Histórias de Interesse: visibilização da aprendizagem para as crianças, para os pais e para a comunidade de aprendizagem[1]

[1] Tradução de Miramar Martins Barnabé. Revisão técnica de Eliana Bahia Bhering.

Começamos com uma citação favorita do prefácio de Guy Claxton ao livro *Learning Power Heroes*,[2] de Delaney, Day e Chambers (2009):

> Somos feitos para aprender por imitação. A evolução nos equipou com cérebros que são projetados desde o momento do nascimento para fazer o que as pessoas ao nosso redor estão fazendo. Quando um bebê vê você fechar o punho ou sorrir, os neurônios em seu cérebro o deixam pronto para fazer a mesma coisa... E, da mesma maneira, eles aprendem a aprender como seus pais, responsáveis e professores aprendem. Se eles crescerem perto de pessoas que adoram debater à mesa de jantar, irão absorver os hábitos, as regras e os prazeres do debate. Se observarem os adultos fazendo experiências, sendo curiosos e tenazes em seu aprendizado, esses hábitos também serão incorporados. Se as pessoas que lhes servem como exemplo não têm tempo para ideias ou ficam com raiva no minuto em que seus esforços são frustrados, isso também é o que eles aprenderão.
>
> Portanto, precisamos demonstrar interesse em situações de aprendizagem quando estamos perto das crianças pequenas, especialmente se elas gostam de nós ou nos admiram, pois seus "heróis" são as pessoas cujos hábitos elas acharão mais contagiantes. Tirar proveito dessa incorporação de hábitos de aprendizagem nos oferece uma maneira poderosa de influenciar o desenvolvimento das crianças – para o bem ou para o mal.

Então, somos o que ensinamos, e o que ensinamos marca a nossa trajetória profissional. Isso significa que a documentação do que ensinamos fortalece não apenas o padrão de aprendizagem das crianças de quem cuidamos, mas também tornam visível a nossa identidade profissional para a comunidade em geral.

---

[2] N. do E.: "Heróis com poder de aprendizagem", em tradução livre.

Neste capítulo, descrevemos o desenvolvimento de *Histórias de aprendizagem* e *Histórias de Interesse em Aotearoa*, Nova Zelândia. Esse processo foi desencadeado pela publicação do primeiro Currículo de Educação Infantil (EI) para Aotearoa,[3] Nova Zelândia, chamado *Te whāriki: he whāriki mātauranga mō ngā mokopuna o Aotearoa*[4] – Currículo da Educação Infantil (New Zealand, 1996, 2017).

Te Whāriki: nossa base potente

A elaboração do Currículo da Educação Infantil (EI) da Nova Zelândia começou no início da década de 1990 e se desenvolveu ao longo de vários anos. Essa trajetória é bem descrita por Ritchie (2018):

---

[3] N. do E.: no original, *first Early Childhood Education (ECE) curriculum for Aotearoa.*

[4] *Te Whāriki Mātauranga mō ngā Mokopuna o Aotearoa* traduz-se simplesmente como Currículo da Educação Infantil da Nova Zelândia, no entanto, o *whakatauki* (provérbio) que subjaz e guia este documento declara o seguinte:

"*He* ***whāriki*** *hei whakamana i te mokopuna, hei kawe i ngā wawata.*"

"Um *whāriki* (tapete de tecelagem) que empodera a criança e carrega nossas aspirações."

No contexto do *Te Whāriki*, *mokopuna* é traduzido como "neto" e expressa conexão intergeracional. A mensagem é clara: "Trate toda criança da Educação Infantil como se fosse seu próprio neto". *Mātauranga* é um substantivo que significa "conhecimento, sabedoria, entendimento e habilidade", comumente usado em *Māori* moderno para a palavra *educação*. *Aotearoa* é traduzido como *Nova Zelândia*.

O *whāriki*, ou *tapete de tecelagem*, é usado no documento como uma metáfora para a Educação Infantil, em que quatro princípios do currículo (empoderamento, desenvolvimento holístico, família e comunidade, relacionamentos) são entrelaçados com cincos fios do currículo (bem-estar, pertencimento, contribuição, comunicação, exploração) (Figura 7.3). Juntos, esses princípios e fios dão expressão à visão para as crianças, que está no coração do *Te Whāriki*. Os *kaiako* (professores), na Educação Infantil, tecem juntos os princípios e os fios, em colaboração com as crianças, os pais, as famílias (*whānau*) e a comunidade, a fim de criar um currículo local para seu contexto. Entendido dessa maneira, o Currículo, ou *Whāriki*, é um "tapete para todos se apoiarem". *Whāriki* e *raranga* (tecelagem) têm significado simbólico e espiritual para os *Māori*. Tecer um *whāriki* requer conhecimento, habilidade e tempo. Quase sempre é feito de forma colaborativa. Quando finalizado, um *whāriki* intrincadamente tecido é um *taonga* (tesouro) valorizado por sua arte e *kaupapa* (abordagem *Māori*, prática costumeira *Māori*, princípios *Māori*, ideologia *Māori* – uma doutrina filosófica, incorporando o conhecimento, as habilidades, as atitudes e os valores da sociedade *Māori*). *Pasifika* (povos das nações do Pacífico) compartilham com os *Māori* a tradição de tecer *whāriki*, utilizando técnicas e padrões que são particulares de sua nação específica das Ilhas do Pacífico. A tecelagem do *Te Whāriki* é o que está representado na capa do Currículo (Figura 7.1). Esse é o tapete para todos se apoiarem, pois cada comunidade projeta seu próprio Currículo. Enquanto a parte superior de um *whāriki* exibe a arte do tecelão, é a parte inferior que revela sua maestria. Tecelões especializados examinarão os fundamentos do planejamento e da técnica. Se forem sólidos, a qualidade será vista no lado voltado para cima.

> Em primeiro lugar, gostaria de reconhecer a jornada fantástica que foi o *Te Whāriki* de 1996. Houve várias características notáveis no desenvolvimento deste documento. Primeiro, quando Helen May e Margaret Carr, da Universidade de Waikato, decidiram fazer uma proposta para escrever este currículo, elas se envolveram profundamente com todas as instituições de Educação Infantil em Aotearoa, convidando-as para participar do projeto de desenvolvimento do primeiro currículo da Educação Infantil para Aotearoa (Carr *et al.*, 2016). O processo de desenvolvimento durou seis anos, levando em consideração o modelo inclusivo de relações determinado pelo documento *Tiriti o Waitangi*, subsidiando a concepção, o processo de desenvolvimento e a estrutura do texto final do currículo. Essas intensas e amplas consultas foram essenciais para reconhecer a ampla legitimidade do documento, primeiro com relação à produção da versão preliminar de 1993 (Ministry of Education, 1993) e a seguir para a conclusão do currículo *Te Whāriki* em 1996. Este foi não apenas o primeiro currículo nacional de Educação Infantil para a Nova Zelândia, mas também foi o primeiro currículo "bicultural". O *Te Whāriki* de 1996 afirmou que "O currículo Māori é parte integrante do documento e fornece uma base para a educação bicultural da Educação Infantil na Nova Zelândia" (p. 10). Nosso currículo foi celebrado nacional e internacionalmente, não apenas por sua perspectiva bicultural, que reforçou o compromisso com o *Te Tiriti o Waitangi*,[5] mas também por causa de sua abordagem sociocultural e holística.

Te Whāriki foi publicado em 1993, como uma versão preliminar, depois, formalmente, em 1996, e estava fundamentado nas metas estabelecidas para as crianças pelo Ministério da Educação (New Zealand, 1996), a saber:

> [...] crescer como aprendizes[6] e comunicadoras competentes e confiantes, com mente, corpo e espírito saudáveis, seguros no que diz respeito a seu senso de pertencimento e de que oferecem uma contribuição valiosa para a sociedade. (New Zealand, 1996)

[5] N. do E.: Tratado de Waitangi. Trata-se de um acordo entre os britânicos e 540 chefes *Māori*, no qual a Nova Zelândia foi estabelecida como colônia da Coroa Britânica, colocando o povo *Māori* sob a proteção da Coroa e concedendo à população o direito de ter sua própria terra tribal.

[6] N. do E.: utilizamos a tradução "aprendizes" para a palavra em inglês *learners*.

Mudanças significativas foram feitas no *Te Whāriki* em 2017 (New Zealand, 2017). O novo documento não mais afirma o "crescer como", mas defende as crianças "como aprendizes e comunicadoras potentes, competentes e confiantes". Essa mudança na formulação destaca as crianças como potentes, capazes e confiantes, sendo relevante não apenas para elas, mas também para educadores e professores. Tal mudança considera todos esses atores como aprendizes capazes, retirando a aprendizagem de um modelo que trabalha com *deficit* e reinserindo-a em um modelo mais positivo e aberto (modelo de crédito).[7]

[7] *Credit model*, no original. Trata-se da imagem das crianças do ponto de vista do *Te Whāriki*. Na tradição *Māori*, as crianças eram membros valiosos dos mundos *Māori* antes da concepção, antes do nascimento e antes do tempo. Elas começaram sua jornada em *Rangiātea* (céus), terra natal dos deuses. Nascidas neste mundo, foram nutridas como uma semente preciosa para garantir sua sobrevivência e inculcadas com a compreensão de sua própria importância. As crianças são, de forma inerente, competentes, capazes e ricas, completas e talentosas, independentemente de sua idade ou de suas habilidades. Descendentes de linhas que remontam ao início dos tempos são importantes elos vivos entre passado, presente e futuro, e reflexo de seus ancestrais (*tīpuna*). Essas ideias são fundamentais para a forma como os *Māori* entendem o ensino e a aprendizagem. O primeiro princípio do *Te Whāriki* é "o Currículo da Educação Infantil empodera a criança no seu processo de aprendizagem e crescimento". A expectativa é a de que, em seus primeiros anos, as crianças experimentem um currículo que as empodere para sua jornada, com foco em seus pontos fortes (crédito). *Não se busca* deficit *ou lacunas nas crianças*. O empoderamento é o princípio que significa que cada criança experimentará um currículo que reconhece e aumenta seu mana e as apoia para aumentar o mana dos outros. Visto de uma perspectiva *Māori*, todas as crianças nascem com o mana herdado de seus ancestrais. *Mana* é o poder de ser (também pode significar autoridade, prestígio, poder espiritual, autoridade, *status* e controle) e deve ser mantido e aprimorado. Para aprender e desenvolver todo o seu potencial, as crianças devem ser respeitadas e valorizadas. Isso significa reconhecer seus direitos de ter seu bem-estar promovido e ser protegido de danos, de poder experimentar oportunidades equitativas de participação, aprendizado, de descanso e diversão. Os professores (*kaiako*) têm um papel importante em encorajar e apoiar todas as crianças a participarem e contribuírem para uma vasta gama de experiências enriquecedoras. Isso expande a competência e a confiança das crianças e, com o tempo, permite que elas dirijam suas próprias vidas. Em um ambiente de empoderamento, as crianças têm autonomia para criar e agir de acordo com suas próprias ideias, desenvolver conhecimentos e competências nas áreas que lhes interessam e, cada vez mais, tomar decisões e emitir juízos sobre assuntos que lhes digam respeito. Brincadeiras e ludicidade são valorizadas, e as experiências iniciadas pelos professores são convidativas e agradáveis. As perspectivas sobre o empoderamento estão estabelecidas culturalmente, portanto, os professores precisam buscar a contribuição das crianças, de seus pais e de suas famílias (*whānau*) ao projetar o currículo local.

Dessa forma, o *Te Whāriki* é um documento inspirado em uma perspectiva sociocultural e se estrutura de forma a contemplar o contexto bicultural da Nova Zelândia. O Ministério da Educação (New Zealand, 2017) promulgou uma diretriz para que não fosse alterada essa estrutura bicultural e seus princípios, seus fios e suas metas originais da versão de 1996, mantendo seu caráter mandatário. O escopo da atualização de 2017 incluiu:

- atualização do contexto de aprendizagem na Educação Infantil;
- fortalecimento dos processos de implementação do currículo;
- revisão dos resultados da aprendizagem;
- articulação entre *Te Whāriki*, Currículo da Nova Zelândia, e *Te Mārautanga o Aotearoa* (Currículo das escolas médias[8] do povo *Māori*).

O *Te Tiriti o Waitangi* (*Tratado de Waitangi*) foi, portanto, inserido mais profundamente no contexto do *Te Whāriki* de 2017. Esse tratado contemplou a relação entre os *Māori*, a Coroa Britânica e os *Pākehā* (não *Māori*), pois abrange todos os que vieram se juntar a nós, compartilhando conosco obrigações e aspirações comuns para o presente e o futuro. Ao longo do documento, os *whakataukī* (provérbios *Māori*) ilustram ideias-chave. Por exemplo, "*He whāriki hei whakamana i te mokopuna, hei kawe i ngā wawata* – isto é, um *whāriki* que empodera a criança e carrega nossas aspirações" (New Zealand, 2017).

[8] *Māori-Medium Schools* são aquelas escolas nas quais as crianças são ensinadas na língua *Māori* por pelo menos 51% do tempo.

Agora, temos um documento bicultural robusto que também contém o currículo indígena chamado *Te Whāriki a te Kōhanga Reo*.[9] Os dois documentos compartilham uma estrutura comum, ao mesmo tempo que descrevem percursos curriculares alternativos de igual *status*. Como Reedy e Reedy (2013) afirmaram:

> A verdadeira força do *Te Whāriki* é sua capacidade de estabelecer bases fortes e longevas para todas as culturas em Aotearoa Nova Zelândia e no mundo [...]. *Te Whāriki* se baseia na teoria de que todas as crianças terão sucesso na educação quando as bases para seu aprendizado incidirem em uma compreensão de suas raízes culturais.

Esse documento criou o cenário para as Histórias de Aprendizagem. Por isso, é importante compreender seus princípios, que são:

- O Currículo da Educação Infantil empodera a criança no seu processo de aprendizagem e crescimento.
- O Currículo da Educação Infantil reflete a maneira holística como as crianças aprendem e crescem.
- O contexto da família e da comunidade é parte integrante do Currículo da Educação Infantil.
- As crianças aprendem por meio de relacionamentos responsivos e recíprocos com pessoas, lugares e coisas.

---

[9] O *Te Whāriki* atualizado consiste na união de dois documentos em um: *Te Whāriki*: *He whāriki mātauranga mō ngā mokopuna o Aotearoa* e *Te Whāriki a te Kōhanga Reo*. O primeiro (que mantém o título do documento original de 1996) é para uso de todos os serviços de Educação Infantil, exceto *kōhanga reo* (Ninhos de Língua de imersão apenas na língua *Māori* e afiliados ao National Trust). Portanto, o *Te Whāriki a te Kōhanga Reo* é para uso em todos os *kōhunga reo* (centros de imersão *Māori*) afiliados ao *Te Kōhanga Reo Trust*. Esse documento exemplifica a autenticidade do *Kaupapa – te reo Māori* (língua Māori) e *ōna tikanga* (cultura *Māori*) – e fornece orientação para professores apoiarem a implementação que fortalece os caminhos do meio *Māori* à aprendizagem. A edição impressa dos dois documentos é formatada como um *flipbook*. *Kōhanga reo* se traduz "ninho de língua para *mokopuna* (crianças)". Os dois documentos descrevem percursos curriculares alternativos de igual *status*. Ambos compartilham uma estrutura comum de princípios e fios. O *Te Whāriki* pode ser usado como um título curto para qualquer documento/currículo (ou, informalmente, os documentos combinados), desde que fique claro no contexto o que se quer dizer. A atualização para *Te Whāriki* inclui um foco mais forte na prática bicultural, na importância da linguagem, da cultura, da identidade e na inclusão de todas as crianças.

Figura 7.1 - Capas de cada Currículo da Educação Infantil.

Figura 7.2 - Imagem do *Whāriki* no centro do documento. Simboliza a criança em desenvolvimento. *Te Whāriki* é a criança. A criança é *Te Whāriki*. Mari Ropata Te Hei, tecelão e *designer* conceitual da capa do *Te Whāriki* de 2017, afirmou: "Se pudermos ver o padrão com que as crianças trabalham/vêm, podemos trabalhar com isso para apoiar seu aprendizado".

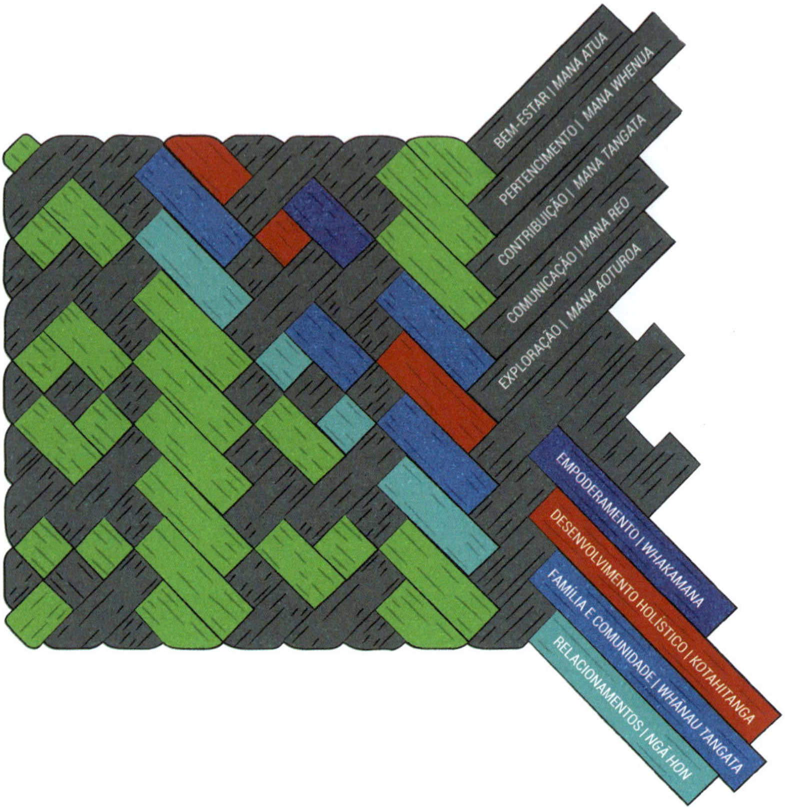

Figura 7.3 - Princípios e fios do *Te Whāriki*. O *kōwhiti whakapae* (nome dado a esta tecelagem em particular) *whāriki* (tapete de tecelagem) simboliza o início de uma jornada que levará o viajante além do horizonte. O cinza representa *Te Kore e te pō* (o reino do potencial e o início da iluminação). O verde representa uma nova vida e o crescimento. O roxo, o vermelho, o azul e o azul-petróleo têm muitas conotações culturais diferentes e são usados aqui para destacar a importância d os princípios como fundamentos do Currículo.

Esses princípios inserem a aprendizagem em uma estrutura sociocultural e bicultural que, por sua vez, influencia nossa visão sobre a aprendizagem e como na verdade aprendemos. Além disso, esses princípios foram ampliados de forma a incluir a teoria *Kaupapa Māori* e as abordagens *Pasifika*.[10] Considerando esses princípios, a avaliação também precisa ser responsiva, adaptativa, positiva, capacitadora e inclusiva.

[10] Essas abordagens reforçam o reconhecimento dessas populações. *Vide* o artigo de Smith (2003).

Histórias de Aprendizagem que refletem as perspectivas socioculturais e bioecológicas

Os tipos de avaliação que procuramos não são exclusivos do *Te Whāriki*. Eles seriam relevantes para qualquer abordagem sociocultural do Currículo em qualquer nível de educação. No Reino Unido, Caroline Gipps escreveu sobre como pode ser uma abordagem sociocultural da avaliação nas escolas (Gipps, 2001, p. 1):

> [...] a forma como concebemos o processo de aprendizagem é crucial para a forma como ensinamos e também para nosso entendimento sobre a avaliação... O ensino, a aprendizagem e a avaliação estão intrinsecamente relacionados.

Caroline Gipps sugere que os pressupostos de Vygotsky (1978, 1987) se relacionam com os seguintes aspectos-chave da avaliação:

- O papel da avaliação na *formação da identidade* é importante.
- A *inseparabilidade das dimensões socioafetiva e cognitiva* na ação e na interação: os aprendizes devem ser avaliados em ambientes sociais.
- O papel crucial das *ferramentas* e dos *relacionamentos* na atividade humana e as implicações de oferecer assistência e orientação durante o curso de uma avaliação. A relação entre especialista e "aprendiz" em torno da qual o desenvolvimento intelectual se articula é importante.

Vygotsky (1978, 1987) foi uma figura importante para o desenvolvimento do currículo da Educação Infantil da Nova Zelândia. O autor escreveu sobre a importância fundamental no aprendizado de: pertencimento, contribuição, exploração e brincadeira, comunicação e linguagem, e bem-estar no desenvolvimento de relações positivas com os outros. Portanto, os fios do currículo *Te Whāriki* são bem-estar, pertencimento, contribuição, comunicação e exploração. Como Vygotsky não abordou diretamente questões sobre as famílias, a equipe que elaborou *Te Whāriki* acrescentou um quarto princípio sobre o envolvimento da família e da comunidade, subsidiado pela perspectiva de Bronfenbrenner (1979).

Documentação

O governo da época reconheceu, de forma perspicaz, que, se não abordássemos a questão da avaliação à luz do novo *Te Whāriki*, não obteríamos os benefícios desse novo Currículo; ao contrário, teríamos as antigas práticas de avaliação conduzindo o Currículo. Carr (1998) conduziu uma pesquisa para explorar qual avaliação seria compatível com os princípios do *Te Whāriki* e sua abordagem sociocultural e ambiental de aprendizagem.

Para tanto, a autora incentivou os professores a escreverem histórias sobre as crianças. Essas histórias foram criadas para potencializar a aprendizagem e o desenvolvimento das crianças. Como Covey (1999) disse:

> Eu percebi não apenas que uma imagem vale mais que mil palavras, como diz a expressão do Extremo Oriente, mas também que a imagem criada no coração e na mente de uma pessoa vale dez mil.

Desde então, tais Histórias de Aprendizagem se tornaram uma base importante para a documentação da aprendizagem das crianças em Aotearoa Nova Zelândia. Elas estão reunidas em portfólios, não como um "produto final", mas como um "trabalho em andamento", que é totalmente acessível às crianças, aos pais e aos professores. A documentação inclui não apenas narrativas escritas, mas também fotografias, bem como as vozes das crianças, dos professores e dos pais. Com as imagens fotográficas e as Histórias de Aprendizagem do grupo, essa documentação "viva" se constitui uma estrutura potente para orientar professores e crianças na organização de ambientes de aprendizagem ricos e desafiadores. A documentação está intrinsecamente ligada ao Currículo e fomenta reflexões que sejam capazes de influenciar a avaliação e o planejamento.

As avaliações constituídas por narrativas e orientadas pelo potencial das crianças (modelo de crédito) são dispositivos particularmente eficazes porque:

- permitem o acesso das famílias à prática e ao projeto das unidades educacionais;
- têm um caráter efetivo e emocional que mobiliza as famílias, as crianças *e* os professores;
- revelam o processo de aprendizagem por meio da documentação dos diálogos e das relações vividas pela comunidade.

Para auxiliar no desenvolvimento da avaliação, os professores começaram a usar uma série de formatos digitais para a apresentação de Histórias de Aprendizagem que poderiam ser modificadas com vistas a se adequarem ao ambiente e aos modos de coleta de dados (por exemplo, narrativa, fotografia digital etc.). Em geral, esse formato exigia documentação alinhada com os quatro princípios da avaliação e os cinco fios do *Te Whāriki*, os quais evoluíram para uma forma mais aberta de documentação.

A documentação de histórias de aprendizagem é um processo aberto e dinâmico, em constante desenvolvimento, proporcionando oportunidades para que professores, crianças e pais tornem visível a aprendizagem valorizada naquele ambiente. As diferentes formas que essa documentação assume incluem:

- narrativas escritas;
- narrativas geradas no computador;
- fotografia digital e filmes;
- gravação em vídeo;
- exemplos de trabalhos das crianças.

As ferramentas que têm sido utilizadas, além de caneta e papel, compreendem uma série de mídias eletrônicas, incluindo:

- câmeras digitais, de vídeo e com impressão instantânea;
- gravadores de áudio e vídeo;
- computadores;
- escâneres;
- fotocopiadoras.

Nas palavras de Etienne Wenger (1998), tais documentos materializam a prática, reificam-na, por meio de dispositivos e/ou de recursos, e subsidiam o desenvolvimento de práticas de qualidade, servindo como "memória".

Algumas ideias-chave das Histórias de Aprendizagem que reforçam os quatro princípios do *Te Whāriki* são descritas a seguir:

1) As Histórias de Aprendizagem potencializam a percepção das crianças de si mesmas como pessoas capazes e aprendizes competentes. Elas:

- referem-se à construção das identidades das crianças como aprendizes, de forma a reforçar os cinco fios do Currículo;
- assumem um "modelo de crédito" em vez de um "modelo de *deficit*", a fim de desenvolver repertórios e mecanismos de aprendizagem;
- incluem as vozes das crianças;
- descrevem o progresso de uma forma que as famílias e as crianças possam compreender as informações e usufruir delas.

2) As Histórias de Aprendizagem refletem a maneira holística como as crianças aprendem. Elas:

- acompanham as ações das crianças ao longo de vários dias;
- documentam projetos da unidade;
- documentam as ações que iluminam a maneira holística como as crianças aprendem.

3) As Histórias de Aprendizagem refletem as relações recíprocas entre a criança, as pessoas e o ambiente de aprendizagem. Elas:

- defendem a importância da Educação Infantil;
- refletem a relação com o ambiente;
- refletem a relação com o professor.

4) As Histórias de Aprendizagem envolvem pais/responsáveis e, quando apropriado, *whānau* (família estendida). Elas:

- são acessíveis e interessantes para as famílias;
- oferecem oportunidades para as famílias contribuírem com suas próprias histórias vividas em casa.

Primeiramente, como professores, todos nós somos apaixonados pelo desenvolvimento de documentação que construa a identidade da criança como aprendiz. As Histórias de Aprendizagem devem mostrar como as crianças aprimoram seu senso de si mesmas como pessoas capazes e aprendizes competentes. Ademais, elas dizem respeito ao desenvolvimento da identidade das crianças como aprendizes, com base em disposições de aprendizagem que se conectam aos cinco fios do Currículo *Te Whāriki*. Em segundo lugar, valorizamos que as crianças sigam sua trajetória educacional com alguns repertórios de aprendizagem bem estabelecidos. Isso pode incluir um conjunto de interesses, conhecimentos e habilidades para "ser um aprendiz", o que inclui uma visão de si mesmo como: interessado e interessante, alguém que se envolve, que persiste nas dificuldades e nas incertezas, um comunicador e um cidadão ou um membro de uma comunidade, com direitos e responsabilidades.

O *Te Whāriki* pressupõe que as crianças serão:

> [...] aprendizes e comunicadoras competentes e confiantes; saudáveis mental, corporal e espiritualmente; seguras em seu senso de pertencimento e no conhecimento de que contribuem de forma valiosa à sociedade. (New Zealand, 1996, 2017)

Isso não é alcançado quando a documentação é implementada essencialmente com vistas a atender às medidas de *accountability*.[11] É por meio das Histórias de Aprendizagem e da documentação pedagógica que a aprendizagem pode fazer diferença na vida da criança e em sua trajetória como aprendiz. Se a documentação for cuidadosa, reflexiva, robusta e tornar visível a aprendizagem da criança, acreditamos que ela terá

[11] N. do. E.: *accountability* refere-se à avaliação contínua dos resultados práticos, organizacionais e financeiros para determinar a eficácia dos sistemas de atendimento em atender às necessidades das crianças e das famílias. O Education Review Office da Nova Zelândia é a agência de avaliação externa do governo desse país que avalia e relata o cuidado e a educação das crianças em serviços de Educação Infantil, bem como escolas, *kura* (escolas *Māori*), *Kōhanga Reo* e (serviços de Educação Infantil *Māori*), informando e facilitando melhorias nos serviços dessa etapa da educação. Realizam revisões regulares dos serviços, que se concentram em *accountability* (incluindo a conformidade com os requisitos regulamentares), na melhoria da educação e na geração de conhecimento (em que a educação é traduzida em realização).

o potencial de atender à maioria dos critérios de *accountability* e, ao mesmo tempo, construir sua identidade como aprendiz. Isso deve ser o foco da avaliação. Ao construir um processo de avaliação eficaz e efetivo, o que não é necessariamente uma tarefa mais difícil, as Histórias de Aprendizagem têm o potencial de:

- tornar a aprendizagem visível;
- fortalecer relações;
- tornar visível a continuidade da aprendizagem;
- construir a identidade da criança como aprendiz;
- envolver a família;
- apoiar as transições – dentro e fora da unidade educacional;
- evoluir para Histórias de Planejamento ou Histórias de Interesse;
- contribuir para os critérios de *accountability*;
- criar uma comunidade de aprendizes;
- incorporar avaliação interna;
- integrar a aprendizagem dos profissionais envolvidos;
- oferecer oportunidades para o reconhecimento do trabalho do professor;
- oferecer oportunidades para que todos contribuam.

Muitos teóricos da Educação contribuíram para a riqueza das Histórias de Aprendizagem como método de documentação. Bronfenbrenner (1979) deu uma contribuição considerável, juntamente com Bruner (2002), Carr (1998, 2001), Carr e Lee (2012, 2019), Carr, Lee e Jones (2005, 2007, 2009), Drummond (1993), Dweck (2006), Fleet e Patterson (1998), Malaguzzi (*apud* Cagliari *et al.*, 2016), Reedy e Reedy (2013) e Rinaldi (1998, 2001, 2006).

Todos esses teóricos têm algo em comum. Eles acreditam na importância da criança e nos pontos fortes que ela traz para o ambiente educativo. Rinaldi (1998) ecoa esse sentimento, dizendo que as crianças devem ser vistas como "ricas em recursos, fortes e competentes". A estrutura das *Histórias de Aprendizagem*, desenvolvida por Carr (2001), permitiu que os professores trouxessem essa visão à vida, na medida em que foram encorajados a usar as cinco disposições da aprendizagem para estabelecer o ponto em que cada criança se encontra enquanto ela descobre, explora e reflete sobre as tarefas que estabelece a si mesma.

Elementos-chave da História de Aprendizagem

Os principais elementos das Histórias de Aprendizagem são *perceber*, *reconhecer* e *responder*, embora não apareçam nelas como tais. No Projeto Nacional de Avaliação da Educação Infantil *Kei Tua o te Pae*,[12] a avaliação da aprendizagem foi descrita como "perceber, reconhecer e responder" (Carr, Lee e Jones, 2005, 2007, 2009). Essa descrição veio do trabalho de Bronwen Cowie (2000) sobre avaliação de salas de Ciências. Os professores da Educação Infantil consideraram essa uma estrutura útil. Esses três processos são filtros progressivos, e esse conceito foi sendo desenvolvido ao longo do tempo. Os professores percebem muito enquanto trabalham com as crianças e reconhecem parte do que percebem como "aprendizagem". Eles, assim, responderão a uma seleção daquilo que eles reconhecem. A definição de avaliação de Drummond (1993, p. 13) pode ser adaptada de forma a contribuir com a descrição da avaliação da aprendizagem:

> [...] [as] maneiras pelas quais, em nossa prática diária, nós [crianças, famílias, professores e outros] observamos a aprendizagem das crianças [perceber], esforçamo-nos para compreendê-la [reconhecer] e, em seguida, colocar nossa compreensão em bom uso [responder].

O filtro progressivo foi expandido de *perceber*, *reconhecer* e *responder* para que se incluísse *registrar*, *revisitar* e *refletir/revisar*.

---

[12] N. do E.: as professoras Margaret Carr e Wendy Lee foram diretoras de um projeto nacional de exemplo de Educação Infantil. Como resultado desse projeto, foram publicados vinte livros intitulados *Kei Tua o te Pae*, cuja tradução, simplesmente, é "Além do horizonte".

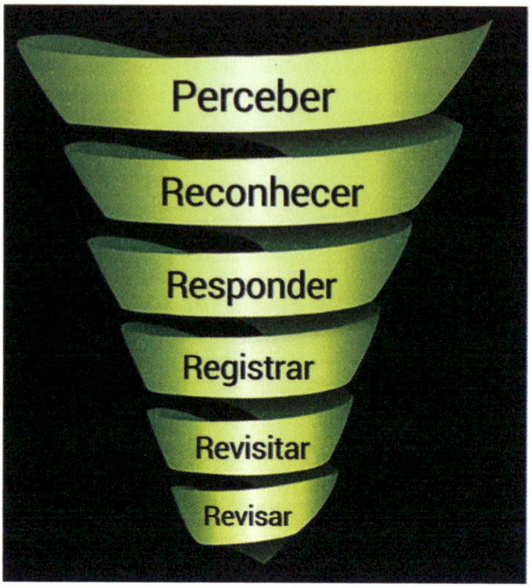

Figura 7.4 - Expansão do filtro progressivo.

Perceber é a narrativa ou a história do que e de como a aprendizagem aconteceu. Inclui fotografias e um título. Essa é a primeira parte de uma História de Aprendizagem.

Reconhecer é a avaliação ou a análise da aprendizagem que torna visível o aprendiz do século XXI. Essa análise da aprendizagem é o que transforma a narrativa em uma História de Aprendizagem. Ela inclui disposições (por exemplo, coragem, curiosidade, persistência, assumir responsabilidades etc.), bem como conhecimentos e habilidades. Trata-se da segunda parte da História de Aprendizagem. Os títulos possíveis para a análise em uma história podem incluir:

- *Que aprendizagem eu acho que está acontecendo aqui?*
- *O que (nome da criança) pode estar aprendendo nesta história?*
- *Reflexão do professor sobre a aprendizagem?*
- *O que aprendi sobre (nome da criança) hoje?*
- *Meus pensamentos sobre a aprendizagem.*

A terceira parte da História de Aprendizagem é *responder*. Reflete as intenções para aprendizagens dos professores e de outros membros das equipes ou o planejamento para a criança. Documenta as maneiras pelas quais o professor fortalecerá, apoiará, acrescentará complexidade e contexto à aprendizagem, e promoverá disposições de aprendizagem. Esse é o planejamento diário em ação. Os títulos possíveis para *responder* podem incluir:

- *Oportunidades e possibilidades.*
- *O que podemos fazer a seguir...?*
- *Para onde esse interesse pode levar...?*
- *Que aprendizagem é perceptível aqui?*
- *O que podemos planejar para a aprendizagem futura da/do (nome da criança)?*
- *Como vamos desenvolver ainda mais essa aprendizagem?*
- *Desempacotar a aprendizagem para (nome da criança).*
- *O que faremos para fortalecer, apoiar e estender essa aprendizagem?*

Refletir é o ponto em que você relê a história e reflete sobre ela, para que possa fazer mudanças a fim de aumentar seu poder de orientar e informar. Essa História de Aprendizagem faz sentido? Essa História de Aprendizagem se conecta com outras Histórias de Aprendizagem? Como essa História de Aprendizagem contribui para a visão da criança de si mesma como um aprendiz capaz e competente? A aprendizagem é visível? Você discutiu as habilidades, os conhecimentos e as disposições de aprendizagem? Leia a história novamente e tente se colocar no lugar dos pais. Como eles se sentiriam? Se sua resposta imediata for positiva, é provável que você tenha escrito uma História de Aprendizagem muito valiosa.

No exemplo a seguir, ilustraremos como a documentação da aprendizagem das crianças, por meio de histórias, pode ser usada para refletir os princípios do *Te Whāriki* e a abordagem sociocultural holística da avaliação. Vemos o desenvolvimento da aprendizagem no portfólio de avaliação de uma criança chamada Bella. Uma de suas histórias de aprendizagem é intitulada *Uma designer em ação*, e descreve seu interesse em trabalhar com "peças soltas". De acordo com Nicholson (1971), a teoria das "peças soltas" é uma oportunidade para as crianças expressarem a criatividade por meio do uso de materiais que podem ser manipulados, transformados e criados por meio de brincadeiras autoguiadas. Esse envolvimento permitiu que Bella não apenas desenvolvesse algumas ideias matemáticas, mas também estendesse seu envolvimento na contação de histórias. Ela está claramente exercitando sua imaginação, sua criatividade e sua iniciativa enquanto continua a definir seus próprios objetivos de aprendizagem. A terceira parte da história de Bella explora caminhos possíveis para o planejamento: "Como vamos expandir e aumentar seu aprendizado?". Essa é a primeira, e mais importante, parte do processo de planejamento, contando com professores atenciosos, reflexivos, receptivos e que ouçam profundamente a criança.

Junho de 2019
Karen

Uma *designer* em ação

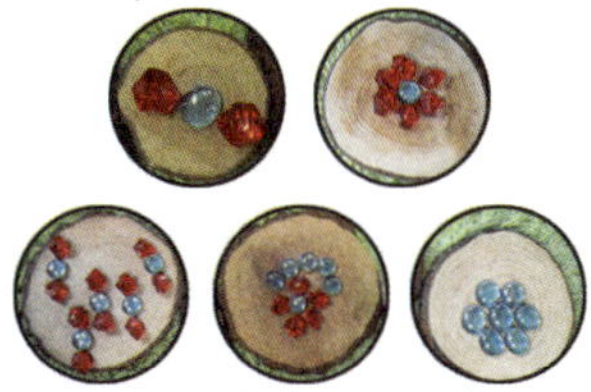

Recentemente, ampliamos a gama de peças soltas nos espaços da Unidade Educacional, introduzimos uma nova área para esse tipo de brincadeira, e foi aqui que descobri você trabalhando hoje, Bella. Não foi nenhuma surpresa que as pedras e os cristais tenham despertado seu interesse: você adora coisas brilhantes e cintilantes. As formas de madeira serviram de base para seus trabalhos, e você criou uma variedade de padrões, incluindo arcos, como uma ideia inovadora. Você usou uma pedra preciosa no meio do arco e um cristal em cada lado; foi uma ideia tão boa, e seu trabalho continuou com uma variedade de flores. Bella, seu pensamento continuou, e você usou as pedras para cobrir um de seus desenhos de flores. Você explicou que era para que as vacas não pudessem comê-las.

Cada padrão contribuiu para o enredo, e você até incluiu um *taniwha*.[13] Isso foi inspirado na camiseta *Kia ora*[14] que você estava usando hoje, e criou flores para o *taniwha*! Bella, você continuou a brincar com ideias e explorar possibilidades e seu amor pelas flores continuou a brilhar nos estilos que você desenhou.

Que aprendizagem eu vejo acontecendo para a Bella?

O interesse de Bella em interagir com peças soltas continua a crescer, e, seguindo seu trabalho de desenho na mesa de bastões de cola, Bella está usando peças soltas para criar padrões e modelos. Isso também está possibilitando outro caminho para Bella compartilhar suas ideias, e sua história continuou ao longo de seu trabalho.

O uso de vários padrões na sua proposta envolve conceitos matemáticos, e, Bella, você gerou muitas produções interessantes e variadas. O interesse por esses padrões deve ser encorajado, e o termo *explorando padrões* (sensibilidade para padrões e padronização) vem à mente quando vejo o interesse dela em complexar suas produções. Os estilos são um conceito importante para a nossa compreensão matemática, e esse tipo de exploração está proporcionando uma experiência matemática significativa para você, Bella.

> "Quando as crianças interagem com peças soltas, elas entram em um mundo de 'e se' que promove o tipo de pensamento que leva à resolução de problemas e ao raciocínio teórico. As peças soltas aumentam a capacidade das crianças de pensar com imaginação e encontrar soluções, e trazem um sentido de aventura e emoção às brincadeiras das crianças."
> *Daly e Beloglovsky* (2014)

Você é uma aluna curiosa, está preparada para assumir riscos e desenvolver suas próprias ideias, fez suas próprias escolhas, e isso lhe dá liberdade para que sua criatividade e sua imaginação se desenvolvam. Trabalhar dessa forma está promovendo fluidez em seu pensamento, e isso fica evidente nas suas produções.

Como vamos expandir e aumentar essa aprendizagem?

Bella, existem muitas peças soltas espalhadas pelo ambiente da Unidade Educacional, e, quando você interage com esses recursos, seu pensamento criativo, sua imaginação e seu pensamento crítico se fortalecem. Bella, recentemente desenvolvi um pacote de peças soltas para nossa biblioteca e gostaria de saber se você quer experimentar esse novo recurso com sua família em casa. Vamos ter uma conversa para ver se está interessada. Isso proporcionará a oportunidade de compartilhar essa forma de aprendizagem com seu irmão, Carter, e sua família.

Figura 7.5 – Uma *designer* em ação.

[13] N. do E.: (substantivo) espírito da água, monstro, criatura aquática perigosa, criatura poderosa. Assume muitas formas, de troncos a répteis e baleias. Geralmente, vive em lagos, rios ou no mar. Muitas vezes, são considerados guardiões pelas pessoas que vivem em seu território.

[14] N. do E.: nas fotografias, Bella está vestindo uma camiseta em que se lê *Kia ora*. Trata-se de uma interjeição para "Olá!", "Saúde!", "Boa sorte!", "Muitas felicidades!".

As Histórias de Aprendizagem também devem se basear em uma abordagem de crédito em vez de uma abordagem de *deficit*, a fim de desenvolver repertórios e disposições de aprendizagem. Por exemplo, Bishop e Glynn (1998) afirmam que:

> Se a imagem que temos das crianças *Māori* ou, até mesmo, de quaisquer crianças, ou de padrões de interação, for uma imagem de *deficit*, então, nossos princípios e nossas práticas irão refletir isso, e, assim, vamos perpetuar a crise da Educação.

Esse talvez seja um dos aspectos mais desafiadores de nossa estrutura de avaliação. Os professores, durante anos, foram treinados com uma imagem da criança como carente, como tendo lacunas no conhecimento e/ou nas habilidades que precisam ser preenchidas. Essa visão fornece uma estrutura em que os docentes procuram preencher as lacunas, em vez de se concentrarem nos pontos fortes e nos interesses da criança. Essa abordagem de crédito constrói uma forte identidade do aprendiz e incentiva a aprendizagem, ao passo que a abordagem de *deficit* desestimula a aprendizagem ativa. É necessária uma expressiva mudança de pensamento para uma visão sociocultural que permita aos professores construírem pontes e se concentrarem no modelo de crédito.

Um portfólio de Histórias de Aprendizagem (não mostrado aqui) para uma criança chamada Jack ilustra esse processo. A documentação das experiências de Jack, dentro do modelo de crédito, foi uma indicação potente do poderoso impacto da documentação em fortalecer a confiança das crianças em sua aprendizagem. Quando Jack chegou à unidade, foi descrito pelo professor de Intervenção Precoce como tendo um sério problema de comportamento. Professores de intervenção e psicólogos montaram um arquivo sobre Jack, descrevendo seu comportamento difícil. No centro de Educação Infantil, os professores começaram a coletar Histórias de Aprendizagem positivas sobre a aprendizagem dele. Jack e sua família ficaram muito animados, demonstrando grande interesse por esse portfólio. O portfólio fez que seus avós e seu pai se interessassem pelas Histórias de Aprendizagem de Jack. Quando Jack foi para a escola, sua mãe e seu pai optaram por levar apenas o portfólio de Histórias de Aprendizagem, e não a intervenção e as avaliações psicológicas. Na escola, Jack se adaptou bem, e não houve nenhuma indicação da professora de que ele teria um problema de comportamento. Todas as pessoas que trabalharam com ele reconheceram o poderoso impacto da documentação baseada em crédito, que se tornou parte integrante de sua vida.

Outro exemplo de História de Aprendizagem (Figura 7.6) não só ressalta essa abordagem de crédito, mas também ilumina a noção de que algumas Histórias de Aprendizagem ilustrarão o envolvimento de uma criança ao longo de vários dias ou semanas. A História de Aprendizagem de Veronica, intitulada *Um banquete de design*, ilustra seu envolvimento nesse projeto ao longo de algumas semanas após seu retorno do *lockdown* nacional (*rāhui*). São feitas conexões com Histórias de Aprendizagem anteriores, e sua competência como aprendiz é totalmente reconhecida.

Maio – Junho de 2020
Karen

Um banquete de *design*

Retornamos recentemente do *rāhui* nacional, e, Veronica, é tão bom estar de volta com você e seus amigos na unidade educacional. Sentimos falta de brincar com você e de compartilhar suas aventuras de aprendizagem. Veronica, posso ver que você voltou à unidade pronta, disposta e capaz de se entregar a experiências de aprendizagem significativas.

A área de colagem despertou seu interesse, e, hoje, notei você trabalhando aqui. Os palitos grandes de picolé despertaram seu interesse, e isso forneceu uma base para seu projeto. Você os arrumou em forma de estrela e os colou no lugar. Eu queria saber qual seria seu próximo plano; sugeri que talvez você gostasse de decorar sua estrela. Há pouco, as cestinhas foram preenchidas com cristais rosados brilhantes e botões pretos de borracha, e, com alguns olhos móveis, você criou um padrão em cada palito.

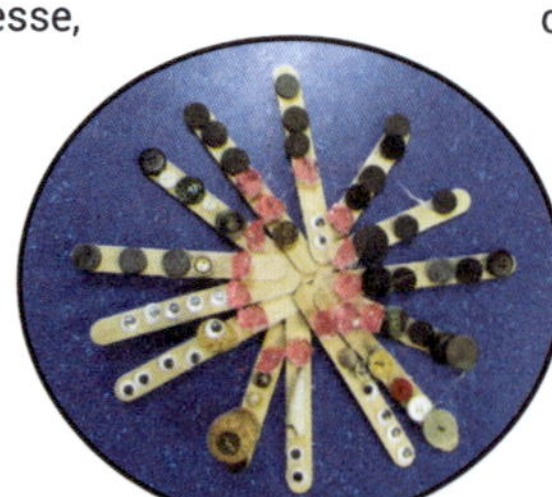

Seu trabalho foi muito detalhado, e você demorou bastante tempo colocando cada coisa cuidadosamente no lugar. O padrão que você criou deu vida ao seu projeto e sua criação chamou muito a atenção! Veronica, você ficou encantada com sua criação, sorrindo de orelha a orelha. Você compartilhou o seu trabalho orgulhosamente com todos os seus professores, e todos ficaram impressionados com sua criatividade e sua persistência em criar um projeto tão interessante.

Continua

Continuação

Outro dia começa

Os palitos grandes de picolé continuam a despertar sua curiosidade, Veronica, e, hoje, eu notei você trabalhando duro com colagens. Seu trabalho me lembrou da criação que você fez recentemente, e eu estava interessada em ver aonde sua exploração iria nos levar. Com o projeto básico concluído, você continuou a adicionar palitos de picolé, e pude ver que estava interessada em acrescentar camadas ao seu projeto. Isso criou um efeito multicamadas, e a colocação de cada palito de picolé preencheu o espaço da camada anterior. Essa criação foi mais complexa do que o seu último projeto, e posso ver por meio do envolvimento nesse processo de *design*: você está ampliando suas ideias.

Seu planejamento continuou, e você foi para o estúdio de pintura. Você trabalhou com tanto cuidado, tomou decisões ponderadas e mostrou que tinha intenções claras de como iria decorar esse projeto. As diferentes cores de tinta criaram o padrão do seu *design*; antes, você usava as peças soltas (cristais, pontos de borracha, botões e olhos móveis) e, hoje, você escolhe uma técnica diferente para finalizar o seu projeto.

Continua

Continuação

Outro dia começa

Hoje, palitos grandes de picolé seriam a escolha número um em seu projeto novamente. Seu trabalho e sua ideia de criar camadas evoluíram para criar uma forma diferente. Assim como em relação a seus projetos anteriores, fiquei muito impressionada com sua disposição de persistir com essa tarefa, e seu desejo de crescer e expandir sua aprendizagem é evidente à medida que você continua a liderar sua aprendizagem.

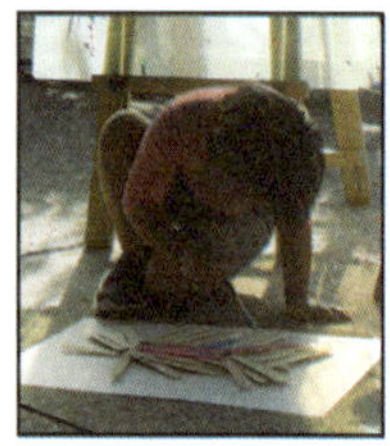

Mais uma vez, a pintura foi um elemento crucial em seu trabalho, e, como em sua última criação, seu cuidado e sua atenção aos detalhes devem ser elogiados. Essa é uma boa forma de trabalhar, Veronica, e é emocionante testemunhar uma criança tão inovadora em ação.

Outro dia começa

Hoje, você incluiu as rolhas como um recurso de *design* e passou um tempo explorando uma maneira diferente de usar os palitos grandes de picolé. Você inclui a altura como um elemento de sua produção e trabalhou para construir camadas umas sobre as outras, criando um efeito de torre. Também posso ver o elemento espaço neste projeto; você pode enxergar o outro lado através de cada camada.

Como vimos em seus trabalhos anteriores, você gosta de completar suas criações adicionando cores e continua com esse processo até hoje. Trabalhando com muito cuidado, você selecionou cores específicas para pintar as rolhas e os palitos, pintando a parte superior e inferior de cada palito, criando uma maravilhosa festa de cores nesta escultura.

Continua

Continuação

Outro dia começa

Veronica, você continua a nos surpreender com suas ideias e seus *designs* inovadores. As rolhas estão oferecendo diferentes possibilidades, e você está explorando maneiras de usá-las em suas esculturas. Tenho a sensação de que você gosta de ter um elemento-surpresa em seus projetos e, nesta escultura, você colocou uma pedra preciosa nos topos amarelos e, em seguida, cobriu com uma tampa azul.

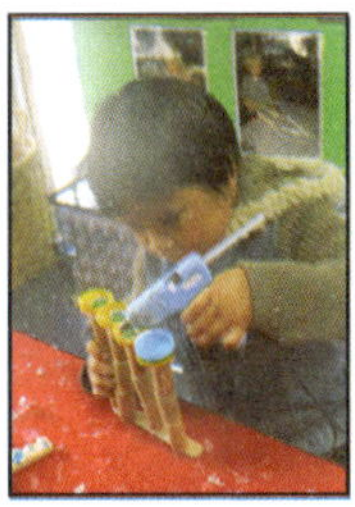

Que ideia empolgante, Veronica, e nós vemos o conceito de camadas surgindo neste projeto: você colocou as rolhas em camadas e, depois, as camadas no topo. Também posso ver que a escolha da cor lhe é importante, pois você passou um tempo vasculhando as cestas para encontrar o número certo de tampas amarelas, azul-claras e azul-escuras. Sua atenção aos detalhes está sustentando seu estilo de *design*, e isso está contribuindo para sua escultura.

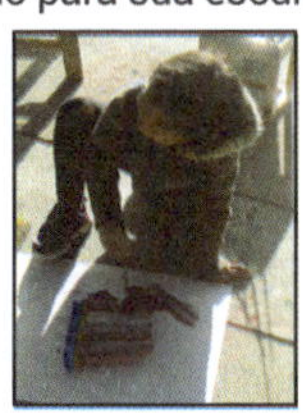

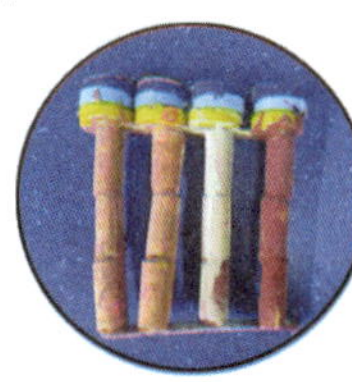

Outro dia começa

Os ladrilhos de vidro quadrados foram um novo recurso que adicionamos à área da colagem, e, Veronica, quando você percebeu esses ladrilhos brilhantes, você entrou em ação, projetando uma nova escultura. Hoje, foi um formato diferente de rolha que despertou o seu interesse, e você procurou na cesta para encontrar esse formato específico. Com a base do seu trabalho criada, você a decorou, usando ladrilhos de vidro quadrados, pedras preciosas, botões e olhinhos móveis. Uma escultura fascinante com características únicas de *design*!

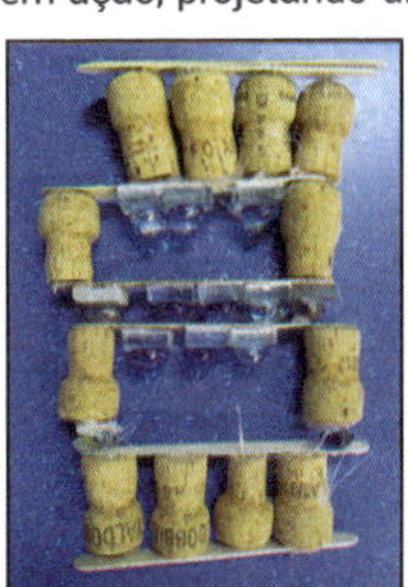

Continua

Continuação

Outro dia começa

Esta ideia de *design* surgiu do interesse do seu irmão, TJ, pela música. Hoje, você criou o teclado como um presente para ele. Que ideia fabulosa, Veronica! Não temos dúvidas de que TJ adorou seu presente especial.

 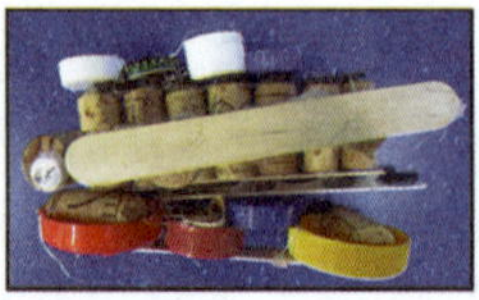 

Que tipo de aprendizagem eu vejo acontecendo com a Veronica?

Veronica, recentemente retornamos à Unidade Educacional após o *rāhui* nacional, e é tão gostoso estar de volta com você e seus amigos. Desde o nosso primeiro dia de volta, você tem se envolvido em experiências de aprendizagem significativas e seu trabalho na área da colagem tem sido importante para você. Esta História de Aprendizagem documenta seu trabalho durante algumas semanas e mostra como você desenvolveu suas ideias e explorou novas possibilidades. Você se baseou em sua exploração anterior e continuou a fazer descobertas. Suas esculturas têm *designs* inovadores, e tem sido empolgante fazer parte dessa jornada de aprendizagem com você, Veronica.
Em sua História de Aprendizagem chamada *Um design interessante*, Nadine sugeriu que envolver peças soltas seria útil para aumentar sua criatividade e sua imaginação, e posso ver que as peças soltas na área de colagem estimularam seu pensamento. Você é uma criança tão curiosa que está motivada para explorar e definir suas próprias tarefas e, por meio de seu desejo de criar e projetar, está testando ideias, experimentando possibilidades e aprendendo por tentativa e erro. Veronica, você desenvolvia suas ideias à medida que trabalhava, tinha um plano para fazer algo, mas acho que, no começo, você nem sempre sabia o que seria ou como seria. Essa é a natureza empolgante de estar envolvida em uma tarefa significativa, e suas ideias surgem durante o processo.
Veronica, sua aprendizagem, com certeza, foi caprichosa, e você ficou tão absorta no processo, teve tanto prazer em fazer descobertas e criar novas ideias. Isso a motivou a expandir ainda mais sua aprendizagem, criando sete projetos. Ao retornar à área da colagem, você criou a oportunidade para desenvolver seu pensamento criativo, para fazer e sua imaginação florescer e para seus projetos ficarem mais complexos.
Como vamos expandir essa aprendizagem? Veronica, gostaria de saber quais são os planos que você tem para sua aprendizagem. Você é uma criança capaz e confiante, que lidera sua aprendizagem e define seus próprios planos. Posso imaginar que você tenha ideias e planos borbulhando. Eu acho que as peças soltas são uma ferramenta fabulosa para fortalecer seu pensamento criativo e, portanto, continuaremos a acessar recursos inspiradores que irão despertar sua curiosidade e sua imaginação.

O que é *tinkering*?
É pensar com as mãos e aprender fazendo. É desacelerar e ficar curioso sobre a mecânica e os mistérios do cotidiano ao seu redor. É algo extravagante, agradável, repleto de becos sem saída, frustrante e, no final das contas, é sobre experimentação.

Karen Wilkinson e Mike Petrich (2014)

Continua

Continuação

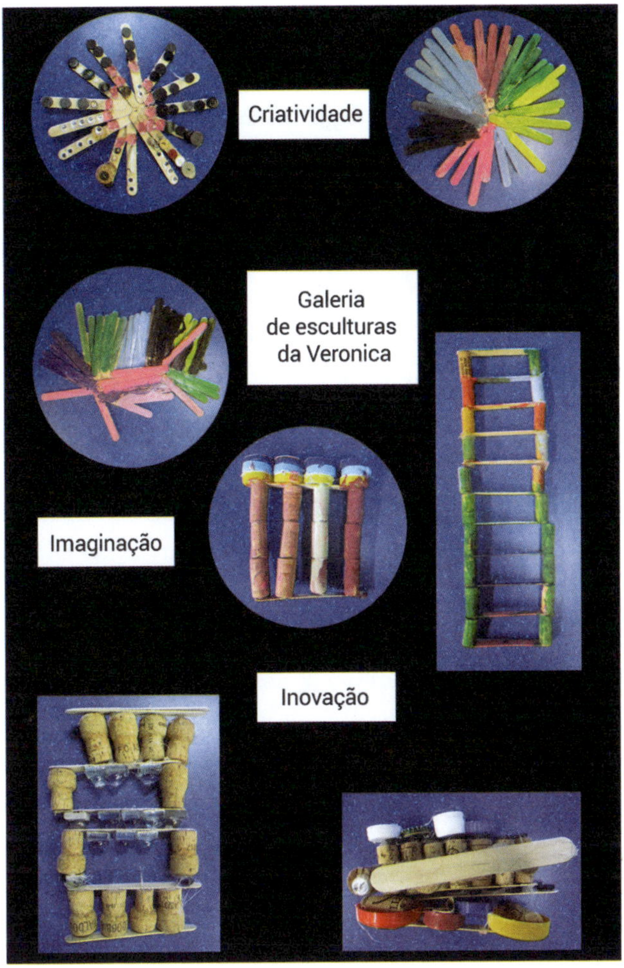

Figura 7.6 - Um banquete de *design*.

A importância da documentação na Educação Infantil tornou-se muito evidente. No entanto, o que e como documentamos é ainda mais importante. A documentação tem a capacidade de impactar profundamente a vida das crianças. As vozes delas estão se tornando cada vez mais fortes por meio do processo de avaliação das Histórias de Aprendizagem. Os portfólios têm se tornado uma rica fonte da história da criança, uma celebração da aprendizagem, compartilhada por crianças, pais e professores.

Planejamento pedagógico na Educação Infantil

Para introduzir a noção de planejamento, devemos, antes, deixar claro que não o vemos como algo linear, mas, sim, como uma gama complexa de possibilidades que sejam responsivas à criança. Dado que o planejamento precisa ser direcionado tanto para indivíduos quanto para grupos e precisa articular aprendizagem e experiências, uma abordagem multinível é necessária. Em primeiro lugar, devemos começar com a criança, como afirma Grandini (*apud* Chaltain, 2018): "Nossa abordagem oferece às crianças a oportunidade de perceber que suas ideias são diferentes e que têm um ponto de vista único".

Da mesma forma que em Malaguzzi (*apud* Cagliari *et al.*, 2016), o planejamento frequentemente é feito da perspectiva da criança, ouvindo-a profundamente e conectando-se com suas experiências. Essas ideias ecoam nas maneiras como registramos os sucessos individuais de nossas crianças enquanto nos esforçamos para capturar seus pontos fortes, suas paixões, seus interesses e seu espírito, usando a documentação formativa e as práticas de avaliação de Histórias de Aprendizagem (Carr, 1998, 2001). Mas e o planejamento em grupo e em longo prazo? Podemos usar as ideias de Malaguzzi e produzir uma documentação robusta e significativa, que satisfaça a todos os públicos? Esta seção explora esses dilemas e compartilha ideias que foram usadas pelo Roskill South Kindergarten em Aotearoa Nova Zelândia, para criar um caminho para o planejamento em grupo e em longo prazo que realmente os satisfaça e, também, à sua comunidade de aprendizes.

O planejamento é um sistema em constante evolução, à medida que os professores se esforçam para encontrar o que funciona melhor para eles e para sua comunidade de aprendizes. Já se foi o tempo em que os professores tinham que se distanciar e observar objetivamente, coletando informações enquanto evitavam qualquer contato ou participação nos eventos sendo registrados. Esses estilos mais antigos de planejamento, como sugerem Hatherly e Richardson (2007), "ignoram o rico efeito recíproco de interações de apoio que estimulam e permitem a aprendizagem". Isso pode, infelizmente, "fazer que os professores se concentrem nas fragilidades das crianças em vez de focalizarem seus interesses e pontos fortes mais reveladores".

Como Brierley (2013, p. 4) escreve:

> Os professores que se deram ao trabalho de pensar profundamente sobre o que entendem por planejamento, onde é evidenciado e como é documentado e compartilhado, têm a confiança de articular os "processos", a rica mistura e o entrelaçamento de perceber, reconhecer e responder que tentamos muito inserir em uma caixa chamada "planejamento". Confiando no "processo de reconceptualização da noção de planejamento", como Diti Hill convocou que os docentes fizessem.

E é isto o que Hill (2001, p. 12) convocou os professores a fazer:

> Os professores de Educação Infantil terão uma apreciação mais clara das mudanças nas relações de poder e do lugar da paixão no momento de aprendizagem quando permitirem que a sua compreensão de planejamento inclua uma dimensão de tempo, em que o planejamento se move livremente entre o futuro e o passado, e é realizado no presente.

À medida que o planejamento se torna mais sobre a aprendizagem para o "aqui e agora", os educadores/professores estão mudando a posição de ser o "professor" em um sentido hierárquico para se verem como coconstrutores do programa de aprendizagem, abraçando o conhecimento que lhes foi dado pelas crianças, por suas famílias e pela comunidade em geral. A equipe pedagógica do Roskill South Kindergarten acredita que esse novo tipo de planejamento, que já está sendo incorporado às Histórias de Aprendizagem, incentiva as crianças a direcionarem sua própria aprendizagem, apoiadas em uma parceria com seu(sua) colega: o(a) professor(a). Isso está totalmente de acordo com o *Te Whāriki*, o Currículo da Educação Infantil da Nova Zelândia.

Quando a equipe do Roskill South começou sua jornada com a equipe do Projeto de Liderança Educacional Ltda.,[15] em 2000, o foco principal era aprofundar seu conhecimento e sua compreensão das Histórias de Aprendizagem para tornar seus sistemas de documentação mais significativos para as crianças e suas famílias. Uma mudança importante foi trazer os portfólios de Histórias de Aprendizagem para a unidade educacional. Foi montada uma área específica com uma estante, para abrigar os portfólios, e um sofá, para tornar o espaço mais convidativo para as famílias se sentarem com seus filhos e compartilharem seus momentos de sucesso.

Desse modo, a equipe começou a perceber que essa revisitação estava se tornando um ritual matinal para muitas crianças, com essa área se tornando a primeira atividade do dia. A equipe também percebeu que as crianças pareciam estar usando essa "revisitação" como uma forma de buscar mais oportunidades para explorar, fortalecer e reavaliar os desafios a que elas haviam se proposto anteriormente.

FIGURA 7.7 - Estante que abriga os portfólios.

[15] N. do E.: no original em inglês, *Educational Leadership Project Ltd.*

Figura 7.8 - Espaço convidativo para familiares e crianças "revisitarem" o portfólio.

Os portfólios de Histórias de Aprendizagem, agora, estão fortemente incorporados ao currículo da maioria das unidades de Educação Infantil em Aotearoa Nova Zelândia. Eles foram inseridos na estrutura do Currículo, sendo os principais documentos curriculares da unidade. As crianças estão, assim, envolvidas com a sua própria aprendizagem e com a de outras crianças. Compartilhar seus portfólios é um evento regular, ajudando as crianças a fazerem conexões, auxiliando os professores, as crianças e os pais/responsáveis a construírem uma comunidade de aprendizes.

O corpo docente do Roskill South foi apresentado à noção de "perceber, reconhecer e responder" por meio do Projeto de Liderança Educacional e do trabalho do Projeto Nacional de Avaliação da Educação Infantil[16] *Kei Tua o Te Pae* (Carr, Lee e Jones, 2005, 2007, 2009). A equipe decidiu explorar esse processo de avaliação e começou a usá-lo em conjunto com as cinco disposições de aprendizagem do *Te Whāriki* como ponto de partida para sua documentação individual e para o planejamento. Essa combinação permitiu-lhes

[16] N. do E.: no original em inglês, *National ECE Assessment Project.*

fortalecer a capacidade de apontar a aprendizagem que estava ocorrendo para cada criança, ajudando-as a colocar em prática suas ideias e suas teorias. À medida que a equipe se familiarizava mais com esse ciclo, os profissionais se viam compartilhando mais regularmente entre si o que acontecera para indivíduos e grupos de crianças durante o dia. Esse compartilhamento permitiu que todos os professores estivessem muito cientes do que estava acontecendo com o grupo mais amplo no contexto da unidade. Foi criado um rico fórum para discussão, questionamento, reflexão, revisão e debate.

A equipe do Roskill South ficou entusiasmada com as mudanças que estavam ocorrendo e se perguntou: Esse novo método de planejamento individual poderia funcionar para *projetos em resposta aos interesses do grupo*? Assim, foi desenvolvido um processo de planejamento de programa mais responsivo com base nas Histórias de Aprendizagem, que, ao longo do tempo, foi adotado por outros. Hoje, o planejamento para os objetivos de aprendizagem de cada criança, que diz respeito apenas àquela criança, tem base, primeiramente, nas Histórias de Aprendizagem (gravadas e não gravadas).

O *Te Whāriki* pressupõe que o professor permita que a criança estabeleça seus próprios objetivos e manifeste sua agência. É o "Como podemos expandir a aprendizagem ou as oportunidades e as possibilidades desta criança?", e se trata da terceira parte da História de Aprendizagem, que envolve o professor ou a equipe pedagógica no planejamento. Precisamos estar cientes de que esse aspecto do planejamento deve ser deixado em aberto, a fim de permitir a responsividade à aprendizagem das crianças. Conforme Wells (1999, p. 318-9) afirma:

> [O] professor sempre tem que ser responsivo aos objetivos dos estudantes à medida que estes surgem no decorrer da atividade, e colaborar com eles na realização de seus objetivos individuais, para capacitá-los a estender seu domínio e, ao mesmo tempo, seu potencial para a continuidade de seu desenvolvimento. Da perspectiva do professor, portanto, estamos sempre visando a um alvo em movimento.

Em segundo lugar, o planejamento para o grupo mais amplo pode ser inspirado pelo interesse de uma ou de várias crianças por alguma coisa. Esse interesse se tornará visível com o tempo, conforme forem notados o envolvimento e a motivação de um grupo mais amplo de crianças em áreas específicas do programa. O planejamento tem o potencial de ampliar o pensamento das crianças e a resolução de problemas, além de aprofundar seu conhecimento e suas disposições.

O Projeto Nacional Exemplar[17] *Kei tua o te Pae* (Carr, Lee e Jones 2005, 2007, 2009) discutiu a metáfora: "quanto mais alto na montanha estivermos, maior será o horizonte. Olhando para a frente, além do horizonte (*kei tua o te pae*), não podemos ter certeza do nosso destino". A aprendizagem das crianças se desenvolve em várias direções ao mesmo tempo, e seu conceito do que torna um aprendiz competente também muda.

Escrevendo sobre avaliação, Broadfoot (2000, p. 297) diz:

> Cada vez mais, há a necessidade de aproveitar o poder dinâmico da avaliação educacional para motivar e capacitar os aprendizes [...]. O ponto central para esse projeto é a preparação dos estudantes com as habilidades e as atitudes necessárias para enfrentar os desafios de um mundo em constantes e aceleradas transformações. Isso inclui a autoconsciência como a base para o estabelecimento de metas individuais; a capacidade de escolha [...] e a criatividade [...].

Portanto, o planejamento pode ser exibido publicamente, ao longo do tempo, como um trabalho em andamento. Visualizamos esse tipo de planejamento como uma ondulação em um lago. Uma ideia central leva a desenvolvimentos e aprendizagens ao longo do tempo, à medida que os pensamentos das crianças e dos professores são discutidos, compartilhados e documentados. Deve-se pensar nisso como "pesquisa" ou 'investigação". Essa ideia sugere a noção de crianças e professores colaborando para aprender sobre algo em que têm interesse, mas que ainda não conhecem.

Em terceiro lugar, o planejamento pode ser inspirado por professores que trazem seus próprios conhecimentos profissionais sobre o

[17] N. do E.: no original em inglês, *National Exemplar Project*.

que é uma prática pedagogicamente sólida e o que é importante para a sociedade/comunidade em que vivem. Essa vertente pode ser uma forma de investigação do professor para iluminar e fortalecer aspectos da prática, além de impulsionada pela paixão do docente. Esse pode ser um foco que surge de uma revisão do *Te Whāriki*, por exemplo, reconhecer que mais coisas poderiam ser feitas para fornecer oportunidades equitativas de aprendizagem, independentemente de gênero, habilidade, idade, etnia ou origem. Também pode ser resultado de uma aprendizagem profissional a incorporação mais frequente de conhecimentos relacionados à matemática, às artes, à leitura e à escrita nas proposições das crianças. Esse planejamento será exibido publicamente e incluirá experiências e amplos objetivos de aprendizagem.

Histórias de Interesse

A noção de Histórias de Planejamento e Histórias de Interesse surgiu do Roskill South Kindergarten. Foi o primeiro cenário em que essas Histórias foram originalmente desenvolvidas (Lee *et al.*, 2013). Tudo começou com as Histórias de Planejamento e mudou para as Histórias de Interesse à medida que a equipe desenvolveu uma compreensão mais profunda das teorias e das práticas que exploravam. O desejo do Roskill South Kindergarten de utilizar sua documentação individual e suas práticas de avaliação influenciou a noção de como pode ser o planejamento. Assegurar esse planejamento se conectava intrinsecamente à aprendizagem individual das crianças.

Histórias de Interesse exploram as possibilidades em torno da incorporação de Histórias de Aprendizagem em um sistema que documenta *grupos de crianças* enquanto estabelecem metas e direcionam sua própria aprendizagem. Ademais, as Histórias de Interesse examinam as maneiras pelas quais a aprendizagem das crianças é sustentada pelos princípios, pelos fios e pelas metas do *Te Whāriki*, e podem incluir e beneficiar a comunidade como um todo.

Fleet e Patterson (1998) explicam a importância de desafiar crianças e professores a "irem além de experiências isoladas e desconectadas e encorajarem investigações mais amplas ao longo do tempo". Histórias de Interesse fazem exatamente isso, oferecendo às crianças tempo e espaço para explorar interesses, examinar teorias, desenvolver estratégias de resolução de problemas e expressar-se em um período de tempo não específico, em vez de professores predeterminarem temas, predefinirem resultados de aprendizagem e especificarem prazos. A beleza que subjaz a esse tipo de planejamento de grupo é o fato de que ele permite que os interesses das crianças se dissipem, dando a cada criança tempo para planejar, revisitar e refletir sobre sua posição atual de uma forma significativa e não limitada por horários. Carr e Lee (2019) argumentaram:

> [...] que uma das tarefas de avaliação [e planejamento] para os professores é gerenciar a ambiguidade e a incerteza, e a metáfora da aprendizagem nos primeiros anos como um "emaranhado" nos convida agora a tentar tornar o tema do progresso menos incerto.

Como Rinaldi afirma (2006, p. 131-2):

> [...] a aprendizagem não se dá de forma linear, determinada e determinística, por etapas progressivas e previsíveis, mas se constrói por meio de avanços, paralisações e "recuos" que tomam várias direções.

A Figura 7.9 ilustra algumas das primeiras Histórias de Planejamento e Histórias de Interesse desenvolvidas pelo Roskill South Kindergarten. As duas primeiras Histórias de Planejamento (*Super-heróis* e *Interesse pela natureza*) tornaram-se a base para as histórias subsequentes conforme a prática pedagógica continuou a evoluir e se aprofundar. Carr e Lee (2012) afirmam:

> Um crescente reconhecimento do valor dos professores como pesquisadores em suas vidas profissionais cotidianas – isso tem se refletido no rápido crescimento da pesquisa-ação ou projetos de investigação prática, nos quais professores pesquisadores e pesquisadores universitários trabalham juntos para investigar e teorizar a prática educacional.

Com essas fortes ideias teóricas sustentando seu ambiente responsivo de ensino e aprendizagem, o Roskill South construiu um forte compromisso por meio de seu envolvimento em projetos de pesquisa com Margaret Carr e Wendy Lee ao longo de vários anos. Essa noção da primeira História de Interesse surgiu no Projeto do Centro de Inovação,[18] que foi uma colaboração entre a equipe de ensino do Roskill South e as professoras Margaret Carr e Wendy Lee. Esse Projeto do Centro de Inovação enfocou o fortalecimento da aprendizagem e do ensino usando a Tecnologia de Comunicação e Informação (ICT) (Ramsey *et al.*, 2006).

FIGURA 7.9 - Histórias de Interesse prévias.

1 História de Planejamento | *Super-heróis*
2 História de Planejamento | *Interesse pela natureza*
3 História de Planejamento da área de colagem
4 História de Planejamento | Comemoração
5 História de Interesse | *Pintura facial e corporal*
6 História de Interesse | *Materiais manipulativos* (contas furadas para passar fio)
7 História de Interesse | *Um lugar mágico!* | Uma comunidade de crianças e a criação de um ambiente externo inovador de ensino e aprendizagem
8 Unidade Educacional Bush em Roskill South
9 Gentileza
10 História de Interesse | *Contação de histórias – uma ferramenta multimodal de letramento*
11 *Comida na Unidade Educacional*

[18] N. do E.: no original em inglês, *Centre of Innovation Project*.

Um dos aspectos significativos na documentação de uma História de Interesse é o papel do reconhecimento, ou o que alguns podem chamar de planejamento retrospectivo. Isso fica evidente quando os professores começam a considerar quais aspectos do programa garantem uma História de Interesse completa, o que será marcado, principalmente, pelo volume de documentação que se acumulou na forma de Histórias de Aprendizagem individuais em determinado aspecto do programa. Requer um envolvimento profundo e cuidadoso dos professores em todos os aspectos do processo de planejamento. Esse processo é apoiado por Rinaldi (1998), que comenta:

> [...] falamos de planejamento do professor no sentido de preparação, organização do espaço, materiais, pensamentos, situações e ocasiões para aprendizagem. Isso envolve a comunicação entre os três protagonistas e parceiros interativos do processo educacional: crianças, educadores e famílias.

Fleet e Patterson (1998) também compartilham dessa visão, dizendo:

> É essencial garantir que todas as partes interessadas sejam não apenas encorajadas a participar, mas também empoderadas para colaborarem com os processos de tomada de decisão.

Crook (2002) enfatiza a importância de "encorajar a aprendizagem significativa e profunda, a colaboração entre alunos e as parcerias entre professores, aprendizes e suas famílias."

O Roskill South também acredita que essas relações recíprocas são vitais para beneficiar o aprendiz. Histórias de Interesse documentam retrospectivamente a aprendizagem em grupo e oferecem às crianças, às famílias/*whānau* e aos professores tempo e espaço para explorar interesses, examinar teorias, desenvolver estratégias de resolução de problemas e se expressar ao longo de um período de tempo. As Histórias de Interesse geralmente duram um ano ou mais. Isso significa que os professores não predeterminam temas, não predefinem resultados de aprendizagem nem especificam prazos. Em vez disso, eles percebem, reconhecem e respondem às ideias e aos interesses das crianças, além de apoiarem sua aprendizagem por meio de experiências significativas. Trata-se do ensino em sua melhor forma. As Histórias de Interesse também mostram como o currículo se desenvolveu ao longo do tempo. Elas examinam a maneira pela qual a aprendizagem das crianças, sustentada pelos princípios, pelos fios e pelas metas do *Te Whāriki*, pode incluir e empoderar a comunidade de aprendizagem.

Para dar vida a uma História de Interesse, os professores reúnem toda a documentação desenvolvida ao longo do tempo numa área de interesse. Eles ponderam e se perguntam sobre os projetos de ensino e aprendizagem em vigor. Os professores escolhem algumas das perguntas a seguir para explorar como parte da construção da História de Interesse.

- Como tudo começou?
- Que aprendizagem está acontecendo aqui?
- Como o interesse foi mantido?
- Como incentivamos a complexidade?
- O que apoiou a continuidade?
- O que nos surpreendeu?
- As reflexões das crianças provêm de suas famílias?
- Quem foram os planejadores?
- Quais foram as influências externas?
- Que mudanças de prática experimentamos?
- Podemos fazer conexões com teoria e pesquisa?
- Que ideias teóricas exploramos?
- Como isso reflete e informa nossas crenças sobre o ensino efetivo?
- Que conexões podemos fazer com o Currículo da Nova Zelândia?
- O que podemos fazer de maneira diferente na próxima vez?

A redação da História de Interesse é realizada como uma tarefa colaborativa. Todos os professores contribuem ao longo do processo. No momento em que a documentação é desenvolvida, a História de Interesse já está embutida no programa. Cada História de Interesse ilustra a profundidade e o significado da cultura de aprendizagem da unidade educacional.

Outro exemplo mais recente de uma História de Interesse é mostrado a seguir. Como essa História de Interesse começou? A base dessa História de Interesse foi uma oportunidade de aprendizagem profissional de seis meses com o Projeto de Liderança Educacional. A equipe docente do Roskill South identificou que desejava colocar a matemática como foco de sua prática pedagógica e se envolver em uma investigação que ampliasse tanto suas aprendizagens quanto as das crianças.

O que se segue é apenas uma pequena demonstração da documentação de uma História de Interesse intitulada *Hábitos matemáticos da mente*. A documentação completa tem mais de setenta páginas. Aqui, selecionamos seis páginas para iluminar/ilustrar a documentação.

***Te Aho Tukutuku*[19] é um recurso do Ministério da Educação criado para apoiar e fortalecer o ensino e a aprendizagem da matemática na Educação Infantil. Descobrimos isso junto com a estrutura *Te Kākano*,[20] uma ferramenta útil para reflexão sobre o crescimento de ricas experiências de aprendizagem matemática. *Te Aho Tukutuku* reconhece o movimento e o desdobramento de "*te kore, ki te po, ki te ao marama*" ("do nada, para a noite, para o mundo da luz") e a natureza dinâmica e integrada ao longo da vida da aprendizagem matemática.**

Te Aho Tukutuku | Matemática Inicial

Continua

[19] N. do E.: em tradução livre, "matemática inicial". Trata-se de um documento desenvolvido pelo Ministério da Educação da Nova Zelândia, em que estabelece as bases para a matemática inicial para Educação Infantil, apoiando as crianças para o letramento matemático. Essas ideias são discutidas em Carr, Lee e Jones (2009).

[20] N. do E.: em tradução livre, "a semente".

Continuação

Continua

[21] N. do E.: conforme brevemente mencionado em uma citação contida na Figura 7.6, *tinkering* é uma metodologia de aprendizagem "mão na massa". No caso apresentado aqui, as crianças fazem bricolagem, mas, além de construir, o conceito abrange fazer suas próprias perguntas, observações, compartilhar o que se descobriu e testar suas ideias em tempo real com coisas reais. Apesar da semelhança na metodologia com a aprendizagem *maker* ("faça você mesmo"), há diferenças significativas entre ambos. *Tinkering* é mais sobre explorar enquanto você está fazendo e construindo, já o *maker* é sobre construir seguindo instruções.

Continuação

Pergunta central e perguntas individuais

Pergunta central: Como é a aprendizagem matemática através das lentes do *Te Whāriki de 2017?*

Karen: Como as peças soltas e o desenvolvimento do pensamento divergente podem fortalecer a identidade das crianças como aprendizes de matemática?

Kim: Como podemos aumentar a curiosidade das crianças e a exploração matemática por meio da noção de *tinkering*?

Nadine: Como os padrões da natureza estimulam a curiosidade das crianças e desenvolvem seu pensamento matemático?

Professores desenvolveram planos de ação individuais, ações foram identificadas, prazos foram definidos e professores identificaram indicadores de prática de ensino.

Reflexão de Kim

Foto de antes

No início... nossa área de carpintaria era uma excelente fonte de inspiração para... roupas! Sim, foi onde nossos objetos perdidos foram parar e, para ser honesta, muito pouca exploração de carpintaria aconteceu! Minha ideia era organizar uma área que promovesse a proposta de *tinkering*, então, minha pesquisa começou enquanto eu procurava encontrar uma variedade de recursos e criar um ambiente que provocasse curiosidade, criatividade, exploração/experimentação e pensamento matemático. Comecei mudando o ambiente, e o que, antes, era a Área de Carpintaria virou um espaço com ferramentas de verdade, para provocar o uso de uma variedade de peças soltas. Agora, tornou-se conhecido como "*Tinkering Lab*".[22] Inicialmente, obtive pequenas rodas de plástico da Kids Carpentry[23] e, depois, comecei a coletar garrafas de plástico e tampinhas para oferecer às crianças uma variedade de escolhas.

Continua

[22] N. do E.: em tradução livre, Laboratório de *Tinkering*.

[23] N. do E.: trata-se de uma loja de materiais de carpintaria para crianças e professores.

Continuação

Kim continua...

Minha pergunta inicial foi: "Como podemos despertar a curiosidade e a exploração matemática das crianças por meio da noção de *tinkering*?". Após fazer o que foi anteriormente relatado, ontem, montamos uma área, que é um trabalho em andamento, e, no momento de trabalhar com a matemática, conversamos com as crianças sobre o uso das ferramentas e dos diversos recursos que temos à disposição para elas explorarem/experimentarem (*tinker*). Adoro essa descrição de *tinkering* e espero que isso dê a vocês [pais/responsáveis] uma visão sobre a aprendizagem que está acontecendo com seus filhos enquanto eles exploram/experimentam (*tinker*).

"Quando você está explorando/experimentando (*tinker*), não está seguindo um conjunto de instruções passo a passo que leva a um resultado final previamente planejado. Em vez disso, está questionando suas suposições sobre como algo funciona e está investigando do seu jeito."

Por meio do *tinkering*, as crianças estão desenvolvendo hábitos mentais matemáticos (disposições), pois estão envolvidas em curiosidade, tentativa e erro, criatividade, projeto, resolução de problemas, crítica e reflexão, para citar alguns. Aqui estão algumas fotos das crianças trabalhando nos últimos dois dias e o que elas criaram até agora. Sim, essas são ferramentas poderosas que as crianças estão usando!

Continua

Continuação

Feedback whānau[24]

"Havia *muitas* peças diferentes para as crianças brincarem, então, seria interessante ver como elas as usaram em seis meses. Como as peças são materiais abertos, permitem que a imaginação faça com elas o que quiserem! Imagino que a brincadeira delas seria muito diferente cada vez que usassem esse recurso. Eu gostei do fato de que todas as bolsas estavam etiquetadas! Isso permitiu que meus dois filhos arrumassem todas as peças sem mim. Haha! Definitivamente uma vitória, embora a costura de algumas bolsas tenha se rompido. Obrigada por nos deixar experimentar esse novo pacote! Nós nos divertimos muito!" *Halee*

Feedback whānau

"A bolsa com peças soltas tem sido um sucesso! Monae, em particular, tem gostado muito de criar e de fazer *tinkering* com diferentes ideias e padrões. Ela está contando, usando muitas palavras descritivas, atentando-se para a simetria e a assimetria, somando, subtraindo e se divertindo! Ela parece adorar a liberdade criativa... Curiosamente, Monae nunca gostou tanto de "brinquedos", optando por estar fisicamente no trampolim/trepa-trepa, cuidando de seus brinquedos fofinhos (ou Reuben) etc. ou saindo e ajudando em casa... Então, é legal ver o quanto ela amou o *tinkering*." *Janelle*

Continua

[24] N. do E.: "*feedback* da família", em tradução livre.

Continuação

Reflexão da equipe docente

Matemática: muito mais do que contar e números

Superficialmente, a matemática pode se restringir apenas a números e contagem, e, antes de entrarmos nessa investigação, nosso conhecimento e nossa compreensão sobre a aprendizagem matemática das crianças estava muito no "nível superficial". O que descobrimos, e o que realmente nos anima, é o fato de que os principais hábitos mentais que as crianças precisam desenvolver para serem bem-sucedidas na aprendizagem da matemática incluem a curiosidade, a criatividade, a resolução de problemas, a invenção, a exploração, o pensamento divergente e as brincadeiras relacionadas à busca de soluções (*problem-playing*). Nossas perguntas de investigação ajudaram as crianças a ampliarem suas formas de pensar por meio de oportunidades de brincadeira que envolviam a aprendizagem matemática. Sabemos que o conhecimento e a compreensão matemática das crianças são promovidos com sucesso se uma abordagem investigativa para a exploração matemática for valorizada. Nosso ambiente de aprendizagem é rico em recursos e é configurado de uma forma que inspira a curiosidade e o desejo das crianças de explorarem, investigarem e desenvolverem o pensamento matemático.

> "O processo de pensar, a maneira de ver as coisas e as formas de pensar usadas pelos matemáticos serão espelhados em sistemas que influenciarão quase todos os aspectos de nossa vida diária". (Cuoco, Goldenberg e Mark, 1996, p. 401)

Te Whāriki reconhece a importância de as crianças aprenderem matemática por meio de atividades intencionais. Então, quando as crianças estão envolvidas em sua própria aprendizagem e se engajando em experimentar (*tinkering*), explorar padrões e criar projetos com uma variedade de peças soltas, em todos os ambientes de aprendizagem, sabemos que sua aprendizagem é autêntica e significativa.

Continua

Continuação

Reflexão da equipe docente

Em reflexão

Em reflexão, reforçamos a enorme importância de ter um ambiente de aprendizagem rico em recursos, que tenha ferramentas de verdade e equipamentos que funcionem. Os exercícios foram recursos que estimularam o envolvimento das crianças na exploração matemática e inspiraram sua criatividade e seu pensamento divergente. Estávamos cientes de como nosso ambiente foi configurado, dos recursos dentro dele e de como foi apresentado, pois temos uma profunda consciência do poder que o ambiente de aprendizagem tem. Ao longo dessa pesquisa, também fomos lembradas dos "bons velhos tempos", em que os professores coletavam muitos tipos diferentes de peças soltas para as crianças usarem em sua aprendizagem. Com o tempo, passamos a adquirir recursos "novos e brilhantes", o que se tornou uma opção mais fácil, principalmente porque os professores têm cada vez menos tempo para coletar recursos sozinhos e temos mais recursos em nossos orçamentos para tais compras. No entanto, esse processo nos ajudou a buscar novamente elementos naturais e domésticos e peças soltas para inspirar a criatividade das crianças, e as famílias responderam contribuindo também para isso. Um dos desafios que encontramos (e continuamos a enfrentar) foi acessar recursos para as crianças desmontarem, como aparelhos de som antigos, impressoras, despertadores etc.

Sabemos, e as pesquisas nos dizem, que o melhor tipo de aprendizagem ocorre quando as crianças se envolvem com pessoas, lugares e coisas, por meio da participação e dos relacionamentos, muitas vezes, com resultados complexos, e por meio de um ambiente de aprendizagem de alta qualidade. Precisávamos garantir que estávamos proporcionando um ambiente onde as crianças tivessem oportunidades de se envolver em pensamentos complexos com outras pessoas e de participar de experiências matemáticas significativas e autodirigidas.

> "Cuidado com o que você ensina: isso pode interferir no que eles estão aprendendo."
>
> *Magda Gerber*

Figura 7.10 – Hábitos matemáticos da mente.

Essa História de Interesse ilustra o escopo da documentação derivada das Histórias de Aprendizagem e como a reflexão sobre esse projeto em matemática influenciou o ambiente de aprendizagem na comunidade do Roskill South Kindergarten ao longo do tempo. A documentação demonstra "mudanças na prática" e as maneiras pelas quais novas ideias teóricas informaram e influenciaram a comunidade docente.

Considerações finais

A avaliação em forma de narrativa, como uma História de Aprendizagem, mantém uma conexão entre o aprendiz individualmente, a comunidade de aprendizes e o ambiente. Ela descreve a criança em ação (Wertsch, 1991). Aprender Histórias de Aprendizagem e Histórias de Interesse também pode ser uma defesa da Educação Infantil. Por exemplo, um dos pais, no primeiro projeto de avaliação, comentou: "Como pai, as Histórias de Aprendizagem conferiram a mim uma nova perspectiva ao que parece ser simplesmente uma 'brincadeira'" (Carr, 2001, p. 180).

Portfólios Individuais e documentação de Histórias de Interesse também se tornam artefatos de letramento, apreciados por crianças, pais e professores. As crianças demonstram compreender que os adultos valorizam sua aprendizagem. Elas, então, participam ativamente na coleta de documentação de seu trabalho. Por exemplo, elas costumam instruir os adultos a "*escreverem isso*" ou perguntar "*Você vai colocar isso no meu portfólio?*". Rinaldi (2001) discute a importância de estimular a revisitação, a interpretação e o "reconhecimento" como importantes para o processo de construção do conhecimento. Não há dúvida de que os portfólios de Histórias de Aprendizagem e Histórias de Interesse oferecem ricas oportunidades para as crianças revisitarem suas experiências anteriores.

A documentação pedagógica é uma maneira poderosa não apenas de apoiar a aprendizagem, mas também de nutrir as futuras oportunidades de cada criança e da comunidade de aprendizagem. Aspectos bem-sucedidos do trabalho que está sendo realizado em Aotearoa Nova Zelândia incluem:

- documentação baseada no modelo de crédito;
- múltiplas vozes (de professores, crianças e pais);
- fortalecimento das relações recíprocas entre crianças, professores e pais;
- acessibilidade dos portfólios e das Histórias de Interesse e integração da avaliação com o Currículo para crianças, pais e professores em todos os momentos;
- dar visibilidade da aprendizagem para os pais e as crianças;
- uso de tecnologia digital e gravação fotográfica para aumentar a acessibilidade para crianças e pais.

As Histórias de Aprendizagem e as Histórias de Interesse formam a documentação pedagógica, que é o centro do trabalho da Educação Infantil. Os ambientes da Educação Infantil devem ser locais de grande expectativa, de curiosidade e de poderosas disposições para a aprendizagem. Devem ser lugares onde educadores e professores possam construir uma comunidade de aprendizes prontos para questionar sua prática, ficar confortáveis em um ambiente de incerteza e assumir riscos na aprendizagem, esperando, dessa forma, que as crianças se tornem cada vez mais apaixonadas na condução de sua própria aprendizagem.

Continuamos a explorar as maneiras pelas quais podemos ser verdadeiramente receptivos à ideia de que todas as crianças são capazes de estabelecer seus próprios objetivos de aprendizagem. É preciso tornar essa poderosa narrativa visível para a criança, a família e todos os interessados na vida de aprendizagem das crianças. Esta é uma jornada estimulante e dinâmica, enriquecida pelas paixões e pelas potencialidades de todos os envolvidos no processo.

Reconhecimentos

Nossos agradecimentos vão, primeiro, para Margaret Carr, que desenvolveu a ideia de Histórias de Aprendizagem por meio de pesquisas com professores que estavam explorando como seria a avaliação com o novo Currículo *Te Whāriki*. Foi a inspiração dela! Muito obrigado ao Ministério da Educação da Nova Zelândia que, ao longo dos anos, financiou os projetos de avaliação e desenvolvimento profissional que forneceram os dados para este capítulo. Agradecemos, também, aos professores da Educação Infantil, às famílias e às e crianças que nos contaram histórias e nos deram permissão para incluí-las neste capítulo. Agradecimentos especiais ao Roskill South Kindergarten, cujas histórias contribuíram com riqueza e profundidade para este trabalho. Suas histórias demonstram relações fortes, respeitosas e recíprocas (que fazem parte da cultura da unidade educacional) entre professores, crianças e suas famílias. Em particular, agradecemos aos funcionários (tanto aos atuais quanto aos que não trabalham mais na instituição) do Roskill South Kindergarten por suas contribuições para a jornada de escrever e documentar Histórias de Interesse. Esses professores são Karen Ramsey, Kim Parkinson, Nadine Priebs, Jacki Sturm e Jane Breem. Sua contribuição influenciou profundamente esse trabalho.

Referências

BISHOP, R.; GLYNN, T. *Culture counts*: changing power relations in education. Palmerston North: Dunmore, 998.

BRIERLEY, A. Passionately interested in planning (Still). *Educational Leadership Project*, 2013. Disponível em: https://elp.co.nz/files/brierley_alison_passionately_interested_in_planning_still-2.pdf. Acesso em: 3 mar. 2023.

BROADFOOT, P. Assessment and intuition. *In*: ATKINSON, T.; CLAXTON, G. (ed.). *The intuitive practitioner*: on the value of not always knowing what one is doing. Buckingham: Open University Press, 2000.

BRONFENBRENNER, U. *The ecology of human development*: experiments by design and nature. Cambridge, MA: Harvard University Press, 1979.

BRUNER, J. *Making stories, law, literature, life*. Cambridge, MA: Harvard University Press, 2002.

CAGLIARI, P. *et al. Loris Malaguzzi and the schools of Reggio Emilia*: a selection of his writings and his speeches. London: Routledge, 2016.

CARR, M. *Assessment in early childhood settings*: learning stories. London: Paul Chapman, 2001.

CARR, M. *Assessment of children's experiences in early childhood settings*: final report to the Ministry of Education (Parts 1 and 2). Wellington: Learning Media, 1998.

CARR, M.; LEE, W. *Learning stories*: constructing learner identities in early education. London: SAGE Publishing, 2012.

CARR, M.; LEE, W. *Learning stories in practice*. London: SAGE Publishing, 2019.

CARR, M.; LEE, W.; JONES, C. *Kei tua o te pae. Assessment for learning:* early childhood exemplars. Books 1-20. A resource prepared for the Ministry of Education. Wellington: Learning Media, 2009.

CHALTAIN, S. The most famous nursery schools in the world-and what they can teach us. *Medium*, 28 nov. 2018. Disponível em: https://samchaltain.medium.com/the-most-famous-nursery-schools-in-the-world-and-what-they-can-teach-us-837c3be5034b. Acesso em: 3 mar. 2023.

COVEY, S. R. *Living the seven habits*: stories of courage and inspiration. New York: Simon and Schuster, 1999.

COWIE, B. *Formative assessment in science classrooms*. 2000. 331 p. Tese (Doutorado em Filosofia) – University of Waikato, Hamilton, 2000. Disponível em: https://researchcommons.waikato.ac.nz/bitstream/handle/10289/14793/thesis.pdf?sequence=1&isAllowed=y. Acesso em: 24 mar. 2023.

CROOKS, T. Assessment, accountability and achievement: principles, possibilities and pitfalls. *In*: ANNUAL CONFERENCE OF THE NEW ZEALAND, 24., 2002, Palmerston North. *Annals* [...]. Palmerston North: Association for Research in Education, 2002.

CUOCO, A.; GOLDENBERG, E. P.; MARK, J. Habits of mind: an organizing principle for mathematics curriculua. *Journal of Mathematical Behavior*, n. 15, p. 375-402, 1996.

DALY, L.; BELOGLOVSKY, M. *Loose parts*: inspiring play in young children. St. Paul, MN: Redleaf, 2014.

DELANEY, R.; DAY, L.; CHAMBERS, M. *Learning power heroes*. Bristol: TLO, 2009.

DRUMMOND, M. J. *Assessing children's learning*. London: David Fulton Publishers, 1993.

DWECK, C. *Mindset*: the new psychology of success. New York: Random House, 2006.

FLEET, A.; PATTERSON, C. Beyond the boxes: planning for real knowledge and live children. *Australian Journal of Early Childhood*, v. 23, n. 4, p. 31-5, 1998.

GIPPS, C. Sociocultural perspectives on assessment. *In*: WELLS, G.; CLAXTON, G. (ed.) *Learning for life in the 21st century*: sociocultural perspectives on the future of education. London: Blackwell, 2001.

HATHERLY, A.; RICHARDSON, C. Building connections: assessments and evaluation revisited. *In*: KEESING-STYLES, L.; HEDGES, H. (ed.). *Theorising early childhood practice*: emerging dialogues. Jamberoon: Pademelon Press, 2007.

HILL, D. Passion, power and planning in the early childhood centre. The first years: ngā tau tuatahi. *New Zealand Journal of Infant and Toddler Education*, v. 15, n. 2, p. 10-13, 2001.

LEE, W. *et al. Understanding the Te Whāriki approach*: early years education in practice. London: Routledge, 2013.

NEW ZEALAND. Ministry of Education. *Te Whāriki*: he whāriki mātauranga mō ngā mokopuna o Aotearoa – early childhood curriculum. Wellington: Learning Media, 1996.

NEW ZEALAND. Ministry of Education. *Te Whāriki:* he whāriki mātauranga mō ngā mokopuna o Aotearoa – early childhood curriculum. Wellington: Ministry of Education, 2017. Disponível em: https://www.education.govt.nz/assets/Documents/Early-Childhood/ELS-Te-Whariki-Early-Childhood-Curriculum-ENG-Web.pdf. Acesso em: 3 mar. 2023.

NICHOLSON, S. How not to cheat children: the theory of loose parts. *Landscape Architecture*, v. 62, p. 30-34, 1971.

RAMSEY, K. *et al. Roskill South Kindergarten*: strengthening learning and teaching using ICT. Hamilton: Education Counts, 2006. Disponível em: https://www.educationcounts.govt.nz/__data/assets/pdf_file/0013/22603/Roskill-South-Kindergarten-COI-2003-2006.pdf. Acesso em: 24 mar. 2023.

REEDY, T.; REEDY, T. Te Whāriki: a tapestry of life. *In*: NEW ZEALAND CONFERENCE ON ECEC IN COOPERATION WITH THE OECD ECEC NETWORK, CURRICULUM

IMPLEMENTATION IN ECEC: TE WHĀRIKI IN INTERNATIONAL PERSPECTIVE, 2013. Wellington. *Annals* [...]. Wellington: OECDC, 2013. Disponível em: www.lead.ece.govt.nz/ManagementInformation/RecentAnnouncements/OECDConference.aspx. Acesso em: 6 mar. 2023.

RINALDI, C. *Dialogue with Reggio Emilia*: listening, researching and learning. London: Routledge, 2006.

RINALDI, C. Documentation and assessment: what is the relationship? *In:* RINALDI, C. *Making learning visible*: children as individual and group learners. Reggio Emilia: Reggio Children, 2001.

RINALDI, C. Projected curriculum constructed through documentation – progettazione: an interview with Lela Gandini. *In*: EDWARDS, C.; GANDINI, L.; FORMAN, G. (ed.). *The hundred languages of children*: the Reggio Emilia approach – advanced reflections. Connecticut: Ablex, 1998.

RITCHIE, J. A fantastical journey reimagining Te Whāriki. *Early Childhood Folio*, v. 22, n.1, p. 9-14, 2018.

SMITH, G. H. Theorizing indigenous transformation of education and schooling. *In*: NZARE/AARE JOINT CONFERENCE, 1., 2003, Auckland. *Kaupapa Maori Symposium*. Auckland: NZARE/AARE, 2003. Disponível em: https://www.aare.edu.au/data/publications/2003/pih03342.pdf. Acesso em: 22 mar. 2023.

VYGOTSKY, L. S. *Mind in society*: the development of higher psychological processes. Cambridge, MA: Harvard University Press, 1978.

VYGOTSKY, L. S. Thinking and speech. *In*: REIBER, R.; CARTON, A. *The Collected works*. Tradução: N. Minick. New York: Plenum, 1987. v. 1, p. 39-285.

WELLS, G. *Dialogic inquiry:* towards a sociocultural practice and theory of education. Cambridge: Cambridge University Press, 1999.

WENGER, E. *Communities of practice:* learning, meaning and identity. Cambridge: Cambridge University Press, 1998.

WERTSCH, J. V. *Voices of the mind*: a sociocultural approach to mediated action. Cambridge, MA: Harvard University Press, 1991.

WILKINSON, K.; PETRICH, M. *The art of tinkering*: meet 150+ makers working at the intersection of art, science and technology. San Rafael, CA: Weldon Owen, 2014. Disponível em: https://web.media.mit.edu/~mres/download/Art-of-Tinkering.pdf. Acesso em: 23 mar. 2023.

As autoras

Karen Ramsey

Karen Ramsey é a diretora do Roskill South Kindergarten em Auckland e faz parte dessa comunidade de aprendizado desde julho de 1997. Em 2000, Karen participou do programa de desenvolvimento profissional do Education Leadership Project e, por meio de pesquisa-ação, descobriu o poder de Histórias de Aprendizagem. Isso transformou as práticas de ensino-aprendizagem de Karen, despertando seu interesse e sua paixão por documentar a aprendizagem das crianças e coconstruir o Currículo com elas, com suas famílias (*whānau*) e com professores. Karen é apaixonada por incentivar e desenvolver disposições de aprendizagem e acredita que isso fomenta o amor pela aprendizagem ao longo da vida para todas as crianças.

Além disso, Karen liderou a equipe que foi finalista no New Zealand Prime Ministers Awards [Prêmio dos Primeiros Ministros da Nova Zelândia, em tradução livre] por *Atahāpara* – Excelência em Engajamento e também foi a pesquisadora principal do projeto de pesquisa-ação de três anos, realizado como um Centro de Inovação com a Universidade de Waikato. A comunidade Roskill South Kindergarten compartilhou generosamente suas Histórias de Aprendizagem com muitas pessoas. Karen disseminou e inspirou professores em toda a Nova Zelândia e fora dela. A prática pedagógica de Karen está profundamente enraizada nos princípios do *Te Whāriki*.

Wendy Lee

Wendy Lee é diretora do Educational Leadership Project (ELP), que oferece oportunidades de aprendizado profissional para professores do setor de Educação Infantil (Early Childhood Education – ECE) na Nova Zelândia. Por mais de duas décadas, sua equipe tem proporcionado aprendizado profissional para professores interessados na aplicação de Histórias de Aprendizagem (*Learning Stories*) em muitos países, incluindo Austrália, Grã-Bretanha, Alemanha, Estados Unidos e China. Ela está comprometida com a Educação Infantil, desde o final dos anos 1960, como professora, palestrante, trabalhadora comunitária, defensora, ativista sindical, gerente, pesquisadora, autora e facilitadora de aprendizado profissional.

A forte crença de Wendy na Educação, ao longo da vida, e o papel fundamental do setor de Educação Infantil em alcançar a equidade social levaram à sua crescente colaboração com a professora Margaret Carr (Universidade de Waikato) em uma série de projetos de pesquisa de Educação Infantil provenientes do *Te Whāriki*, o Currículo da Educação Infantil da Nova Zelândia. Isso inclui a codireção do projeto National ECE Assessment and Exemplar Learning [Avaliação Nacional da Educação Infantil e Aprendizagem Exemplar, em tradução livre], o que resultou em vinte livros sobre avaliação. Mais recentemente, colaborou com Margaret Carr na coautoria de vários livros sobre Histórias de Aprendizagem. Sua determinação em fornecer a todos os professores ferramentas práticas, que estão profundamente enraizadas nos princípios do *Te Whāriki*, reflete-se no desenvolvimento e na aplicação de Histórias de Aprendizagem para avaliação e aprendizado profissional. Esse foco resultou em um crescente interesse global na aplicação e na adoção de Histórias de Aprendizagem, não apenas na Educação Infantil, mas em todo o setor escolar e além dele, à medida que os professores lidam com a crescente complexidade da aprendizagem das crianças.

Letícia Caroline da Silva Streit

Maria Carmen Silveira Barbosa

8

O que podemos aprender com as estratégias da Maitê? Reflexões sobre a articulação de diferentes níveis de projetos na creche

Quando fomos desafiadas a escrever sobre projetos didáticos na creche, escolhemos, entre tantas possibilidades de abordagem, mostrar como vivemos rodeados de diferentes níveis de projetos que se entrelaçam. Mesmo que, inicialmente, falte-nos uma maior consciência do quanto nossas ações com as crianças se modificam pela implementação de uma política pública, ela não deixa de trazer implicações para o modo como trabalhamos, assim como a maneira que desenvolvemos nosso trabalho traz consequências nas proposições mais amplas que, por vezes, consolidam-se como políticas públicas.

Para ilustrar nossas indagações, trouxemos um recorte da experiência vivida na Rede Municipal de Ensino de Novo Hamburgo. Trata-se de uma rede pública pertencente a uma cidade da grande Porto Alegre, região metropolitana do estado, localizado no extremo Sul do Brasil, que atende cerca de 25 mil estudantes, sendo um terço em turmas de creche e pré-escola.

Essa Rede, tal qual as demais redes e escolas públicas brasileiras, passou por um processo de acolher, no campo da Educação, o atendimento às crianças de 0 a 3 anos, até então realizado pelas áreas da Saúde e da Assistência Social, em razão do reconhecimento da Educação Infantil como primeira etapa da Educação Básica, na Lei de Diretrizes e Bases da Educação Nacional, nº 9.394, de 17 de dezembro de 1996. Com isso, as duas últimas décadas foram dedicadas a muitos estudos sobre como educar os bebês e as crianças bem pequenas e cuidar deles em um ambiente com uma proposta para além da guarda e do assistencialismo. Foi um movimento que gerou a ampliação e a estruturação de espaços físicos, além de um grande investimento na formação continuada dos profissionais, para a conquista de uma maneira mais respeitosa e didaticamente organizada de trabalhar com as crianças.

Com o intuito de investigar o modo como os projetos na Educação Infantil se articulam, é possível perceber diferentes níveis, desde uma acepção mais ampla, para reconhecer um modo organizado de estar com as crianças pequenas no espaço coletivo de convivência e aprendizagem que é a escola, até a atitude mais genuína da criança de querer saber, de conhecer, conhecer-se e entender o que está a sua volta. Com base nisso, passamos a elaborar nossas compreensões e a intencionalmente acompanhar os meninos e as meninas na organização de seus pensamentos e movimentos para nomear suas descobertas.

Dessa perspectiva, ao trabalharmos com projetos, transformamo-nos em seguidores dos indícios que as crianças vão nos apresentando, bem como o registro realizado pela professora Suélen Santos, que mostra as "estratégias da Maitê", quando a menina tinha 2 anos e frequentava a Escola Municipal de Educação Infantil (Emei) João Vidal Campanhoni.

Figura 8.1 - Estratégias da Maitê.

O registro da Figura 8.1 mostra o modo atento com o qual a professora acompanha a ação da Maitê no momento da refeição. Por meio dele, podemos observar o reposicionamento, que tanto almejamos, da relação dos adultos com as crianças nas instituições educacionais, especialmente, aquelas que atendem à primeira infância. A comunicação mostra uma criança que teve tempo para encontrar uma maneira de solucionar um desafio real do seu cotidiano, com a atenção da adulta que a acompanhava, sem interferir. A professora, aqui, esteve presente, apoiou o processo da criança, garantindo um ambiente adequado e, ainda, teve a perspicácia de conseguir registrar e interpretar sua conquista.

Esse registro cumpre a função de comunicação ao compartilhar, com a família e a comunidade, a vivência da criança na escola. Além disso, é uma forma de criar uma memória pedagógica do modo como se habita a escola, e pode ser usado internamente com os profissionais nos momentos formativos, para tomada de consciência e melhor desenvolvimento dos processos vividos.

Esse é um exemplo de um aspecto do projeto que envolvia os momentos de refeição da Emei João Vidal Campanhoni, que está vinculado a outros projetos de diferentes níveis, quando pensamos na qualificação da oferta da Educação Infantil nas escolas da Rede Municipal de Ensino de Novo Hamburgo.

Entendemos que o trabalho na Educação Infantil, da mesma forma que afirma John Dewey, um dos principais representantes da Pedagogia de Projetos, é sustentado na importância da experiência como propulsora do conhecimento, uma vez que o pensamento é efeito da relação do indivíduo com o mundo. Assim, admite como função primordial da escola auxiliar a criança a compreender o mundo por meio da pesquisa – observação, exploração, ação, expressão. Por isso, cabe a nós, professores, "pôr a criança em condições de projetar, de procurar meios de realização para seus próprios empreendimentos e de realizá-los verificando pela própria experiência o valor das concepções que esteja utilizando" (Dewey, 1967, p. 47).

Nesse sentido, por mais que planejar seja um traço que nos caracteriza como humanos, reconhecendo que a vida é um projeto em permanente atualização (Machado, 2006), trabalhar com projetos ainda é um dos principais desafios para os professores de bebês e crianças bem pequenas.

Para romper com essa fragilidade e alcançar um nível maior de consciência e organização didática do trabalho nas creches, é preciso, como nos diz Morin (2001, p. 16), "aprender a navegar em um oceano de incertezas em meio a arquipélagos de certeza" e repensar nosso papel de educador diante das demandas contemporâneas de sistematizar o cotidiano pedagógico das escolas de Educação Infantil.

A relação sistêmica, desenvolvida ao longo dos anos na construção do conhecimento científico, fez-nos superar a necessidade de um entendimento como verdade única. Graças à multiplicidade de interpretações e ao diálogo com as incertezas, a escola tornou-se um espaço privilegiado na problematização do conhecimento. Além disso, as transformações no modo de vida das crianças no decorrer do tempo, na maneira como se inserem no mundo, passou a exigir da escola a ruptura da sua função pregressa de transmitir o conhecimento sistematizado, para materializar o reconhecimento de que os meninos e as meninas criam teorias, interpretações e são capazes de coprotagonizar seus processos de aprendizagem.

Em seguida, apresentamos o questionamento central de cinco projetos realizados em diferentes instâncias e tempos, com diferentes públicos, que se complementam e nos auxiliam a visualizar a maneira que projetos macro, de longa duração, como a implementação do currículo da Educação Infantil na Rede, estão interligados a projetos individuais e em curto prazo, a exemplo do processo vivido por uma criança para conseguir pegar o caldo do feijão.

A inter-relação entre diferentes níveis de projetos

Por meio do registro da professora Suélen, podemos observar o quanto a resolução de uma situação inconveniente, vivida na escola, pode ser geradora de conhecimentos e processos autônomos. Seguir indícios que surgem no cotidiano da escola pode ser um modo de desenvolver o pensamento investigativo com significado para crianças bem pequenas.

É nesse contexto que podemos ver o quanto a multidimensionalidade de projetos que ocorrem na Rede Municipal de Ensino de Novo Hamburgo desencadeia um modo de estar e de trabalhar com as crianças. Assim como há um projeto amplo, cuja intenção é a de implementar um currículo para Educação Infantil que siga os preceitos das *Diretrizes Curriculares Nacionais para a Educação Infantil* (DCNEI) (Brasil 2009), da *Base Nacional Comum Curricular* (BNCC) (Brasil, 2017), do *Referencial Curricular Gaúcho* (RCG) (Rio Grande do Sul, 2018) e do *Documento Orientador: a organização da Ação Pedagógica na Educação Infantil* (Novo Hamburgo, 2020), há projetos de formação continuada e de acompanhamento com gestores, professores e funcionários. Esses projetos abordam diferentes temas com as unidades educacionais, que, por sua vez, desdobram-se em outros projetos investigativos nas suas comunidades, com toda a escola, com cada agrupamento de crianças de cada professor, com cada criança etc.

Na Figura 8.2, podemos observar como os projetos, em diferentes níveis, inter-relacionam-se. Por meio dos questionamentos mais amplos, que guiam cada nível de projeto, é possível observar o quanto um contribui para a efetivação do outro, demonstrando que há um arranjo, uma espécie de desdobramentos de projetos que se conectam de forma que a implementação da estratégia da documentação pedagógica, por exemplo, auxilia a professora a refletir sobre um momento tão cotidiano e impregnado de sentidos, como é a alimentação.

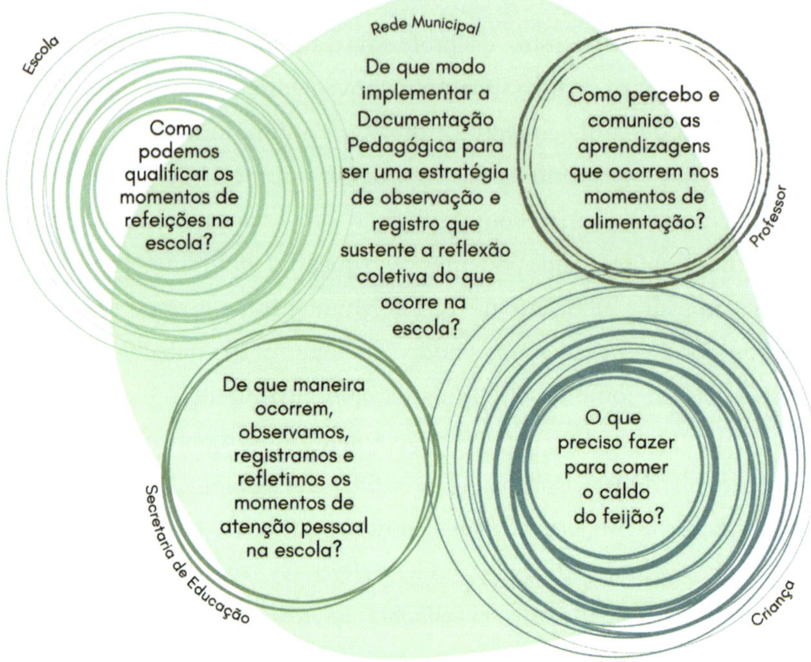

Figura 8.2 - Inter-relação de projetos na Educação Infantil.

É possível apreciar, na Figura 8.2, diferentes níveis de projetos que estão interligados, em que um serve de sustentação para o outro, cada qual com sua importância e sem maior valor hierárquico do que os demais. Fica evidente a preocupação em efetivar um currículo significativo tanto para as crianças quanto para os professores, organização já apontada por Barbosa e Horn (2008).

É necessário partir de uma visão articulada entre o conhecimento e a sociedade para construir um currículo com base no cotidiano vivido pelas crianças. Precisamos garantir que a escola não se isole da vida real. Só assim conseguiremos entender que, quando a Maitê está se desafiando a encontrar uma maneira de comer o caldo do feijão sem auxílio de um adulto, ela está desenvolvendo autonomamente uma aprendizagem, e que aprender a se alimentar com autonomia, como experimentar usos da colher para alimentos líquidos e sólidos, é um processo cognitivo pessoal da criança vinculado a conteúdos biológicos, sociais e culturais, que a escola precisa reconhecer.

As relações que as crianças vão construindo entre si, com os adultos, com os objetos, com o ambiente, compõem uma forma de elas estarem no mundo. Essas ações práticas, tão singelas na vida diária, que partem das experiências inaugurais, abrem a possibilidade de começar a criar conceitos sobre o cotidiano, referências que possibilitam a elaboração de um modo de pensar, compreender e agir socialmente.

Nesse sentido, podemos dizer que os caminhos trilhados por crianças e professores se encontram em diferentes níveis de projetos. Maitê ficou dias desenvolvendo um modo de comer o caldo do feijão. A professora Suélen observou e registrou as estratégias de Maitê no momento do almoço. Para fazê-lo do modo como apresentamos anteriormente, sustentou-se em um projeto maior da Rede, que reconhece a vida cotidiana como fio condutor do trabalho realizado pela escola com essas crianças bem pequenas, em que os momentos de cuidados pessoais como a alimentação, a higiene e o descanso são valorados como ricas e importantes relações e aprendizagens. Além desse, tantos outros projetos desenvolvidos nas escolas foram se desdobrando e constituindo um modo de organização pedagógica na creche, configurando-a como uma etapa educativa na qual há muitas experimentações e busca de sentidos.

Se considerarmos que os diferentes níveis de projetos são como um atlas que compila vários mapas com diversas possibilidades e caminhos que se entrecruzam, entendemos que as possibilidades ofertadas a cada bebê e criança bem pequena são o cruzamento de muitos trajetos percorridos. Podemos afirmar que o papel do adulto que trabalha com as crianças é fundamental para a definição de como esses caminhos se encontram e são trilhados. Num barco, o professor seria o leme que, de forma intencional, guia o caminho ao organizar estratégias e materiais, oportunizando às crianças contato com diferentes objetos da cultura.

Para guiar dessa perspectiva, é preciso que o adulto esteja despido de verdades absolutas e disposto a refletir sobre o seu próprio fazer e sobre como ocorrem as aprendizagens das crianças. Necessita desenvolver seu repertório cultural, de modo a conseguir compreender e dar visibilidade à complexidade do pensar e do agir das crianças, para dar continuidade e aprofundamento a um projeto. Atua como um organizador de itinerários investigativos que se entrelaçam e nutrem a curiosidade das crianças e os propósitos educativos dos adultos.

A estratégia de Maitê relata a investigação de uma criança, mas também está relacionada a outros tantos projetos de níveis e durações diferentes. Como mencionado, a qualificação do momento da alimentação é tema de um projeto maior da Rede Municipal de Novo Hamburgo, que se configura como uma política pública, na medida em que essa Rede assume princípios comuns de efetivação de uma proposta pedagógica de Educação Infantil que abrange todas as unidades educacionais. Isso significa dizer que, para o professor ter condições de observar e valorar ou reconhecer as minúcias que ocorrem nos momentos de alimentação, houve um importante investimento em formação continuada envolvendo as equipes gestoras, os funcionários, as nutricionistas, além de diálogos com os familiares e com as crianças para, coletivamente, construir o entendimento sobre a importância de estar à mesa, de alimentar-se com tempo, das relações e das aprendizagens envolvidas durante as refeições.

Ocorreram ações em nível macro, como o investimento em *mobiliários adequados* às necessidades das crianças e às intenções dos adultos. Assim, a aquisição de balcões térmicos (Figura 8.3), tipo *buffet*, para servir a comida na altura das crianças, e de mesas em dimensões adequadas, acompanhadas de cadeiras com encosto, que proporcionam mais conforto e permitem que as crianças se enxerguem e conversem durante as refeições, foram algumas alterações na composição dos ambientes.

Figura 8.3 - Balcão térmico adaptado.

Em relação à *organização dos momentos de alimentação*, cada escola precisou olhar para seu contexto e adequá-lo às reflexões e aos valores que vinham sendo definidos no coletivo da Rede. Em outras palavras, por mais que houvesse um macroplanejamento, sua implementação precisou considerar as necessidades específicas de cada unidade educacional, respeitando as características e as culturas de cada espaço. Não esqueçamos de Morin (2001), que nos convida a compreender que as certezas construídas em um arquipélago precisam ser contrastadas na realidade de cada ilha. Nesse sentido, um projeto macro, como a proposta pedagógica da Rede Municipal, relaciona-se com os projetos plurais e singulares de cada escola, inspirando, orientando e induzindo práticas pedagógicas contextualizadas e de autoria de adultos e crianças. Por essa razão, cada escola foi olhando para suas organizações e elegendo em que aspectos precisava investir com maior profundidade e de que modo reorganizar a rota.

Em um nível mais amplo, os *utensílios* utilizados pelas crianças foram substituídos: os pratos de plástico e de metal pelos de vidro; passaram a ser ofertados garfos e facas, e não somente colheres, além de jarras entre outros utensílios que tivessem um tamanho apropriado para que as crianças pudessem servir-se e aprender a alimentar-se com todas as possibilidades disponíveis nas suas culturas.

Figura 8.4 - Uso de utensílios adequados (Emei Leonel de Moura Brizola).

O *tempo* de toda jornada das crianças e dos adultos também foi repensado para que os momentos de alimentação acontecessem em ambientes organizados para qualificar o estar à mesa. Algumas escolas organizaram *espaços* alternativos, a fim de garantir mais tempo para a alimentação, de modo que toda a jornada das crianças e dos adultos foi readequada. Um exemplo dessa reorganização é que passaram a oferecer o café da manhã na sala referência para determinadas turmas, e isso permitiu que as crianças se servissem, alimentassem-se e interagissem

sem pressa, com mais autonomia e de acordo com seus próprios ritmos. Outras, ainda, investiram no envolvimento das crianças na organização da mesa, na distribuição dos utensílios, na escolha do arranjo para embelezar a mesa e no convite aos demais colegas para participarem do momento da refeição, tornando-o um ambiente acolhedor e oportunizador de profundas descobertas e aprendizagens para as crianças.

Figura 8.5 - Momento de alimentação na Emei Leonel de Moura Brizola.

A imagem que captura o momento do lanche organizado no solário da Emei Leonel de Moura Brizola evidencia o cuidado em ter uma jarra de tamanho reduzido para que as próprias crianças possam se servir.

Alimentar-se na escola é uma aprendizagem cultural e social, além de uma experiência estética, ética e política, porque é vinculada ao prazer de estar junto com os outros e de compartilhar sentidos, com tempo para escolher, provar, experienciar e brincar com uma diversidade de cheiros, sabores, texturas, para além do ato de simplesmente ingerir um alimento. Por esse motivo, a apresentação das frutas inteiras e a oportunidade para que as crianças possam descascá-las, quando possível, são vivências que precisam ser planejadas intencionalmente e promovidas no cotidiano das escolas, desde os bebês.

São desafios reais vividos pelas crianças, o que se diferencia da lógica da transmissão ou da artificialização de temas relativos à alimentação. Não se trata de simplificar o mundo em que elas estão inseridas, mas de considerar a perspectiva mais complexa da produção de saberes e de relações envolvidas nas experiências concretas do cotidiano educativo.

O modo como organizamos o estar com as crianças nas escolas e como refletimos sobre isso com os professores faz parte de um grande processo, pautado na cotidianidade da escola, com os diferentes projetos desenvolvidos, que vão alicerçando a maneira de os adultos serem presença com as crianças. Nesse sentido, o trabalho com diferentes agrupamentos, em uma mesma turma, permite a ampliação do diálogo e da escuta atenta por parte do professor. Assim, a escola, como um todo, vai se organizando, de forma que cria um ritmo de pertencimento e atenção, que evidencia a comunicação de novas ideias.

O que a experiência de Novo Hamburgo nos possibilita pensar?

Quando nos desafiamos a aumentar o foco nas ações do dia a dia para, de fato, entender seu funcionamento e possibilitamos que as ações cotidianas sejam experimentadas, investigadas e profundamente entendidas, estamos potencializando a confiança e a crença de que tudo e todos podem contribuir com questões significativas. É educar para a experimentação, para a confiança; é acreditar na sabedoria das pessoas e das coisas; é confiar nas crianças e nos adultos envolvidos (Korczak, 1986, 1997).

A Rede Municipal de Educação de Novo Hamburgo vem implementando uma sistema multifuncional, que pode ser percebido em uma política pública bem mais ampla, que investe nos ambientes que as crianças têm disponíveis para viver, primando que experienciem a natureza, o brincar livre, e que desenvolve ações para alcançar uma maior segurança alimentar, a aquisição de alimentos orgânicos produzidos pela comunidade local, ao mesmo tempo que investe na relação entre as pessoas e os alimentos.

Lenira Haddad (1997) já apontava a perspectiva ecológica do desenvolvimento humano, reconhecendo a importância de uma política pública mais versátil para a Educação Infantil. Pautada nos estudos de Bronfenbrenner (1996), apresenta a importância de instituir um sistema que alie e dê conta tanto das experiências dos meninos e das meninas nos ambientes familiares e institucionais quanto das questões mais macrossociais, ao compartilhar com os familiares os cuidados e a educação dos bebês e das crianças bem pequenas.

O trabalho por projetos não se limita às ações que emergem do cotidiano, porém, é imprescindível, ao trabalhar com bebês e crianças bem pequenas, que se investigue as minúcias muitas vezes consideradas banalidades cotidianas, pois são elas que estão no centro das experiências inaugurais das crianças nessa etapa de vida.

Tanto o projeto macro da Rede Municipal de Novo Hamburgo, que englobava a implementação da Documentação Pedagógica como estratégia de registro, observação e reflexão coletiva, quanto os demais projetos inter-relacionados que investigavam os momentos de atenção pessoal,[1] a qualificação das refeições, as comunicações desses momentos e cada investigação pessoal dos bebês e das crianças pequenas possibilitaram o desenvolvimento coletivo de alguns pontos de atenção para a organização dos espaços e momentos de alimentação, que estão impressos no Caderno Orientador da Rede (Novo Hamburgo, 2020) em forma de questionamentos, os quais apresentamos nos Quadros 8.1 e 8.2, a seguir:

---

[1] As atividades de atenção pessoal, desenvolvidas pela abordagem Pikler, envolvem os momentos de alimentação, higiene e descanso como importantes conteúdos culturais da vida cotidiana das crianças e que garantem sua aprendizagem e seu bem-estar.

Quadro 8.1 – Pontos de atenção para a organização dos espaços e dos momentos de alimentação

1. Existe espaço tranquilo e reservado para a amamentação dos bebês, se assim a mãe desejar?
2. Os bebês recebem os alimentos em pequenas quantidades e de forma que possam ser visualizados e degustados separadamente?
3. Os horários entre uma refeição e outra respeitam o tempo de cada criança, de modo a não serem apressadas a comer?
4. As crianças, em pequenos grupos, participam da organização dos espaços de alimentação para os colegas?
5. As crianças se deslocam em grupos para os mesmos espaços e sentam sempre nos mesmos locais, transmitindo segurança para esses momentos?
6. As paredes do refeitório comunicam as aprendizagens que ali acontecem?
7. As mesas são organizadas com toalhas e vasos de plantas, de forma a tornar esse ambiente acolhedor e convidativo?
8. Os utensílios – pratos de vidro, talheres, copos, jarras pequenas – atendem às especificidades dos alimentos e à capacidade das crianças?
9. Os alimentos são oferecidos de forma esteticamente convidativa e acessível para as crianças?

Fonte: adaptado de Novo Hamburgo (2020).

Quadro 8.2 – A organização dos espaços e dos momentos de alimentação

É permitido que a criança:
1. Seja alimentada no colo, caso não caminhe, tendo os braços livres e o apoio da sua cabeça no braço do adulto, ajustando sua postura, e possibilitando que se alimente, em pequenas porções, pelo seu desejo?
2. Tenha acesso à mesa e a um lugar para sentar com apoio, numa posição confortável e segura?
3. Possa comer os alimentos usando as mãos e, gradativamente, possa acessar os talheres adequados de acordo com seu processo de desenvolvimento?
4. Receba uma colher auxiliar quando demonstrar interesse em utilizá-la?
5. Seja alimentada, quando não tiver condição de comer sozinha, com atenção à demonstração de querer mais?
6. Tenha respeitada sua vontade na escolha dos alimentos, sem ser forçada a comer ou obrigada a ingerir toda a comida que serviu?
7. Realize as refeições respeitando seu tempo de permanência à mesa para fazê-las?
8. Seja acompanhada por um professor à mesa, incentivando-a como referência?
9. Converse e interaja, sem pressa, nesses momentos?
10. Sirva-se no *buffet* gradativamente em seu processo de aprendizagem?
11. Sirva-se de salada *in natura* ou com tempero, conforme preferência?
12. Conheça frutas e verduras inteiras?
13. Receba frutas com cascas e possa perceber a necessidade ou não de descascá-las?
14. Tenha acesso a pratos de apoio conforme o alimento oferecido – frutas, bolos, pães?
15. Possa optar por comer pães sem acompanhamento – geleias, manteiga – ou possa usar espátula para servir-se conforme seu desejo?
16. Higienize as mãos e ingira alimentos em local apropriado, em todas as refeições?
17. Receba e acesse água sempre que tiver vontade?
18. Tenha acesso a jarras menores e leves, possibilitando servir-se com autonomia?

Fonte: adaptado de Novo Hamburgo (2020).

Acreditamos que essas indagações (Quadros 8.1 e 8.2) possam auxiliar tanto a escola a mediar quanto os professores a fazerem uma organização e a estarem com os meninos e as meninas de uma forma mais qualificada e respeitosa nos momentos de alimentação. Experiência que, além de íntima, também é um dos momentos mais utilizados para se relacionar pela humanidade. E por que não partir dessas experiências para perceber o despontar de um pensamento da criança? Por que não usar da possibilidade de reconhecimento de como pensamos, agimos, organizamo-nos, para racionalizar e desenvolver diferentes contribuições coletivas na escola, que é um espaço genuinamente de vida em comunidade?

Os projetos, em seus diferentes níveis, são desenvolvidos para contribuir com o nosso fazer profissional. Precisamos ser o leme que orienta, às vezes, organizando, outras, desestabilizando a navegação, ao movimentar os pensamentos, as ações e as descobertas que compartilhamos diariamente com os bebês e as crianças nas escolas, para que as estratégias que cada menino e cada menina estrutura possam ser reconhecidas e aprofundadas.

Referências

BARBOSA, M. C. S.; HORN, M. G. S. *Projetos pedagógicos na educação infantil*. Porto Alegre: Grupo A, 2008.

BRASIL. Ministério da Educação. *Base nacional comum curricular*. Brasília, DF: Ministério da Educação, 2017. Disponível em: http://basenacionalcomum.mec.gov.br/images/BNCC_EI_EF_110518_versaofinal_site.pdf. Acesso em: 13 mar. 2023.

BRASIL. Ministério da Educação. Conselho Nacional de Educação. Câmara de Educação Básica. Parecer CNE/CEB nº 20/2009, aprovado em 11 de novembro de 2009. Revisão das Diretrizes Curriculares Nacionais para a Educação Infantil. *Diário Oficial da União*: seção 1, Brasília, DF, p. 14, 9 dez. 2009. Disponível em: http://portal.mec.gov.br/dmdocuments/pceb020_09.pdf. Acesso em: 15 fev. 2023.

BRASIL. Presidência da República. Lei nº 9.394, de 20 de dezembro de 1996. Estabelece as diretrizes e bases da educação nacional. *Diário Oficial da União*: seção 1, Brasília, DF, ano 134, n. 248, p. 1-9, 23 dez. 1996.

BRONFENBRENNER, U. *A ecologia do desenvolvimento humano*: experimentos naturais e planejados. Porto Alegre: Artes Médicas, 1996.

DEWEY, J. *Vida e educação*. 6. ed. São Paulo: Melhoramentos, 1967.

HADDAD, L. *A ecologia do atendimento infantil*: construindo um modelo unificado de cuidado e educação. 1997. 327 f. Tese (Doutorado em Educação) – Faculdade de Educação, Universidade de São Paulo, São Paulo, 1997.

KORCZAK, J. *Como amar uma criança*. 4. ed. Rio de Janeiro: Paz e Terra, 1997.

KORCZAK, J. *O direito da criança ao respeito*. 4. ed. São Paulo: Summus, 1986.

MACHADO, N. J. *Educação*: projetos e valores. 6. ed. São Paulo: Escrituras, 2006.

MORIN, E. *Os sete saberes necessários à educação do futuro*. São Paulo: Cortez; Brasília: Unesco, 2001.

NOVO HAMBURGO (Município). *Organização da ação pedagógica*: educação infantil – documento orientador. Novo Hamburgo: Rede Municipal de Ensino, 2020. Caderno 2. Disponível em: https://www.novohamburgo.rs.gov.br/sites/pmnh/files/secretaria_doc/2020/Caderno_2_Organizacao_da_Acao_Pedagogica_Educ_Infantil.pdf. Acesso em: 13 mar. 2023.

RIO GRANDE DO SUL (Estado). Secretaria de Estado da Educação. *Referencial curricular gaúcho*: educação infantil. Porto Alegre: Secretaria de Estado da Educação, 2018. Disponível em: https://portal.educacao.rs.gov.br/Portals/1/Files/1532.pdf. Acesso em: 13 mar. 2023.

As autoras

Letícia Caroline da Silva Streit

Professora da Rede Municipal de Ensino, atua como formadora na assessoria pedagógica da Secretaria Municipal de Educação de Novo Hamburgo (RS). Pedagoga, especialista em Gestão Educacional e Coordenação Pedagógica, mestranda na linha de pesquisa Estudos sobre as Infâncias, no Programa de Pós-Graduação em Educação da Universidade Federal do Rio Grande do Sul (UFRGS). Integrante do Grupo Colaborativo de Estudo e Pesquisa da Formação Continuada Docente (GCOL). *E-mail*: leticiastreit@gmail.com

Maria Carmen Silveira Barbosa

Professora titular da Faculdade de Educação da UFRGS. Doutora em Educação com pós-doutorado pela Universitat de Vic (Catalunha, Espanha). Orientadora de mestrado e doutorado no Programa de Pós-Graduação em Educação da UFRGS, na linha de pesquisa Estudos sobre as Infâncias. Pesquisadora do Grupo de Estudos de Educação Infantil e Infâncias (Gein). *E-mail*: licabarbosa@ufrgs.br

Renata Araújo Moreira dos Santos

9

O trabalho por projetos e a concepção de educação

Com muita frequência, escuta-se, nas escolas de Educação Infantil, sobre os projetos desenvolvidos junto às crianças. Temas, fotografias, portfólios e relatos declarando essa opção que, muitas vezes, equivocadamente, é nomeada como metodologia de trabalho adotada.

A recorrência dessa proposta, ou abordagem nas instituições e os equívocos ainda tão presentes nas experiências retratadas, torna tão necessária a reflexão, o estudo e o aprofundamento desse tema, do conceito do trabalho baseado em projetos, ajudando-nos a compreender o projeto em uma conexão direta com a concepção de educação que defendemos e para a qual essa proposta tanto contribui.

Inicio este convite à reflexão com as palavras de Hernández (1998, p. 49): "O trabalho por projetos requer mudanças na concepção de ensino e aprendizagem e, consequentemente, na postura do professor." O autor enfatiza, ainda, que o trabalho por projeto "não deve ser visto como uma opção puramente metodológica, mas como uma maneira de repensar a função da escola".

Destaco da citação, três aspectos que considero essenciais para essa discussão:

- mudanças na concepção de ensino e aprendizagem;
- mudanças na postura do professor;
- repensar a função da escola.

O entendimento do ensino como algo que se entrega, oferece ao aluno/aprendiz, ainda se faz muito presente na educação, mesmo que nosso discurso diga o contrário. Na outra "face dessa moeda", deparamo-nos com o entendimento da aprendizagem como decorrente da memória e da reprodução, o que é coerente com o entendimento do ensino como entrega. Essa concepção de ensino e aprendizagem conectada à ideia de que o professor sabe, por isso ensina, treina, entrega o conhecimento ao aprendiz que, nessa perspectiva, é visto como aquele que recebe, memoriza e reproduz, tem se distanciado cada vez mais de nossos discursos e, mesmo que ainda se faça presente em nossas práticas, reconhecemos o investimento e o esforço para romper com essa ideia.

O trabalho por projetos tem sido visto como uma alternativa para a aproximação da concepção de educação que temos buscado construir na prática. Uma educação que acredita que a aprendizagem significativa constitui-se por meio de experiências problematizadoras de ensino, em situações que envolvem pensamento, curiosidade investigativa, levantamento de hipóteses, autoria etc.

A consciência de que a aprendizagem se dá de forma ativa e pesquisadora, torna essencial desenvolver propostas de ensino que sejam coerentes com esse entendimento. Essa reflexão aproxima-nos do segundo ponto destacado: *"mudanças na postura do professor"*.

De acordo Ritchhart, Church e Morrison (2011), por meio da pesquisa "*Tornando o pensamento visível*"[1] desenvolvida pelo Projeto Zero, da Universidade de Harvad, para que as salas de aula desenvolvam essa cultura de pensamento, é essencial que a sala dos professores também a tenha, ou seja, a defesa de que os processos de aprendizagem aconteçam de forma ativa, criativa, problematizadora e investigativa, requer propostas de ensino que promovam a reflexão, a investigação e a criatividade em nossas escolas e não apenas a entrega e a informação. Essa mudança somente é possível, com a presença de professores autores, questionadores, pesquisadores, que exerçam de forma efetiva a escuta, a interpretação, a investigação, a problematização...

A constituição desse professor, por sua vez, dá-se na formação continuada, em uma escola que reconheça a importância de repensar seu papel, tanto promovendo espaços consistentes, reflexivos e problematizadores

---

[1] N. do E: em tradução livre do original em inglês *Making Thinking Visible*.

na formação de professores, quanto no desenvolvimento de contextos e propostas significativas para a aprendizagem das crianças, fazendo um movimento, como propõe Hernández (1998) de *repensar o papel da escola*.

Como fazer isso? Essa é uma pergunta que nos salta diante dessa reflexão e com a qual proporemos um diálogo ao longo do texto.

O trabalho por projetos e a aprendizagem significativa

Mais do que orientar sobre como o trabalho por projetos pode se estruturar, neste capítulo, convidamos a refletir sobre uma concepção problematizadora das experiências de ensino e aprendizagem, e como o trabalho por projetos contribui para essa construção.

Avançando nos estudos sobre a aprendizagem e como ela se constitui, entendemos que aprender relaciona-se a observar, descrever, interpretar, comparar, confrontar diferentes pontos de vista, questionar-se, testar hipóteses, representar o pensamento, construir explicações, pensar com evidências etc. Todas as ações que colocam o pensamento no centro e evidenciam, como nos dizem Ritchhart, Church e Morrison (2011), que não pensamos porque aprendemos, mas aprendemos porque pensamos. Tal entendimento, torna essencial considerarmos propostas que favoreçam o pensar em detrimento de memorizar e reproduzir. Mas como fazer isso?

Hernández (1998) nos convoca a uma reflexão mais profunda sobre a aprendizagem ao conectá-la à ideia de compreensão...

> Essa concepção com sua prática pode, em princípio, parecer uma coisa óbvia, posto que sua formulação básica leva em conta o princípio proposto por Dewey de que se não se compreende o que se aprende, não há uma 'boa' aprendizagem. Mas durante muito tempo, acreditava-se que, para aprender, fosse indispensável fazê-lo por intermédio de uma estratégia de repetição

> do aluno e do professor. Este último, por sua vez, tinha que fazer o que lhe diziam os especialistas. A finalidade desse processo era a memorização do que o docente ditava, escrevia no quadro negro ou do que estava contido nos livros-texto.
>
> A educação para compreensão, pelo contrário, organizava-se a partir de dois eixos que se relacionam:
>
> - Como se supõe que os alunos aprendem e
>
> - a vinculação que esse processo de aprendizagem e a experiência da Escola têm em sua vida. (Hernández, 1998, p. 25)

Os dois aspectos vinculados à educação para compreensão estão absolutamente conectados com a necessidade de promover mudanças na concepção de ensino e aprendizagem e de repensar o papel da escola, como aponta Hernández (1998), no início deste texto, ao falar sobre as contribuições do trabalho por projetos para promover mudanças na educação.

Entender como os alunos aprendem e promover uma experiência de aprendizagem que se conecta com a vida, criando possibilidade para que o conhecimento se faça por meio de associações, favorece a defesa do trabalho por projetos como um caminho que nos aproxima da promoção de um entendimento profundo ao identificarmos que sua estrutura potencializa as diferentes formas de aprendizagem de cada aprendiz, favorece a conexão entre os diferentes saberes e a vida, promove a construção de conhecimento por meio da resolução de problemas, convoca o aprendiz – bebês, crianças, jovens, adultos – a uma postura ativa diante do conhecimento, acionando saberes anteriormente construídos para adquirir novos.

Essa perspectiva de educação reconfigura não apenas o modo como entendemos a aprendizagem, mas, sobretudo, reposiciona-nos em relação ao ensino e às transformações necessárias para que ele promova a compreensão.

Considerar o trabalho por projetos nessa perspectiva significa reconhecer que essa abordagem tem como objetivo desenvolver uma aprendizagem significativa, ou seja, promover um ensino que tenha como propósito a compreensão, como aponta Blythe (1998), por meio da pesquisa "*Ensino para Compreensão*", também desenvolvida pelo Projeto Zero, da Universidade de Harvard, convoca-nos a avançar em nossas reflexões e ações, buscando entender como o trabalho por projetos pode contribuir, de fato, para a mudança na concepção de ensino e aprendizagem.

O ensino para compreensão e a concepção de aprendizagem

O início deste texto abre a reflexão sobre o trabalho por projetos, que aponta para a necessidade de repensar o papel da escola e a concepção de ensino e aprendizagem. Avançamos um pouco nessa perspectiva ao aproximarmos o projeto de uma aprendizagem significativa, ao promover situações problematizadoras que colocam o pensamento no centro do processo.

Aprofundando um pouco mais esse raciocínio, convidamos vocês a refletirem sobre uma proposta de ensino que tem como foco a compreensão ou, mais especificamente, declarar que a concepção de aprendizagem que defendemos busca a compreensão.

O que seria compreender algo?

Blythe (1998) nos propõe essa reflexão, fazendo uma diferenciação entre conhecimento e compreensão. Declara que, conhecer algo, tem relação com a condição de utilizar determinado saber ou conhecimento em um contexto específico ao qual ele é solicitado. No entanto, compreender, relaciona-se com o entendimento mais profundo de um assunto, tema, conceito, de modo que aquele que compreende torna-se capaz de expandir seu conhecimento.

> A compreensão é uma questão de poder explicar, encontrar evidências e exemplos, generalizar, aplicar, fazer analogia e representar o tópico de novas maneiras.
>
> Por exemplo, mesmo que um estudante "conheça" a física newtoniana na medida em que ele ou ela possa aplicar certas equações a problemas rotineiros de livros didáticos, não estaríamos necessariamente convencidos de que muitos da física newtoniana funcionam na experiência cotidiana. (Por que os jogadores de linha de futebol precisam ser tão grandes? Para que eles tenham alta inércia.) Suponha que o aluno possa fazer previsões que ilustrem os princípios da teoria Newtoniana. (Imagine um grupo de astronautas no espaço tendo uma luta com bolas de neve e atingidas por bolas de neve?) Quanto melhor o aluno puder lidar com uma variedade de tarefas instigantes sobre as teorias de Newton, mais prontamente estaríamos dizendo que o aluno desenvolveu uma compreensão delas. (Blythe, 1998, p. 12, tradução nossa)

Diante desse ponto, cabe refletir sobre que experiências e ambientes de "ensino" promovem a compreensão, sobre quais propostas favorecem experiências mais amplas e complexas em que as crianças, desde bem pequenas, podem conectar os conhecimentos adquiridos com situações que se apresentam a elas no mundo, que podem observar, interpretar, testar suas hipóteses, compartilhar com outros suas ideias e descobertas, construir explicações para suas teorias.

Ao considerarmos os bebês, por exemplo, quando começam a perceber o entorno, os materiais, os outros bebês com os quais compartilham vivências etc., que situações proporcionamos para que eles observem, explorem, imitem, ampliem conexões? Consideramos que os bebês podem começar a conhecer o mundo pelo contato com ele ou acreditamos que precisamos "entregar-lhes" o mundo com informações, respostas para perguntas que não fizeram, fazendo por eles etc.?

Acreditar, de fato, em um ensino que promova a compreensão significa apostar na competência de bebês, crianças, jovens e adultos de observarem, interpretarem, representarem o pensamento, explorarem, testarem, descobrirem, compartilharem, ou seja, de assumirem sua capacidade de ser atuante no mundo, de se fazerem perguntas, de experimentarem possibilidades, imitarem, representarem seus pensamentos, escutarem uns aos outros, de modo a nos aproximarmos da promoção da educação que acreditamos e defendemos: uma educação consistente, problematizadora, complexa e significativa.

Ao reconhecermos que a aprendizagem profunda se relaciona diretamente com os aspectos mencionados, que envolve escuta, engajamento e investe na curiosidade investigativa, identificamos que somente alcançaremos esse propósito criando ambientes de "ensino" que promovam esses contextos, proporcionando uma relação sólida com o conhecimento, o que nos aproxima mais significativamente do trabalho por projetos como um caminho para essa transformação.

O trabalho por projetos e as contribuições para a educação

O trabalho por projetos não nasceu na escola, nem foi idealizado pensando na educação. No entanto, ao refletir sobre as contribuições de organizar a escola considerando uma estrutura de educação que não se fragmenta e que se conecta à vida, em 1931, Fernando Sáinz (*apud* Hernández, 1998, p. 67) provocou essa reflexão ao perguntar por que não introduzir os projetos na Educação Fundamental (básica), proporcionando uma relação direta entre os projetos e a vida?

Com base no entendimento do trabalho por projetos como uma proposta que contribui para uma aprendizagem ativa, que se dá em rede, de forma complexa e problematizadora, conectada à vida, surgiram algumas ideias iniciais de como ele poderia se estruturar:

> - partir de uma situação problemática;
> - levar adiante um processo de aprendizagem vinculado ao mundo exterior à Escola, e
> - oferecer uma alternativa à fragmentação das matérias. (Hernández, 1998, p. 67)

Esses aspectos nos reconectam à ideia central deste capítulo, que propõe a reflexão e o entendimento do trabalho por projetos conectado a uma concepção de educação, para a qual ele contribui no desenvolvimento, e não como uma metodologia que teria qualquer pretensão de oferecer receitas ou ações concretas para obter determinado resultado. Ao contrário, este texto convida a uma reflexão mais ampla sobre a educação, sobre a fundamental importância de repensar o papel da escola e promover experiências significativas de aprendizagem.

Trata-se de defender uma aprendizagem que promova a compreensão e, para tanto, entender como a compreensão se dá. Considerando os campos mencionados por Hernández sobre a compreensão envolver uma situação-problema, sobre conectar-se com o mundo fora da escola e sobre propor contextos não fragmentados em relação à aprendizagem, proponho realizarmos uma aproximação com o trabalho por projetos e as conexões com esses aspectos.

O trabalho por projetos propõe a localização de grandes questões ou problemas que nos movem à busca de soluções ou do entendimento mais significativo sobre um tema ou conceito. Convoca à busca de possibilidades para a solução ou para o entendimento do que se pretende alcançar, solicitando a observação, o levantamento de hipóteses, a necessidade de testar possibilidades, a conexão de uma rede de ideias. Amplia o olhar possibilita a conexão com situações que acontecem no mundo fora da escola, favorece associações com questões atuais em um diálogo entre permanências e transformações, convida à aprendizagem por meio de um currículo integrado e não fragmentado por disciplinas e conteúdos etc.

Esse movimento ativo em relação ao que se pretende conhecer, decifrar, ressignificar etc., reconfigura a posição do aprendiz na relação com a aprendizagem. Propõe que se desloque do lugar de alguém que recebe o conhecimento para alguém que é coconstrutor em um processo contínuo de interação, de conexões e de representações do pensamento.

À medida que observa, interpreta, representa, associa, experimenta etc., ressignifica seus processos, entendimentos, ações, percepções... Transforma a natureza do aprendizado e sua forma de ser e estar no mundo.

Algumas considerações...

A aprendizagem significativa não pode existir apartada da vida, da possibilidade de sentir, tocar, experimentar, associar, indagar(se), inventar(se), (re)descobrir(se)...

A ideia do trabalho por projetos conectada a uma concepção de educação que considera o sujeito, sua história, sua identidade e sua conexão com o mundo declara também uma concepção de escola, fala de sua função, de seu compromisso em trazer algo do mundo para colocar em diálogo com nossos bebês, crianças e jovens e oferecer tempo livre para o encontro com o conhecimento, como defendem Masschelein e Simons (2014), no livro, Em defesa da escola, uma questão pública.

Esse entendimento da escola, como espaço por excelência para o encontro com o outro, com suas ideias, histórias, curiosidades, saberes etc., significa falar de seu compromisso com a escuta, com a problematização, com a investigação, com a experiência. Significa reconhecer que seu compromisso não é com as fórmulas, mas com as formas, com as linguagens, com as culturas, sempre plurais, múltiplas, e, ao mesmo tempo, singulares, pois consideram o sujeito e suas experiências.

Os projetos, dessa perspectiva, como nos diz Hernández (1998, p. 89), não devem ser vistos como "um método ou uma pedagogia, mas sim como uma concepção de educação".

> Os projetos assim entendidos apontam outra maneira de representar o conhecimento escolar baseado na aprendizagem da interpretação da realidade, orientada para o estabelecimento de relações entre a vida dos alunos e professores e o conhecimento que as disciplinas (que nem sempre coincidem com o as disciplinas escolares) e outros saberes não disciplinares vão elaborando. Tudo isso para favorecer o desenvolvimento de estratégias de indagação, interpretação e apresentação do processo seguido ao estudar um tema ou um problema, que, por sua complexidade, favorece o melhor conhecimento dos alunos e dos docentes de si mesmos e do mundo em que vivem. (Hernández, 1998, p. 90-1)

Defendemos, ao falar sobre o trabalho por projetos nesse contexto, uma educação que de fato considera o sujeito e seus saberes, que problematiza as situações, que aprofunda ideias, que valoriza e promove o pensamento, que entende o conhecimento de forma integrada e o currículo de forma expandida, em diálogo com a vida. Defendemos a escuta, a invenção, a experiência, a criatividade.

Essa concepção de educação requer a presença de professores críticos, reflexivos, questionadores de suas práticas, inventivos, com a escuta atenta, curiosos por novas aprendizagens.

Professores que assumam a educação como projeto de vida e que compreendam que o trabalho por projetos não se trata de uma estrutura que possa ser reproduzida ou por etapas que possam ser seguidas, mas que ele se dá, de fato, nos pequenos detalhes, nas miudezas cotidianas que movem nossa curiosidade investigativa diante do mundo, que nos permitem observar atentamente, acionar saberes, associar situações, levantar perguntas, buscar soluções para os problemas e, sobretudo, conectar-nos com a vida. É exatamente nesse diálogo com o mundo, na possibilidade de transpor os muros da escola, que nos encontramos com os projetos, não como método, mas como uma nova concepção de educação.

Referências

BLYTHE, T. *The Teaching for Understanding Guide*. San Francisco: Jossey-Bass, 1998.

HERNÁNDEZ, F. *Transgressão e mudança na educação*: os projetos de trabalho. Porto Alegre: Artmed, 1998.

MASSCHELEIN, J.; SIMONS, M. *Em defesa da escola*: uma questão pública. Belo Horizonte: Autêntica, 2014.

RITCHHART, R.; CHURCH, M.; MORRISON, K. *Making Thinking Visible*: How to Promote Engagement, Understanding, and Independence for All Learners. San Francisco: Jossey-Bass, 2011.

A autora

Renata Araújo Moreira dos Santos

Graduada em Pedagogia. Mestra em Arte-Educação pela Universidade Estadual Paulista (Unesp), com foco de pesquisa em Arte e formação de professores. Experiência de 25 anos em Educação. Coordenadora pedagógica na escola Carandá Vivavida-Educação e assessora pedagógica. Coordenadora de grupos de formação de professores e coordenadores em diferentes escolas. Ministrante de cursos e palestras com temas relacionados à infância, à educação, à arte, à cultura e à formação de professores e coordenadores pelo Centro de Estudos Madalena Freire e outras instituições de ensino. Formadora em grupos de coordenadores e professores da rede pública da cidade de São Paulo. Realiza estudos sobre a proposta de Reggio Emilia, tendo visitado escolas como Aletheia e L'Atelier School, desenvolvendo um projeto em parceria para investigar a infância, o ambiente e a criatividade como inteligência. Fez visitas de estudos ao Project Zero, em Harvard (2014 e 2018), com o objetivo de conhecer melhor as pesquisas *Visible Thinking* e *Teaching for Understanding and Cultures of Thinking*. Certificada pela Harvard Graduate School of Education no curso *online Visible Thinking*. Idealizadora do projeto de formação ComPosição: Encontros de formação. Participa do projeto colaborativo desenvolvido por Howard Gardner, em parceria com Harvard, The Good Project – Brasil.

Cláudia Almeida

Filipa Santos

Augusta Marques

Sara Barros Araújo

10

Trabalho de projeto na formação inicial em Educação de Infância: uma experiência em Território Educativo de Intervenção Prioritária

A curiosidade das crianças, não sendo exclusiva da infância, define-a indelevelmente. Elas vivem, no modo poético, como Bruner (1999, p. 30) descreveu, segundo as *leis da vivacidade*, animadas por um frêmito exploratório que torna manifesta a sua motivação para experienciar, aprender e construir significados acerca de si, dos outros e do mundo concreto e subjetivo em que se movem. Acolher essas predisposições intrínsecas da criança exige um adulto-educador aberto à experiência, à interrogação e ao imprevisível, que rejeita uma *pedagogia profética*, que tudo sabe e prescreve (Malaguzzi *apud* Cagliari *et al.*, 2016, p. 421), homogeneizadora de experiências e de identidades.

Em contramão, propomo-nos apresentar, no presente capítulo,[1] um trabalho de projeto em que crianças e adultos se envolveram de forma coparticipada na pesquisa em torno de questões emergentes interpeladoras, com atenção a processos críticos a essa abordagem, que permitiram jornadas conjuntas e partilhadas de aprendizagem.

Iniciaremos com a contextualização do projeto no âmbito do programa de formação de educadoras(es) de infância em que se inscreveu, seguindo-se a caracterização da unidade educacional em que foi desenvolvido. Prosseguiremos com a descrição e a análise do projeto mediante a narrativa de processos situados, interativos, intencionais e em continuidade. Destacaremos, nesse âmbito, alguns efeitos quanto à aprendizagem das crianças e à aprendizagem profissional das educadoras-estagiárias envolvidas.

[1] Este trabalho foi subsidiado por fundos nacionais portugueses por meio da Fundação para a Ciência e a Tecnologia (FCT), no âmbito do projeto UIDB/05198/2020 (Centro de Investigação e Inovação em Educação – inED).

Contextualização do projeto: o programa de formação e a unidade educacional

Em Portugal, no âmbito das mudanças decorrentes do designado Processo de Bolonha,[2] a formação de educadoras(es) de infância é realizada num modelo sequencial, ou bietápico, composto por uma licenciatura em Educação Básica, com a duração de seis semestres, e um mestrado profissionalizante, com a duração de três ou quatro semestres, fortemente centrado na prática supervisionada e nas didáticas específicas (Portugal, 2014).

O presente trabalho enquadra-se num mestrado dessa natureza, em Educação Pré-Escolar, da Escola Superior de Educação do Porto, e numa das suas unidades curriculares (UCs), Prática Educativa Supervisionada II, que integra 240 horas de estágio em contexto de educação pré-escolar. Essa experiência de imersão num contexto de trabalho é realizada em parceria com instituições de educação de infância, por meio de protocolos formais de colaboração interinstitucional. Esse projeto foi desenvolvido no âmbito de uma dessas relações de parceria, construída no âmbito da formação inicial ao longo de mais de uma década de trabalho cooperativo. De fato, é adotada, no âmbito do estágio, uma abordagem triádica à aprendizagem profissional (Kemp, Smith e Dalrymple, 2014), com acompanhamento das(os) estagiárias(os) por parte de uma orientadora ou de um orientador cooperante (na unidade educacional) e uma supervisora ou um supervisor da instituição de ensino superior.

A UC integra também 30 horas de seminário, dedicadas à partilha, à discussão e à reflexão acerca de questões emergentes da prática e ao fomento do diálogo sistemático entre práticas, teorias e valores. O plano de estudos integra outras UCs de apoio à experiência de estágio, destacando-se, pela sua relevância no presente projeto, a UC de Metodologias Específicas em Educação de Infância, fortemente ancorada, entre outras, em abordagens pedagógicas de natureza socioconstrutivista que integram

[2] N. do E.: surgido da Declaração de Bolonha, assinada na Itália em 1999 por diversos países europeus, versa acerca da facilitação de intercâmbio de graduados e da adaptação de conteúdos de estudos universitários ao âmbito da sociedade no que tange aos aspectos qualitativos e competitivos.

o trabalho de projeto (Pedagogia em Participação, Reggio Emilia e Movimento da Escola Moderna), bem como a UC de Investigação em Educação. As estratégias formativas adotadas encorajam, sistematicamente, a experimentação refletida, cooperada e dialogada de referenciais pedagógicos, da qual dependem, em larga extensão, da nossa óptica, a significatividade e a sustentabilidade dos processos de aprendizagem profissional.

Em relação à unidade educacional, importa enquadrar a sua existência física e legal e a realidade econômico-cultural do tecido social que dela usufrui, para um melhor conhecimento do grupo de crianças, que foram participantes ativas no projeto narrado.

O Jardim de Infância do Sol está situado na freguesia[3] da Sé, zona histórica da cidade do Porto, junto ao rio Douro. Encontra-se integrado, desde 2012, à estrutura de Agrupamentos de Escolas da Rede Pública de Educação, pertencendo ao Agrupamento de Escolas Alexandre Herculano. Essa área da cidade do Porto caracteriza-se por diversas fragilidades, nomeadamente, a existência frequente de pais e mães que não terminaram a escolaridade obrigatória, situações de trabalho precário não qualificado e de desemprego. Caracteriza-se, também, por um forte declínio demográfico, derivado da deslocação de famílias para cidades limítrofes. Tem registrado, ainda, nas duas últimas décadas, um aumento da população imigrante, oriunda de países como Bangladesh, Brasil, China, entre outros.

Considerando esse cenário, esse Agrupamento constitui um Território Educativo de Intervenção Prioritária,[4] incluindo equipes de profissionais não docentes, para apoio social e psicológico à população escolar e às famílias, e interação com organismos externos. O lema do Projeto Educativo é "A diferença é um valor... educar é intervir", e o enfoque

[3] N. do E.: região administrativa portuguesa.

[4] O Programa Território Educativo de Intervenção Prioritária (TEIP) é uma iniciativa governamental, implementada, atualmente, em 137 agrupamentos de escolas/escolas não agrupadas que se localizam em territórios econômica e socialmente desfavorecidos, marcados pela pobreza e pela exclusão social, onde a violência, a indisciplina, o abandono e o insucesso escolar mais se manifestam. São objetivos centrais do programa a prevenção e a redução do abandono escolar precoce e do absentismo, a redução da indisciplina e a promoção do sucesso educativo de todos os alunos (Portugal, [20--?]).

situa-se no combate ao insucesso escolar mediante a intervenção em duas das suas grandes causas: o absentismo e o abandono escolar.

A sala de atividades está preparada para receber crianças de diferentes mundos, com materiais apelativos, versáteis e passíveis de serem usados pelas crianças como atores sociais. Por sua vez, a ação pedagógica é norteada pela premissa de que criança é um sujeito de direitos, competente para fazer as suas aprendizagens, construindo a sua identidade e posicionando-se perante o mundo que a rodeia. Toda a sua organização é pensada para a livre iniciativa da criança, para o brincar. Crê-se que, por meio do brincar, a criança expande e aprofunda a aprendizagem, constrói relações e experiências significativas, desenvolve a imaginação, a criatividade e a cooperação, fundamentais para a construção da independência, da responsabilidade, da autorregulação. O espaço da sala é uma tela em branco, ausente de produtos dos adultos, para ser preenchida pelas criações das crianças, das paredes ao teto, ritmadas pela sua imaginação e pela sua criatividade em permanente desenvolvimento.

Os grupos de crianças que têm frequentado essa sala de atividades, e particularmente o que desenvolveu este projeto, são caracterizados pela diversidade cultural, integrando crianças de famílias imigrantes, sobretudo de Bangladesh e do Brasil. Os grupos são heterogêneos do ponto de vista etário, e o presente grupo integrava crianças entre 3 e 6 anos.

A curiosidade e as interrogações das crianças como fontes para a definição do problema de partida

Narramos, neste espaço, o desenvolvimento de um projeto coparticipado, que visou investigar acerca de um tema, os barcos, pela colocação de questões e envolvimento em modos operatórios para lhes dar resposta. Enveredou-se, desse modo, por uma perspectiva que se enquadra num paradigma socioconstrutivista, em que "o saber é gerado na prática e é enquadrado cultural e historicamente" (Vasconcelos, 2012, p. 10), pelo envolvimento de todos: crianças, famílias, escola e comunidade. Uma perspetiva que, da óptica de Dewey (1989), convida à abordagem de problemas típicos por meio da experimentação e da reflexão.

A observação e a escuta dos interesses e das motivações das crianças criaram as condições para o início do projeto, uma vez identificado que os barcos suscitavam curiosidade, visível nas múltiplas representações em que as crianças o comunicavam, recorrendo a linguagens gráficas, artísticas e construtivas. Essa curiosidade associava-se ao fato de os barcos serem próximos e presentes no cotidiano das crianças, que os observavam diariamente através das janelas da sala de atividades, sendo motivo de fascínio, contemplação e interrogações:

– Olha, o barco grande está a passar! Venham depressa! (D.,[5] 5 anos)
– O barco rápido está a vir! (R., 4 anos)
– O barco, onde vai? (M., 5 anos)

Os barcos eram, também, parte da cultura familiar de algumas crianças, pelo fato de alguns familiares terem profissões ligadas à pesca e à utilização desse meio de transporte no âmbito dessa atividade.

A recolha dessas evidências impulsionou a equipe pedagógica à reflexão sobre o observado, e concluiu-se que o tópico de exploração dos barcos nutria várias hipóteses de desenvolvimento de conhecimentos, competências, sensibilidades e valores. Assim, acolhendo a curiosidade das crianças, a metodologia projetual principiou com a fase referente à definição do problema, ao levantamento de hipóteses e à partilha de saberes sobre o assunto a investigar (Vasconcelos, 2012).

Acautelando-se a dimensão organizativa do espaço educativo, esse momento foi preparado com almofadas, folhas e material de escrita, capazes de motivar e suscitar a interrogação das crianças, algo visível na reação da M. R. (6 anos): "*Uau, o que vai acontecer?*". Reconhecendo-se a importância das conversas iniciais com as crianças e o acesso aos seus conhecimentos prévios diante do tópico, propôs-se ao grupo a representação gráfica das suas conceções, lançando-se a interrogação: "*O que é um barco?*". Essa escolha, intencionalmente planificada, pretendeu acolher as

[5] Optou-se pela utilização da inicial do nome das crianças, para garantir o seu anonimato e salvaguardar a sua privacidade.

crianças com menos habilidades quanto à Língua Portuguesa, uma vez previsto que poderiam ser menos participativas verbalmente.

Após a conclusão da representação gráfica de cada criança, iniciou-se o momento de partilha em grupo, tendo, cada uma, a oportunidade de participar de forma individual. É reconhecida a importância desses momentos coletivos, não apenas na assunção do direito de expressão e de comunicação das crianças, mas também no que diz respeito à sua aprendizagem da aceitação de concepções distintas das suas (Folque, 2014). Assim, em resposta à questão "O que sabemos?", as crianças partilharam as suas concepções e saberes sobre os barcos, tendo a equipe pedagógica assumido o papel de escriba das crianças, registrando e capturando os detalhes do que diziam e faziam (Edwards, Gandini e Forman, 2016). Procurou-se, também, fomentar a discussão e o diálogo entre as crianças, pela garantia da complexidade das questões, de caráter aberto, exigindo a suspensão da voz sempre que necessário, para dar espaço à voz da criança e às narrativas dos seus saberes (Oliveira-Formosinho, 2018).

Assim, durante a partilha de ideias, o tópico a explorar começou a suscitar problematicidade, dissenso e incerteza, pois as opiniões dividiam-se entre as crianças:

– Os barcos andam com leme e são feitos de madeira. (S., 5 anos)

– Não, não! Os barcos andam com volante, têm piratas, são grandes e têm piscinas. (R., 4 anos)

– Os barcos têm portas e são retângulos. (N., 4 anos)

– São hotéis os barcos e têm pessoas. (D., 5 anos)

A existência da dúvida e de um problema, em associação à curiosidade e à atitude investigativa natural das crianças, levou à emergência de questões para a procura de respostas, como: "Que tipo de barcos existem?"; "De que os barcos são feitos?"; "Como se conduz um barco?"; "Como os barcos andam em cima de água?", em evidência dos caminhos possíveis a realizar-se no projeto e em resposta à questão "O que queremos saber?" (Vasconcelos, 2012).

Nessa fase, a equipe pedagógica concretizou a exposição dos saberes das crianças no átrio da instituição educativa, pela iniciação à documentação pedagógica, que passou a acompanhar todo o projeto. É importante mencionar que a construção da documentação foi concretizada na presença das crianças, para que, se quisessem, pudessem participar. Ao permitir que se projetasse a ação educativa pela revelação das experiências de aprendizagem das crianças, a documentação do projeto possibilitou a sua comunicação e a sua divulgação à comunidade educativa e às famílias, abrindo caminho à sua participação ativa.

A coconstrução da planificação e o desenvolvimento do trabalho

A segunda fase do projeto, pressupondo a planificação e o desenvolvimento do trabalho (Vasconcelos, 2012), envolveu a elaboração dos caminhos a percorrer, definindo-se os modos de execução. Nesse momento, recuperou-se o diálogo com as crianças sobre o projeto para ver se queriam incluir mais tópicos de investigação e se havia evolução de propostas, já que a planificação forma um processo dinâmico, que é reformulado à "mercê das novas informações que estão sistematicamente a ser recebidas" (Vasconcelos, 2012, p. 14).

Assim, em um grande grupo, num ambiente convidativo ao diálogo e à negociação de ideias, procedeu-se ao registro escrito das propostas das crianças. Ao longo do diálogo, ocorreu uma evolução considerável na planificação, em virtude da apresentação de novas sugestões para investigação ("Quem trabalha nos barcos?"; "Para que servem o farol e as boias?") e novas propostas ("Ver barcos grandes"; "Construir um barco grande"; "Andar de barco").

Após a recolha dessas propostas, ocorreu o momento de delinear uma forma de as tornar exequíveis, quando se definiram os meios de investigação, destacando-se a biblioteca (M. R., R., S.), os livros (C., D., L., N.), a internet (D., L., M. R., R., S.) e a família (A. O., M. R., S.). As planificações coconstruídas com as crianças foram expostas tanto no átrio da instituição, para fácil visibilidade dos familiares e da comunidade educativa, como na sala de atividades, mais próxima do grupo. Esse momento de planificação conjunta não só potenciou aprendizagens relativas à convivência democrática e à cidadania, pelo envolvimento em resoluções e conclusões negociadas, como se constatou que a construção curricular contextualizada e negociada reconhece o respeito pela competência e pela participação da criança (Oliveira-Formosinho e Formosinho, 2013).

Reconhecendo o interesse como o "veio central da ação educativa" (Gâmboa, 2011, p. 68) e sendo este visível na procura de respostas à questão "Que tipo de barcos existem?", como aprendizes ativos, as crianças partiram para processos de pesquisa por meio da experiência direta, na terceira fase do projeto, denominada de *execução* (Vasconcelos, 2012). Assim, em pequenos grupos, de acordo com os seus interesses e os meios de investigação que elegeram, as crianças dividiram-se pelos diversos espaços da sala de atividades: dois grupos quiseram consultar livros presentes na biblioteca, e outro grupo quis utilizar como recurso o computador, tendo-se apoiado a pesquisa na internet.

Durante o processo investigativo, as crianças chegaram à conclusão de que teriam de selecionar informação e registrá-la, sendo o uso da linguagem gráfica a opção escolhida. Durante esse momento, acedeu-se às representações das crianças, questionando os seus significados e, de forma a incentivar processos de relação entre a escrita e a mensagem oral, foi escrito aquilo que comunicavam em relação aos seus desenhos.

Posto isso, e reconhecendo-se a importância da socialização do saber, a equipe pedagógica criou espaço à necessária comunicação e à partilha dos saberes construídos pelas crianças (Niza, 2013). Essas partilhas indiciavam os saberes construídos sobre os vários tipos de embarcações e as respectivas designações, funções, componentes, além dos tipos de propulsão (remos, vela, motor) e da sua importância como meio de transporte de pessoas e mercadorias, sugerindo a construção de aprendizagens em nível de conhecimento do mundo físico e natural. Deixamos dois exemplos:

– É um barco-robô. Vai para a China e leva café e chá. É muito rápido, por isso é que é robô. (B., 5 anos)
– Eu descobri o barco à vela de competição. Tem as velas, é de madeira leve para andar rápido e ganhar. (S., 5 anos)

Salientam-se as competências sociais desenvolvidas, nomeadamente, a cooperação e a interajuda nos processos de pesquisa, bem como as competências de comunicação e expressão, e os valores, como o respeito e a responsabilidade para com o próprio trabalho e o dos outros.

O desenvolvimento de saberes profissionais relacionados à planificação de atividades capazes de cruzar os interesses das crianças com as intencionalidades da equipe pedagógica ocorreu pela proposta de pintura e modelagem, com uso de argila e massa de modelar. Assim, tendo-se como propósito cruzar a linguagem oral com a linguagem plástica, uma vez que se permita às crianças expressarem-se utilizando as suas múltiplas linguagens, foi possível observar as mãos que falam e as mãos que pensam na exploração do objeto a ser conhecido (Edwards, Gandini e Forman, 1999). Nesse processo exploratório, possivelmente fruto dos processos de aprendizagem experienciados de maneira prévia, tornou-se visível a evolução das representações das crianças pela inclusão de detalhes náuticos, tanto nas suas representações como no seu discurso:

– É a jangada, o barco mais antigo do mundo. (A., 4 anos)
– O meu barco é assim mesmo, tem muitos remos. (N., 4 anos)

Processos em continuidade: o envolvimento da comunidade e das famílias

A escuta da voz das crianças ampliou-se, e abriram-se as portas da escola para o mundo e para a vida, atribuindo significado e sentido às suas propostas de "Ver barcos grandes", registradas na fase II do desenvolvimento do projeto. Reconhecendo-se as educadoras e os educadores de infância como provocadores e impulsionadores de experiências de aprendizagem (Oliveira-Formosinho, 2018), consideraram-se as propostas explícitas das crianças pela organização de uma saída ao exterior, com proposição de atividade de observação de paisagem e pintura ao ar livre.

Durante o percurso até ao centro histórico da cidade do Porto, na zona ribeirinha, as crianças interagiram com a comunidade local, reconheceram as habitações de familiares e amigos ao atravessarem o bairro e escutaram os sons da natureza. As crianças estavam bastante felizes e entusiasmadas durante o processo, observando os barcos e desenhando-os em detalhes, com bastante precisão e persistência. A interação direta possibilitou a realização de comparações, uma vez que as crianças observaram vários barcos, como o barco rabelo,[6] o navio cruzeiro e o barco turístico específico do Porto. Além disso, permitiu recordar aspectos e características típicos das embarcações que anteriormente haviam descoberto no momento de pesquisa.

Assim, destacam-se as experiências vivenciadas reveladoras da abordagem holística e integrada da educação, bem como se salienta o envolvimento no ciclo impressão-expressão (Laevers e Declercq, 2012), pela reconstrução de significados ante o tópico de investigação, em que as crianças se atentaram a detalhes acerca dos quais, outrora, não eram conscientes, o que sugere a expansão dos seus conhecimentos e dos seus saberes diante do tema. Vale mencionar, ainda, a ligação intergeracional existente pelo envolvimento dos membros da comunidade nas experiências das crianças, sendo visível o entusiasmo destas quando interpelavam as pessoas que ali passavam, curiosas, para lhes mostrar as suas representações:

– Olha, eu desenhei isto! É aquele barco [apontando]! (N., 4 anos)

– Este é o meu barco, eu desenhei. Está ali! (A. O., 3 anos)

[6] N. do E.: embarcação fluvial típica portuguesa que, tradicionalmente, transportava barris de vinho da região de Alto Douro e cuja vela quadrada servia de leme.

Na experiência formativa das educadoras-estagiárias, surgiu a confirmação de como é crucial a criação de experiências que se alimentem da experiência direta com as pessoas e os objetos, instigando uma profissionalidade mais consciente, a qual reconhece que a construção de conhecimento pela criança ocorre em plena interação com o mundo físico e social. Reconheceu-se, também, como a rede de participação e colaboração na educação pode e deve estender-se à comunidade, que potencia e alarga as experiências de aprendizagem de todos os envolvidos.

De forma a enriquecer as situações de aprendizagem e considerando-se a vontade das crianças em "andar de barco", a equipe educativa acautelou a possibilidade de construir uma parceria com a comunidade, em razão de o contexto socioeconômico do grupo se caracterizar por sua fragilidade. A parceria, estabelecida com uma empresa de empreendimentos turísticos, foi conseguida pelo contato e pela ida presencial à empresa, a fim de comunicar o desejo das crianças em andar de barco e solicitar a sua colaboração na concretização desse desejo. Perante a confirmação da viagem de barco de maneira gratuita, comunicou-se às crianças a resposta da empresa, que a receberam de modo entusiástico e iniciaram a sua preparação, em resposta a várias dúvidas presentes na planificação, mais concretamente no tópico "O que gostaríamos de saber?". Assim, as crianças, como investigadoras, apresentaram diversas questões a fazer ao capitão de bordo: "De que são feitos os barcos?"; "Como os barcos afundam?"; "De que são feitas as boias?"; "Quem mexe o leme?"; "Onde são feitos os barcos?".

Ao longo da viagem, demonstraram curiosidade e interesse pelo que as rodeava e envolvidas no processo de descoberta e de exploração:

– Isto é fantástico! (L., 4 anos)
– Uau, isto é enorme! (M. R., 6 anos)
– O rio é frio. (R., 4 anos)
– As ondas crescem porque o vento fica mais forte. (C., 4 anos)

Perante a oportunidade de visita ao interior do barco, as crianças puderam observar a zona do restaurante, assim como os coletes de salvamento disponíveis em caso de emergência, indicando compreender a sua função:

– Os sinalizadores e as boias de segurança servem para avisar os barcos e para eles não baterem contra pontes e muros. (C., 4 anos)

Em terra, dialogaram com um marinheiro e com um capitão de bordo, que se disponibilizaram para esclarecer todas as curiosidades do grupo.

Tal oportunidade alargou e enriqueceu imensamente as experiências de aprendizagem de crianças e de adultos, e, dela, resultou a construção de saberes profissionais afetos à importância da participação dos membros da comunidade no planeamento e na realização de oportunidades educativas enriquecedoras do processo educativo. Permitiu, também, o reforço da compreensão de como as crianças, ao sentirem, observarem, ouvirem, manipularem e experienciarem, constroem ativamente os seus conhecimentos, por meio da ação sobre os objetos e da interação com pessoas, espaços, ideias e acontecimentos (Hohmann e Weikart, 2011).

Na sala de atividades, dialogou-se e revisitou-se a experiência vivida. Esse processo partilhado dos saberes construídos e sua sistematização permitiu a compreensão das aprendizagens realizadas pelas crianças e a atribuição de significado, apoiantes da reflexão da equipe pedagógica sobre o modo como concretizava a sua intencionalidade e, portanto, na avaliação, se as oportunidades educativas planificadas respondiam às crianças (Lopes da Silva *et al.*, 2016).

Por sua vez, cruzando a intenção de crianças e adultos de envolver as famílias ativamente no projeto, a equipe pedagógica propôs a pesquisa e a construção tridimensional de vários tipos de barcos com as famílias. Após a sua construção, realizou-se a partilha em grupo na sala. O discurso das crianças espelhou, mais uma vez, a apropriação de um vocabulário náutico e de novos conhecimentos, decorrentes das pesquisas e das construções que realizaram, como demonstra a fala do S. (5 anos):

– O meu barco chama-se *Moliceiro*. Eu fiz com o avô F. O meu barco anda à beira-rio, na rua de Aveiro. Ele tem leme, tem boias para salvar pessoas e não bater nos muros.

A construção de parcerias com as famílias foi-se intensificando e estendeu-se à participação de dois familiares na sala de atividades, com ligações profissionais à atividade piscatória e aos barcos. Com a sua participação, as crianças puderam manipular diversos objetos associados à atividade piscatória, como a vara de pesca, e várias conchas e carapaças de crustáceos, que desencadearam expressões de admiração e encantamento. Também puderam compreender, com o testemunho do pai do L., a contribuição dos barcos na sua profissão como vendedor numa lota.[7]

Ampliando a experiência: a atenção recursiva às propostas das crianças

Considerando que, na fase inicial do projeto, as crianças se interrogaram ("Como os barcos andam em cima da água?"), a equipe pedagógica considerou o estado de dúvida das crianças no processo de planificação, propondo uma atividade experimental. De fato, a abordagem experimental potencia a estruturação do pensamento científico e o fomento de atitudes investigativas à procura de compreensão do mundo, facilitadoras do desenvolvimento do letramento científico. Por isso, reconhecendo-se a agência das crianças e mediando-se a situação com recurso ao diálogo, as crianças anteciparam os objetos necessários à atividade experimental, de que é exemplo a sugestão da N. (4 anos):

– Os barcos andam no rio e no mar. Andam na água. É isso! Precisamos de água!

[7] N. do E.: local portuário onde se vendem peixes recém-pescados, geralmente, por atacado, muitas vezes, em leilão.

Após disporem de um recipiente transparente com água no seu interior, as crianças selecionaram, de forma autônoma, um objeto à sua escolha, para testar possibilidades e compreender qual o comportamento de diferentes objetos em meios líquidos (flutuantes/não flutuantes). Nesse momento, consideraram-se as ideias prévias das crianças, confrontando-se as suas previsões com as observações que iam realizando, desafiando-se a sua capacidade de observação e de colocação de hipóteses, mediante questões abertas: "Já repararam?"; "Por que acham que isso aconteceu?". Entretanto, novas conclusões começaram a surgir, indicadoras de um novo entendimento de que não é a massa dos objetos que determina a sua flutuação:

> – Há coisas leves que afundam, e há coisas pesadas que não afundam. Também há coisas leves que boiam e coisas pesadas que boiam. (C., 4 anos)

Com a construção de novos entendimentos e de forma a sistematizar as aprendizagens, as crianças realizaram o registro da atividade, organizando e quantificando os dados, com recurso ao desenho.

Revisitando-se a planificação, as crianças relembraram que faltava "fazer um barco grande", o que incitou a criação de diálogos cooperativos e negociados relativos à escolha de qual barco a construir, uma vez não existir consenso. A vida em grupo, implicando confronto de opiniões, envolveu as crianças em debate e negociação, de modo a encontrarem uma resolução mutuamente aceita pelos intervenientes. A opinião da M. R. (6 anos) foi aceita por todas as crianças, as quais foram escutadas individualmente, manifestando entusiasmo pela presença de uma nova área de interesse:

> – Nós podíamos fazer um barco-hospital para cuidarmos dos bebês doentes da casinha, que iam lá ao hospital.

Assim, procedeu-se ao registro dos materiais e das etapas necessárias à sua construção, bem como à divisão das tarefas pelas crianças. Primeiramente, foi necessário observar, com recurso ao computador, fotografias do navio-hospital para as crianças poderem projetar e visionar como iriam levar a cabo a construção, atendendo às partes constituintes do barco (laterais – bombordo e estibordo; proa e popa).

Posto isso, iniciou-se a construção das suas partes laterais, em que as crianças mediram, traçaram linhas paralelas para representar as faixas características da embarcação e procederam à sua pintura. Depois, partiram para a construção da proa do barco com cartões e pintaram-na, como o haviam visualizado durante as pesquisas. Ressalta-se que as crianças recorreram várias vezes ao computador para observar detalhadamente imagens do barco-hospital, partilharam e negociaram ideias de forma a torná-lo o mais próximo da realidade.

A organização em pequenos grupos e a sua gestão revelou-se significativa por potenciar a aprendizagem cooperativa, já que todo o grupo de crianças se envolveu no processo de construção reconhecendo que, para atingir uma finalidade comum, era necessário que todos contribuíssem para o grupo com a sua participação individual. Em consonância, o fato de o grupo de crianças ser etariamente heterogêneo impulsionou que, durante esses processos, as crianças confrontassem os seus pontos de vista e colaborassem na resolução de problemas, tornando-se mediadoras umas das outras, pela atuação na zona de desenvolvimento proximal (Vygotsky, 1991).

Após a construção da estrutura do barco, as crianças assumiram como intenção a atribuição de um nome, o que estimulou processos de negociação e de mediação dos interesses das crianças, decidindo que ele se chamaria *Porto Brilhante*. Essa situação, evidência da importância da discussão e do debate como processos facilitadores do respeito pelo outro, impulsionou a compreensão, por parte das educadoras-estagiárias, de como a educação, como atividade partilhada, é processada mediante a discussão e a negociação (Lino, 2013).

Finalizada a construção do barco-hospital, ocorreu o momento de exploração do novo espaço que, considerando os materiais existentes, tornou-se convidativo ao jogo dramático das crianças. Assim, estas envolveram-se na representação de diferentes papéis (médico, enfermeiro, recepcionista, paciente, acompanhante) e situações sociais, criando as suas próprias narrativas, livremente construídas por todos os intervenientes.

Desse modo, definindo, distribuindo e respeitando os papéis e as funções uns dos outros, em desenvolvimento de competências sociais de interação, cooperação, compreensão do papel do outro, as crianças envolveram-se em múltiplas brincadeiras, que revelam como brincar e aprender se articulam "com o reconhecimento da criança como sujeito e agente do processo educativo" (Lopes da Silva *et al.*, 2016, p. 31).

Divulgação e avaliação do projeto: o papel da documentação pedagógica

Em análise, a documentação serviu a vários propósitos, entre eles, a construção de memória acerca das experiências vivenciadas, o que possibilitou a revisitação e a reflexão acerca das aprendizagens, convidando as crianças à narração, à interpretação e à significação dos seus caminhos do aprender (Oliveira-Formosinho e Formosinho, 2013), de que é exemplo o que partilhou o menino D. (5 anos), enquanto apontava para a fotografia:

– Este foi o dia em que descobri o navio e o desenhei.

Num segundo propósito, a documentação viabilizou a compreensão do processo de aprendizagem das crianças e, portanto, a reflexão se a ação pedagógica desenvolvida contribuía para o desenvolvimento de experiências de aprendizagem integradas. Como terceiro propósito, impulsionou a comunicação com múltiplos destinatários, já que a documentação, retirando as práticas educativas do anonimato, visibilizou-as perante a comunidade educativa e as famílias das crianças. No caso da primeira, permitiu que as crianças do Primeiro Ciclo do Ensino Básico pudessem, regularmente, acompanhar as experiências de aprendizagem das crianças da Educação Pré-Escolar, num clima de partilha e de socialização do saber, tornando útil e enaltecido o trabalho realizado. Em relação às famílias, favoreceu a sua colaboração e a sua parceria no desenvolvimento do projeto, promovendo o seu envolvimento ativo no processo de educação das crianças, pois, regularmente, os familiares observavam e comentavam com as crianças as suas vivências e as suas experiências.

No campo da avaliação, esta foi contínua, sistemática e transversal ao projeto, pela observação, pelo registro, pela interpretação e pela documentação dos processos de aprendizagem das crianças no contexto educacional criado. Como se tentou dar conta ao longo do presente capítulo, foi sendo visível a avaliação realizada relativa à qualidade das experiências proporcionadas, ao ambiente educativo criado, ao envolvimento das crianças no processo de pesquisa e de descoberta, à informação recolhida, aos saberes construídos, às competências e aos valores desenvolvidos, e ao nível de cooperação alcançado. Assim, a avaliação desenvolveu-se num processo contínuo e interpretativo, que procurou tornar a criança protagonista da sua aprendizagem (Portugal, 2011).

Considerações finais

Retrospectivamente, este projeto promoveu a construção de vários saberes que, de forma integrada e holística, sustentaram-se no interesse e na motivação intrínseca das crianças sobre os barcos. Esse elemento, aparentemente simples e do cotidiano, adquiriu novos significados e deixou de ser apenas "barco", pelo conhecimento das designações dos seus diversos modelos, funções, componentes e tipos de propulsão, tendo sido visível a ampliação de saberes quanto à área de Conhecimento do Mundo, em particular, do do mundo físico e do natural (Lopes da Silva *et al.*, 2016). Essa construção de significados passou a ser visível no tempo de escolha livre durante as brincadeiras das crianças, em que era notória a mobilização das aprendizagens construídas.

Do mesmo modo, o projeto impulsionou, como mencionado, o desenvolvimento de competências cognitivas e metacognitivas (resolução de problemas, concentração, planejamento, questionamento, previsão, reflexão), competências socioemocionais e comunicativas (interação, mediação, negociação, empatia e autorregulação). Também estimulou o desenvolvimento de atitudes e valores, como o respeito, a cooperação e a partilha, pela procura constante de construção de um contexto democrático e o desenvolvimento de disposições, como a curiosidade, o desejo de aprender e o aprender a aprender. Procurou-se valorizar a agência das crianças, desenvolvendo-se processos de escuta ativa, capazes de aceder às suas opiniões e às suas ideias, em promoção constante de uma cidadania ativa. Essa procura incrementou as disposições e a envolvência das crianças no projeto, o que, no seu decorrer, mostrou a capacidade de que dispõem em dar amplos contributos, implicando-se nas várias atividades e no progresso do próprio projeto. Faz-se importante salientar a procura constante de atenção e respeito para com a heterogeneidade cultural do grupo, intencionando-se um processo de aprendizagem inclusivo e capaz de atenção diferenciada (por exemplo, a adequabilidade visível na escolha intencional de utilização da linguagem gráfica em vez da verbal).

Por fim, refere-se à promoção da criação de relações mesossistémicas entre a escola e a família, e entre a escola e a comunidade (Bronfenbrenner, 1996) no desenvolvimento do projeto. As múltiplas formas de relações recíprocas construídas potenciaram o alargamento das relações sociais das crianças, não só com crianças de diferentes idades e níveis educativos, mas também com adultos (da instituição educativa, da comunidade, da família das crianças), em que todos esses atores contribuíram coletivamente para a educação e o desenvolvimento das crianças, alargando e enriquecendo as situações de aprendizagem.

Reconhecendo que o envolvimento em processos como aqueles que definem de maneira intrínseca o trabalho de projeto poderá reverter favoravelmente na experiência de qualquer criança, acreditamos que tal envolvimento poderá ser particularmente generativo em crianças que vivem em contextos que, como neste caso concreto, constituem Territórios Educativos de Intervenção Prioritária, visando minorar os efeitos de circunstâncias familiares de desvitalização socioeconômica e cultural.

Do ponto de vista das educadoras-estagiárias, o envolvimento neste projeto permitiu que atentassem à valorização do caráter holístico da aprendizagem e do desenvolvimento das crianças, adotando estratégias de planificação que promovessem aprendizagens integradas, contextualizadas e apologistas da aprendizagem pela ação. Reconheceu-se a importância de uma postura permanente de observação, escuta e documentação das experiências das crianças, capacitante na integração das suas propostas implícitas e explícitas.

No desenvolvimento da ação educativa, as formandas foram aprimorando modos de organização do ambiente educativo, de forma a permitir uma interação pedagógica intencional. Para isso, intencionaram o fomento de relações positivas e capacitantes, promotoras de segurança afetiva e capazes de problematizar e de instigar o pensamento da criança pela renovação do seu empenho ativo e individual com a experiência. A autovigilância das interações adulto-criança, indispensáveis à realização profissional, requereu a necessária compreensão de uma atitude permanente de reflexão sobre o cotidiano pedagógico. Envolvendo-se num processo de autonomização, as formandas apoiaram-se, por isso, na construção de saberes pelo acesso a quadros teóricos partilhados, fundamentando-se em crenças, valores e princípios, num repensar contínuo do significado das práticas e, portanto, em recriação constante da práxis pedagógica (Oliveira-Formosinho e Formosinho, 2013).

Em resumo, a experimentação do trabalho de projeto possibilitou o encontro da equipe educativa com as suas concepções, em particular, a apologia da criança competente e com direito à participação, mas, também, à construção de saberes profissionais em sintonia com essa apologia, sobretudo, a significatividade da coconstrução de um currículo contextualizado em direção à cultura.

Referências

Bronfenbrenner, U. *The ecology of human development*: experiments by nature and design. 9. ed. Cambridge, MA: Harvard University Press, 1996.

Bruner, J. S. *Para uma teoria da educação.* Lisboa: Relógio d'Água, 1999.

Cagliari, P. *et al. Loris Malaguzzi and the schools of Reggio Emilia*: a selection of his writings and speeches 1945-1993. London: Routledge, 2016.

Dewey, J. *Cómo pensamos*: nueva exposición de la relación entre pensamiento reflexivo y proceso educativo. Barcelona: Paidós, 1989.

Edwards, C.; Gandini, L.; Forman, G. *As cem linguagens da criança*: a abordagem de Reggio Emilia na educação da primeira infância. Porto Alegre: Artmed, 1999. v. 1.

Edwards, C.; Gandini, L.; Forman, G. *As cem linguagens da criança*: a experiência de Reggio Emilia em transformação. Porto Alegre: Artmed, 2016. v. 2.

FOLQUE, M. A. *O aprender a aprender no pré-escolar*: o modelo pedagógico do movimento da escola moderna. 2. ed. Lisboa: Fundação Calouste Gulbenkian, 2014.

GÂMBOA, R. Pedagogia-em-participação: trabalho de projeto. *In*: OLIVEIRA--FORMOSINHO, J. *et al.* (org.). *O trabalho de projeto na pedagogia-em-participação*. Porto: Porto Editora, 2011. p. 49-81.

HOHMANN, M.; WEIKART, D. P. *Educar a criança*. 6. ed. Lisboa: Fundação Calouste Gulbenkian, 2011.

KEMP, C.; SMITH, P.; DALRYMPLE, R. Characterising work-based learning as a triadic learning endeavour. *Journal of Further and Higher Education*, v. 38, n. 1, p. 75-89, 2014.

LAEVERS, F.; DECLERCQ, B. *A process-oriented monitoring system for early years [POMS-EY]*. Leuven, Bélgica: Cego Publishers, 2012.

LINO, D. O modelo pedagógico de Reggio Emilia. *In*: OLIVEIRA-FORMOSINHO, J. (org.). *Modelos curriculares para a educação de infância*: construindo uma práxis de participação. Porto: Porto, 2013. p. 109-40.

LOPES DA SILVA, I. *et al. Orientações curriculares para a educação pré-escolar*. Lisboa: Ministério da Educação, 2016.

NIZA, S. O modelo curricular de educação pré-escolar da Escola Moderna Portuguesa. *In*: OLIVEIRA-FORMOSINHO, J. (org.). *Modelos curriculares para a educação de infância*: construindo uma práxis de participação. Porto: Porto, 2013. p. 141-60. (Coleção Infância).

OLIVEIRA-FORMOSINHO, J. Pedagogia-em-participação: modelo pedagógico para a educação em creche. *In*: OLIVEIRA-FORMOSINHO, J.; ARAÚJO, S. (org.). *Modelos pedagógicos para a educação em creche*. Porto: Porto, 2018. p. 29-70.

OLIVEIRA-FORMOSINHO, J.; FORMOSINHO, J. A perspetiva educativa da Associação Criança: a pedagogia-em-participação. *In*: OLIVEIRA-FORMOSINHO, J. (org.). *Modelos curriculares para a educação de infância*: construindo uma práxis de participação. Porto: Porto, 2013. p. 26-60. (Coleção Infância).

PORTUGAL. Ministério da Educação. Direção Geral de Inovação e Desenvolvimento Curricular. *Circular nº 4/ DGIDC/DSDC, de 11 de abril de 2011*. Avaliação na educação pré-escolar. Lisboa: Ministério da Educação, 2011. Disponível em: https://www.dge.mec.pt/sites/default/files/EInfancia/documentos/circular avaliacaoepedocumentofinal.pdf. Acesso em: 14 mar. 2023.

PORTUGAL. Ministério da Educação. *Decreto-lei nº 79, de 14 de maio de 2014.* Aprova o regime jurídico da habilitação profissional para a docência na educação pré-escolar e nos ensinos básico e secundário. Lisboa: Ministério da Educação, 2014. Disponível em: https://dre.pt/dre/legislacao-consolidada/decreto-lei/2014-73250886-73536280?_ts=1678233600034. Acesso em: 14 mar. 2023.

PORTUGAL. Direção-Geral de Educação. *Programa Territórios Educativos de Intervenção Prioritária*. Lisboa: Direção-Geral da Educação, [20--?]. Disponível em: https://www.dge.mec.pt/teip. Acesso em: 14 mar. 2023.

VASCONCELOS, T. (coord.). *Trabalho por projectos na educação de infância*: mapear aprendizagens, integrar metodologias. Lisboa: Ministério da Educação e Ciência, Direção-Geral de Inovação e de Desenvolvimento Curricular, 2012. Disponível em: https://www.dge.mec.pt/sites/default/files/EInfancia/documentos/trabalho_por_projeto_r.pdf. Acesso em: 14 mar. 2023.

VYGOTSKY, L. S. Aprendizagem e desenvolvimento intelectual na idade escolar. *In*: VYGOTSKY, L. S.; LURIA, A. R.; LEONTIEV, A. N. *Linguagem, desenvolvimento e aprendizagem*. Lisboa: Estampa, 1991. p. 103-18.

As autoras

Cláudia Almeida

Escola Superior de Educação do Instituto Politécnico do Porto.

Filipa Santos

Escola Superior de Educação do Instituto Politécnico do Porto.

Augusta Marques

Jardim de Infância do Sol, Agrupamento de Escolas Alexandre Herculano.

Sara Barros Araújo

Escola Superior de Educação do Instituto Politécnico do Porto e Centro de Investigação e Inovação em Educação (inED).

Gilvana Menslin Oliveira Maia

11

Reflexões sobre a fotografia na documentação dos projetos na Educação Infantil

A fotografia não deve reproduzir o visível,
e sim tornar visível o invisível.
Franco Fontana (apud Hoyuelos, 2019, p. 191)

Este estudo teórico discute o uso da fotografia nos projetos da Educação Infantil. O interesse pela temática vem de reflexões ao longo da minha vida docente. Existe uma abordagem fotográfica que possa guiar o olhar dos professores sobre como fotografar os processos? Qual seria a contribuição da fotografia para os projetos na Educação Infantil? Assim, apoio as reflexões bibliográficas na abordagem qualitativa, trazendo autores da área da fotografia e linguagem fotográfica: Freeman (2014), Herman (2016), Lima (1988), Martins (2021) e Nates (2013), além de autores que dialogam sobre documentação pedagógica: Gandini e Goldhaber (2002), Gariboldi (2020), Kinney e Wharton (2009), Riera (2019) e Rinaldi (2020). Compreendo a importância do uso da fotografia no processo de documentação pedagógica; assim, nós, professores, precisamos ter consciência da nossa percepção no processo de escuta e na observação que guiará o nosso olhar no momento de utilizar a fotografia para documentar os projetos na Educação Infantil.

Desse modo, avalia-se que a abordagem da fotografia documental dialoga com a documentação pedagógica quando compreendemos que o olhar de quem fotografa não é neutro, mas permeado de intencionalidade, e que, por meio da discussão com os pares e da observação atenta, é possível dar visibilidade e sustentar as investigações das crianças nos projetos da Educação Infantil.

***

O uso da fotografia na Educação Infantil não é uma novidade. No contexto escolar, ela é utilizada há muito tempo como forma de registrar acontecimentos importantes, como homenagens cívicas, bem como para registrar professores e suas turmas. A fotografia, quando de sua criação, era inatingível, cara e reservada a poucos momentos. Nas escolas de Educação Infantil, com o advento da era digital, ela adentrou como uma forma de registro.

Talvez sem percebermos, seguindo uma tendência social, a fotografia foi ganhando espaço na Educação Infantil. Lembro-me de quando iniciei na Educação Infantil, em 1999. Os eventos no "Jardim de Infância" foram fotografados e, após reveladas, as fotos foram expostas na entrada da instituição para que os pais pudessem comprar cópias e guardá-las como lembrança. A fotografia era o registro do vivido, da prática pedagógica e das festividades na instituição.

É provável que o custo alto para comprar o filme e revelar as fotos dificultasse que todos os momentos fossem fotografados. O clique era muito bem pensado; afinal, até mesmo as fotografias borradas e inutilizadas eram pagas no momento da revelação. Então, surgiram as primeiras câmeras digitais, com a promessa de fotografias instantâneas e sem o custo da revelação. Essa revolução tecnológica impactou culturalmente a maneira como nos relacionamos com a fotografia no cotidiano.

Quando surgiram as primeiras câmeras fotográficas digitais, havia uma pequena tela para ver a imagem, que precisava ser passada para um computador para, então, ser compartilhada, o que dificultava esta ação. Para mostrar a imagem a alguém era preciso ter um computador e enviá-la por *e-mail*. Os celulares ainda não eram dotados de uma tecnologia que permitisse seu rápido compartilhamento. Porém, o ato de fotografar e ver a imagem havia ficado mais acessível. Lembro-me de que, em 2005, quando comprei minha primeira câmera digital, tudo, absolutamente tudo, era fotografado com as crianças e impresso em folhas sulfite, como uma recordação, uma lembrança.

Foi a soma de muitos fatores que nos trouxe ao momento atual, ao imediatismo com relação à fotografia. Em tempo real, é possível fotografar e postar nas redes sociais com um *smartphone*. Pouco se pensa sobre a fotografia, sendo ela criada e compartilhada em segundos ou poucos minutos. A escola, que é integrada à sociedade, incorporou uma prática pouco discutida com a inserção das fotografias das crianças e dos professores nas redes sociais das instituições de Educação Infantil.

No início do ano de 2019, comecei a acompanhar perfis de professores e de instituições de Educação Infantil nas redes sociais. Curiosamente, talvez por estar atuando na formação docente, e não diretamente com as crianças, a documentação dos projetos exibida nas redes, assim como o caráter comunicativo das imagens, começou a chamar minha atenção. Não era incomum encontrar fotografias das crianças, cuidadosamente organizadas lado a lado, segurando uma atividade nas mãos e sorrindo para a foto, ou, então, uma atividade em que era possível ver uma criança realizando a ação, e todas as outras sentadas ao fundo, aguardando sua vez.

Todas essas observações atraíram meu olhar, convidaram-me a pensar como, até aquele momento, eu havia utilizado a fotografia na minha prática pedagógica. Sempre fotografei, desde a época do filme, mas, por muitos anos, não refletia sobre as imagens; ou, quando o fazia, essa reflexão não se relacionava à proposta que seria ofertada às crianças. Foi no ano de 2007 que comecei a pensar e a utilizar a fotografia nos meus registros diários sobre as vivências. Porém, era algo privativo, a que as famílias só tinham acesso a cada seis meses, no momento da avaliação. Eu desconhecia o poder comunicativo e formativo das redes sociais; no entanto, nesse período, comecei a pensar acerca do registro fotográfico na minha prática e na comunicação com as famílias, mas ainda na minha "bolha" de professora de Educação Infantil com a turma que atuava.

Ao trabalhar diretamente com formação de professores no ano de 2018, como parte do Grupo Interdisciplinar de Pesquisa e Prática em Educação (Gieppe), na rede de São Francisco do Sul (SC), colaborei, no ano de 2019, com uma pesquisa que identificou as principais linguagens presentes nos portfólios de aprendizagem nas turmas de Educação Infantil. Foi o momento em que meu olhar deixou a bolha. Dos 125 portfólios analisados, somente um não tinha o registro fotográfico, e a forma como os registros eram utilizados eram as mais variadas possíveis.

Grande parte das fotos eram posadas, com as crianças olhando para a imagem de forma estática. Em relação à linguagem escrita e à fotografia, a maioria não tinha descrição do acontecido, mas uma sentença como: "João brincando". Algumas continham na legenda o nome da atividade e o objetivo do professor, por exemplo: "Desenvolver a coordenação motora". Perceber que a fotografia não comunicava processos e que essa "função" não estava clara para os professores que produziam a documentação foi algo inquietante.

Uma vez encerrada a minha colaboração no estudo, iniciei, como curiosa que sou, uma jornada em busca de respostas: Existe uma abordagem fotográfica que possa guiar o olhar dos professores sobre como fotografar processos? Qual a contribuição da fotografia para os projetos na Educação Infantil? Assim, organizou-se o estudo em dois eixos: a fotografia e a observação, discutindo-se a articulação entre essas duas ações, a fotografia documental e os projetos na Educação Infantil, relacionando áreas diferentes para compreender a fotografia na documentação pedagógica.

O que vem primeiro: a fotografia para observação ou a observação para a fotografia?

O que já foi uma hipótese, hoje, é a certeza de que, para a prática pedagógica na Educação Infantil, o registro é algo fundamental. Por muito tempo, registramos para verificar se os objetivos foram atingidos; atualmente, registramos para acompanhar processos. Nesse sentido, ao pensarmos a fotografia como uma forma de registro na Educação Infantil, faz-se necessário discutir ações anteriores ao ato de fotografar.

Um dos pontos fundamentais para registrar na Educação Infantil é observar. De acordo com Herman (2016, p. 24):

> Nossa capacidade de ver, de dar sentido ao que vemos, e de agir conforme essa informação reside no incrível poder que depende inteiramente das nossas conexões neurais. [...] cientistas descobriram que à medida que desaceleramos ou paramos de exercitar os

> nossos músculos mentais, a velocidade da transmissão neural se reduz drasticamente, o que por sua vez leva a um decréscimo da velocidade do processamento visual.

Nesse sentido, o ato de ver, perceber e entender o que vemos precisa ser exercitado. À medida que tomamos consciência do quanto essa observação se faz necessária, percebemos que leva tempo até ativar nossa inteligência e processamento visuais. De igual maneira, Riera (2019, p. 78) esclarece que a observação "necessita de um treinamento para exercer uma atenção consciente naquilo que é observado". No cotidiano com as crianças, podemos valorizar suas ações e suas brincadeiras.

Sobre a concentração e a distração do adulto observador, Herman (2016, p. 35) coloca: "A tecnologia portátil não é só uma distração sensorial; nós permitimos que ela seja uma substituição sensorial". Assim, antes de olhar para a criança pela tela do celular ou pela lente de uma câmera, é necessário olhar nos olhos, estabelecer vínculos e conexões e conhecer a criança por meio do processo de escuta.

A escuta, para Rinaldi (2020, p. 124), é "como sensibilidade aos padrões que conecta, ao que nos conecta aos outros" e a "metáfora para a abertura e a sensibilidade de ouvir e ser ouvido". O processo de escuta ao qual Rinaldi (2020) se refere tem ponto de partida na relação entre adultos e crianças na acolhida, no afeto, na conexão. É uma criação de vínculos, sem que as telas, preocupadas em fotografar, estejam entre o adulto e a criança nesse momento.

Assim, a percepção visual e o processo de escuta ocorrem concomitantemente à observação do professor. É importante a tomada de consciência desse processo na prática pedagógica; contudo, ressalta-se o caráter consciente e de imersão exigido. Em relação à observação, Riera (2019, p. 77) esclarece: "A observação tenta ir mais além do olhar e da percepção, para não ficarmos na superfície. Ela pretende perceber o que acontece e implica em examinar e contemplar com atenção". Nesse sentido, destaca-se a importância da percepção para que, assim, consiga-se aprofundar o olhar por meio da observação. É essa observação atenta em relação à criança que nos leva à tomada de decisão ao fazer a fotografia.

Quanto à compreensão das possibilidades na Educação Infantil e da perspectiva etnográfica das relações estabelecidas com as crianças, Riera (2019, p. 81) esclarece que:

> As perspectivas etnográficas e ecológicas, como métodos de investigação, nos ajudam a nos aproximarmos do conhecimento da infância a partir do seu modelo natural de ação, para sabermos e compreendermos o que os meninos e as meninas fazem e pensam, o modo como se relacionam e aprendem.

Nesse sentido, com o conhecimento profundo sobre a importância da observação na Educação Infantil e a intensidade das relações de vivências com as crianças, buscou-se compreender como a fotografia entraria nesse processo. Existem muitas formas de fotografar e muitas abordagens diferentes. Qual seria a melhor abordagem para documentar as aprendizagens das crianças na Educação infantil? Esse será o foco de discussão da próxima seção.

Fotografia documental e os projetos na Educação Infantil

Atualmente, há tantas abordagens fotográficas possíveis quanto espaços sociais que a fotografia ocupa. Assim, também existem muitas conceituações para projetos na Educação Infantil. Em relação aos projetos, o conceito apresentado por Benzoni (2000 *apud* Gariboldi, 2020, p. 26) esclarece:

> Trabalhar por projeto quer dizer, em primeiro lugar, interrogar-se como criar condições de experiência que geram curiosidade e problemas, e que consistem em formular perguntas e incentivar a pesquisa nas crianças.

Nesse sentido, o projeto deixa de ser um planejamento estanque, com etapas a serem realizadas e fotografadas para documentar, tornando-se algo vivencial, com ativa participação das crianças. Para conhecer as curiosidades e os problemas levantados por elas, a percepção, a escuta e a observação atenta constituem-se como ponto fundamental. E como a fotografia poderia colaborar nesse processo? É necessário pensar em uma abordagem que oriente a postura do professor diante dos registros fotográficos.

Por muito tempo, a fotografia, segundo Nates (2013), foi vista como uma ferramenta excelente para oferecer informações claras e objetivas. A conhecida frase popular "A fotografia não mente" advém desse período, no qual eram poucas as possibilidades de manipulação da imagem. Todavia, a riqueza da fotografia no processo documental está para além da objetividade, mas, segundo o autor, a fotografia é um mecanismo de transporte de conhecimento e cultura, um repositório de uma multiplicidade de comunicações.

No que tange ao caráter comunicativo da fotografia, de acordo com Lima (1988, p. 23-4):

> A leitura da fotografia nos provoca, portanto, reações emocionais mais espontâneas e quase sempre mais intensas do que a leitura de um texto. Na leitura de um texto, as reações psicológicas se desencadeiam imediatamente, já que os sentidos das palavras e das frases passa antes pela imaginação para ser traduzido em imagens mentais. A leitura de uma fotografia desencadeia reações emotivas diretas, pois ela suprime esta fase intermediária.

Também sobre a potência da fotografia como comunicação, Freeman (2014, p. 40) escreve:

> Comunicam constantemente e passam por cima da parte do cérebro que processa as palavras. Suas qualidades gráficas podem também ter função, além daquela

> desempenhada pelo que é mostrado. Podem funcionar sozinhas e juntas ao mesmo tempo. Respondem maravilhosamente ao *layout*, ao redimensionamento e a outras técnicas de apresentação. Funcionam juntas umas com as outras de duas maneiras: justaposição e sequência.

Nos sentidos apontados pelos autores, ao utilizarmos a fotografia no processo documental de um projeto na Educação Infantil, usaremos uma linguagem com grande caráter comunicativo, que pode dar visibilidade às ações vivenciadas pelas crianças. Partindo do pressuposto de que a fotografia faz parte do processo de escuta, de acordo com Rinaldi (2020, p. 233), "como detetives metafóricos, seguimos as pegadas das crianças, as direções que elas tomam e para as quais nos conduzem". As fotografias iniciam no percurso do projeto como importantes instrumentos de observação e caminham para os instrumentos de projetação quando possibilitam aos professores, em conjunto com outras linguagens, sustentar as investigações das crianças no percurso do projeto.

Ao estarem envolvidos no projeto, os professores capturam as imagens que acontecem diante dos seus olhos para além do que veem, pois a fotografia é uma interpretação do que está acontecendo. Nesse sentido, Nates (2013) explica que uma pessoa visualmente alfabetizada é capaz de traduzir sinais visuais complexos, ou seja, vai além do óbvio e da aparência. Quando se fotografa uma ação em desenvolvimento, o professor é desafiado, por meio da observação, segundo Riera (2019, p. 83), a "procurar interpretar o que se observa com base no ponto de vista da criança, e não impor as percepções adultas ao material observado". Assim, é preciso compreender a complexidade em documentar, por meio da imagem, o que observamos nas ações e nas relações infantis, bem como a importância de os professores, minimamente, buscarem conhecimentos sobre linguagem fotográfica, a fim de registrarem, pela imagem, o ponto de vista da criança.

Dessa maneira, ao compreender que a função da fotografia é visibilizar as ações infantis por meio da observação do professor, deve-se considerar que a mesma postura ética existente na observação precisa existir no momento em que se fotografa: a de não interferir nas ações das crianças. Também é preciso ter a clareza, conforme elucida Nates (2013), de que a fotografia como reprodução da realidade se trata de uma ilusão: a realidade é algo impossível de ser reproduzido, pois, ao fotografar, as escolhas estão permeadas pela intenção e pela opinião de quem fotografa.

Nesse sentido, entende-se a fotografia como a representação do real, dado que, de uma perspectiva da fotografia documental, ela foi feita em um momento vivido e real para quem está sendo fotografado. Entretanto, a interpretação de quem fotografou e de quem vê a imagem não representa uma verdade absoluta do que foi ali vivido. Quando falamos sobre a fotografia na documentação dos projetos na Educação Infantil, é necessário ter a clareza da subjetividade, que envolve tanto o ato de fotografar quanto a interpretação das imagens.

Sobre a fotografia no cotidiano, Martins (2021, p. 36) relata que:

> [...] permite ver por outros meios o que não pode ser visto. Ao mesmo tempo, ela introduz alterações nos processos interativos, na pluralidade de sentidos que há tanto no lado do fotógrafo quanto no lado do fotografado e do espectador da fotografia.

Assim, com esse caráter particular, de uma perspectiva sociológica relacionada aos processos interativos, a utilização da fotografia deve estar sustentada no processo de documentação pedagógica, aliada a outros instrumentos de observação e realizada entre os pares.

Gandini e Goldhaber (2002, p. 153) explicam: "Uma vez que coletamos nossas observações, precisamos editá-las e prepará-las antes que possamos compartilhá-las, discuti-las e interpretá-las". Nesse fragmento, é possível identificar a preocupação em observar, reunir o material e prepará-lo para a discussão e a interpretação. É um cuidado para não apoiarmos nossas observações em um único instrumento e a interpretação das ações das crianças somente na visão do professor.

Ainda, Gandini e Goldhaber (2002, p. 153) trazem recomendações quanto às observações, apontando que "as anotações precisam ser cuidadosamente lidas e organizadas [...] as fotografias [...] devem ser selecionadas (em parte) e colocadas em sequências flexíveis". Sobre a organização das imagens, Riera (2019, p. 95) argumenta, citando Vasilachis (2006), que "[...] o registro implica deixar um documento do que é observado e que se traduz em um momento insubstituível, no qual se gera 'a transformação do olhar em imagens em documento escrito' (Vasilachis, 2006, p. 122)". Desse modo, a fotografia é um rico instrumento documental em um projeto na educação infantil. Ela precisa ser usada com a consciência do seu caráter interpretativo e com o compromisso docente de dar visibilidade aos processos vividos pelas crianças no projeto na Educação Infantil, com os sentidos vivenciados e compartilhados, que serão visualizados nas imagens.

Sobre a importância da visibilidade na fotografia documental, Nates (2013) esclarece que esta representa uma interpretação do mundo real por um fotógrafo, cuja finalidade é comunicar algo importante: a imagem como um comentário a ser compreendido pelo espectador. No mesmo sentido, Kinney e Wharton (2009, p. 49) argumentam que "reconhecemos agora a visibilidade como um fator importante no encorajamento dos pais e das famílias a se envolverem nos episódios e projetos". Nesse sentido, a intencionalidade da abordagem documental na fotografia se articula com a principal função da documentação pedagógica: dar visibilidade aos processos vividos, da forma mais legítima possível, compreendendo que se trata de um percurso interpretativo que precisa estar imerso de forma criteriosa em um processo documental.

Considerações finais

Procuramos refletir e problematizar aspectos relacionados à fotografia nos projetos na Educação Infantil. Iniciamos refletindo sobre a observação e a fotografia, descortinando elementos nem sempre discutidos no âmbito da educação, como a articulação entre a percepção, o processo de escuta e a observação. Estar consciente de como precisamos, como professores, melhorar nossa percepção para captar as ações e relações das crianças faz parte do processo inicial da documentação pedagógica.

Posteriormente, articulamos as características da abordagem documental na fotografia com o processo de documentação pedagógica na Educação Infantil. Compreendemos que, com o avanço da tecnologia, a fotografia ocupa um espaço central para a obtenção dos registros fotográficos, e faz parte desse processo a postura ao fotografar, o cuidado com as imagens desde a captação, a organização e a interpretação até a comunicação com as famílias.

Entendemos como necessária a consciência de que a fotografia não é a representação da verdade absoluta. O ato de fotografar não é neutro, mas permeado de intencionalidade, e a fotografia é um rico instrumento para a documentação dos projetos na Educação Infantil; ela está presente durante todo o processo (desde a escuta), contribuindo para a sustentação do projeto. Por meio dos registros, é possível estabelecer diálogos entre todos os envolvidos, a fim de compreender os sentidos atribuídos a cada etapa vivenciada, que será a sustentação para os desdobramentos do projeto. Ademais, a fotografia é fundamental para a construção da documentação que comunica às crianças e à comunidade educacional os processos inerentes aos projetos desenvolvidos. A fotografia deixa de ser um simples registro e passa a ser parte do processo de documentação pedagógica.

Referências

FREEMAN, M. *A narrativa fotográfica*: a arte de criar ensaios e reportagens visuais. Porto Alegre: Bookman, 2014.

GANDINI, L.; GOLDHABER, J. Duas reflexões sobre a documentação. *In*: GANDINI, L. *et al.* (org.). *Bambini*: a abordagem italiana à educação infantil. Porto Alegre: Artmed, 2002.

GARIBOLDI, A. A progettazione: uma abordagem de pesquisa. *In*: MARTINI, D. *et al.* (org.). *Educar é a busca de sentido*: aplicação de uma abordagem projetual na experiência educativa de 0 a 6 anos. São Paulo: Ateliê Carambola Escola de Educação Infantil, 2020.

HERMAN, A. E. *Inteligência visual*: aprenda a arte da percepção e transforme sua vida. Rio de Janeiro: Zahar, 2016.

HOYUELOS, A. A relação dialógica profissional com as crianças: entre ciência e arte. *In*: HOYUELOS, A.; RIERA, M. A. *Complexidade e relações na educação infantil*. São Paulo: Phorte, 2019. p. 191-209.

KINNEY, L.; WHARTON, P. *Tornando visível a aprendizagem das crianças*: educação infantil em Reggio Emília. Porto Alegre: Artmed, 2009.

LIMA, I. *A fotografia é sua linguagem*. Rio de Janeiro: Espaço Tempo, 1988.

MARTINS, J. S. *Sociologia da fotografia e da imagem*. São Paulo: Contexto, 2021.

NATES, Ó. C. *Fotografia de documentarismo social*. Ciudad de México: Souza, 2013.

RIERA, M. Do olhar ao observar. *In*: HOYUELOS, A.; RIERA, M. A. *Complexidade e relações na educação infantil*. São Paulo: Phorte, 2019. p. 73-116.

RINALDI, C. *Diálogos com Reggio Emilia*: escutar, investigar e aprender. 12. ed. São Paulo: Paz e Terra, 2020.

A autora

Gilvana Menslin Oliveira Maia

Apaixonada pelas infâncias e pela linguagem fotográfica. Professora de Educação Infantil na rede pública, graduou-se em Pedagogia em 2002 pela Universidade da Região de Joinville. Mestra em Educação (2009) pela Universidade Regional de Blumenau, utilizou a linguagem imagética nos seus estudos com os bebês. Profissionalizou-se como fotógrafa social em 2015 e, desde então, estuda sobre a linguagem fotográfica aliada no processo de documentação pedagógica. É pesquisadora das infâncias, tem artigos publicados em livros e em congressos nacionais e internacionais, sempre sobre temáticas que envolvem a prática pedagógica com as crianças. Compartilha conteúdo pedagógico no YouTube e no Instagram (@gilmenslin). Atua na formação de professores.

Posfácio

Já teremos pensado no fato de que, ao educar e ao cuidar das crianças pequenas, nós, professores e professoras, estamos educando a humanidade? Se entendemos, com pesquisas e estudos contemporâneos, que a humanidade em cada pessoa não é um dado biológico, mas se forma nas relações com as pessoas e com o mundo, somos impactados pela percepção do papel da Educação na constituição da sociedade e pela compreensão de que precisamos refletir sobre o que estamos projetando com nosso trabalho – sob a pena de nos tornarmos inocentes úteis para alguns e inúteis para muitos outros. Pode soar exagerado, contudo, o momento requer reflexão e ação.

Martha Nussbaum, filósofa estadunidense, aponta a convivência, nestes nossos tempos, de dois modelos de educação que se contrapõem e alerta para o perigo do modelo liberal dominante – que ela classifica como uma crise silenciosa que esconde um câncer que destrói as democracias. Obcecadas pelo lucro e pela competitividade, as sociedades contemporâneas tendem a pensar e a usar a Educação como uma ferramenta de crescimento econômico (Nussbaum, 2015).[1] Nesse "alvoroço competitivo", aprofunda-se a formação em ciência e em tecnologia, e abandonam-se as humanidades, solidificando um modelo educacional voltado para a reprodução do capital à custa da desumanização dos cidadãos.

No outro polo, um modelo de educação que valoriza as humanidades e as artes ao lado da ciência, num projeto claramente comprometido com o processo de desenvolvimento humano e com uma educação humanizadora para a cidadania, o que implica um compromisso do modelo educacional com o aprofundamento da

[1] Nussbaum, M. *Sem fins lucrativos*: por que a democracia precisa das humanidades. São Paulo: WMF Martins Fontes, 2015.

democracia. Esse segundo modelo, humanizador e comprometido com uma educação integral, inclusiva e equânime, exige uma nova cultura escolar que – como afirmam as irmãs Abelleira Bardanca neste livro – requer ação urgente, uma vez que os sonhos têm prazos cada vez mais curtos para acontecer, neste mundo que muda num ritmo cada vez mais veloz.

E a hegemonia do modelo tecnocrata e excludente começa na Educação Infantil, com o abreviamento da infância – contra o qual temos lutado e contra o qual se ergue este livro –, e atua em todos os níveis de Educação, como se o desenvolvimento humano pudesse ser apressado em nome de alcançar um maior desenvolvimento tecnológico – pressão que fez surgir o movimento *Run to Nowhere* ("corrida para lugar nenhum"), protagonizado por educadores(as), familiares, estudantes e crianças estadunidenses que perceberam o significado e o sentido do massacre imposto pelas escolas às novas gerações.

Como isso nos impacta e implica para enfrentar essa avalanche na Educação da Infância?

Além da urgência em agir, necessitamos de um "ato de rebeldia" (conforme o texto das irmãs Abelleira Bardanca) de nós todos – professores, professoras, gestores, gestoras e famílias – contra o sistema que desumaniza e que, em médio prazo, compromete a democracia e cria condições para um regime totalitário, conforme a análise de Nussbaum (2015).

Desse ponto de vista, este livro é um encontro na busca por uma Educação Infantil que se constitua como uma via alternativa ao massacre decorrente de regras e valores impostos pelos adultos. Tais regras e valores compõem a cultura escolar vigente e obstaculizam o desenvolvimento cultural pleno das nossas crianças, uma vez que se opõem à curiosidade, à descoberta e à experiência de bebês e crianças como sujeitos ativos no mundo que se oferece aos sentidos desejosos da pequena infância. E vemos esse modelo instalado desde sempre no processo educativo – para sacrifício dos muitos Mozarts assassinados[2] por essa cultura escolar adultocêntrica e desconhecedora dos processos e das necessidades de desenvolvimento cultural e psíquico nos primeiros anos de vida e que, por isso, cerceia a vontade de saber dos pequenos e das pequenas.

Ao contrário disso, o cultivo da vontade – natural nas crianças vivendo num mundo pleno de cultura –, da iniciativa, da autonomia, da autogestão, da capacidade de fazer escolhas constituem os grandes desafios e metas da educação humanizadora. Com Spinoza (1983)[3] e, depois, com Vygotsky (Prestes e Tunes, 2018),[4] aprendemos o valor das emoções – da vontade – como condição essencial para a aprendizagem e o desenvolvimento humano. E, com esses autores, entendemos a importância da forma como a escola apresenta a cultura para bebês e crianças e seu papel essencial de criar necessidades humanizadoras nos meninos e nas meninas.

Por isso, refletimos com este livro, de acordo com Vygotsky, sobre como apresentar a cultura humana acumulada historicamente e em suas formas finais ou mais elaboradas (Prestes e Tunes, 2018), sem cair na tentação de abreviar a infância, sem simplificar nem banalizar o que se apresenta. Refletimos sobre como despertar a curiosidade, como incentivar o prazer da descoberta, a vontade de saber – elementos essenciais para o que Evald Ilyenkov (2014)[5] afirma ser o papel essencial da escola em todos os níveis: ensinar a pensar.

Ao longo deste livro, somos instigados a pensar com as autoras e autores sobre como criar uma poética da qualidade de vida (conforme

---

[2] Refiro-me, aqui, a um belo texto de Antoine de Saint-Exupéry – *Mozarts assassinados* –, em que o autor lamenta a injustiça social que nos faz perder tantos gênios e artistas pelas oportunidades que não são dadas a todas as crianças. (Saint-Exupéry, A. *Terra dos homens*. Rio de Janeiro: José Olympio, 1972.)

[3] Spinoza, B. *Ética*. Rio de Janeiro: José Olympio, 1983.

[4] Prestes, Z.; Tunes, E. *Sete aulas de L. S. Vigotski sobre os fundamentos da pedologia*. Rio de Janeiro: EPapers, 2018.

[5] Ilyenkov, E. *Dialectical Logic*. Research Triangle, NC: Lulu.com, 2014.

o texto de Dubovik e Cippitelli contido nesta obra) que bebês e crianças devem ter na escola: um contexto em que haja flexibilidade dos tempos, em que a continuidade das ações se projete no tempo, em que a simultaneidade das ações supere a velha cultura do "todos fazendo a mesma coisa ao mesmo tempo".

E, isso, não porque devemos proporcionar uma oportunidade a bebês e crianças, mas porque a Educação é um direito de meninos e meninas. Não se trata de uma escolha dos adultos proporcionar essa qualidade de vida na escola de Educação Infantil: é um compromisso e uma tarefa de trabalho docente.

Fazemos, então, um exercício de pensar a Educação como parte de um processo de humanização das nossas crianças e de construção de uma comunidade da qual elas fazem parte, na medida em que ajudam a construir, a manter e a transformar. Um exercício de, como consta no capítulo de Tona Castell, "habitar o espaço em vez de ocupá-lo, e gerir o tempo em vez de persegui-lo" – condição essencial para ter bebês e crianças como sujeitos no processo de aprender, uma vez que o tempo das crianças e a sua maneira de se relacionar com o mundo e de aprender não são iguais aos do adulto. Disso, vem a compreensão da necessidade de contextos investigativos que possibilitem as continuidades, os tempos alargados que favorecem o protagonismo de bebês e crianças em relações que permitem trocas, descobertas, autoria. E esses princípios passam a organizar o trabalho docente, como viemos percebendo com as experiências compartilhadas neste livro.

E, para tudo isso, nosso desafio é traduzir os discursos coerentes com o desenvolvimento do conhecimento contemporâneo sobre bebês e crianças – presentes em muitos documentos que orientam a Educação Infantil em nosso País e que, muitas vezes, são assumidos no nível do anúncio, mas ainda não concretizados em práticas humanizadoras.

Atualizar nossa concepção de Educação é, no fundo, o desafio maior que esta obra nos coloca. Uma nova cultura escolar em que bebês e crianças aprendam com ações criativas autônomas, por meio de linguagens expressivas e num ambiente acolhedor, com crianças de diferentes idades. Uma nova forma de conceber e fazer a escola para que ela se torne, de verdade, uma escola *da* infância, e não *para a* infância – um lugar em que (e aprendamos de uma vez por todas com Paulo Freire, com tantos autores contemporâneos e com as experiências relatadas neste livro) o conhecimento não se transmite, mas se constrói numa ação subjetiva entre outros bebês e crianças, entre outros adultos, num ambiente cultural, em que o protagonismo de bebês e crianças seja compartilhado pelo(a) professor(a) e pela cultura.

Suely Amaral Mello

Professora do Programa de Pós-Graduação em Educação
da Faculdade de Filosofia e Ciências da Universidade Estadual Paulista
(Unesp).

SOBRE O LIVRO
Formato: 16 x 23 cm
Mancha: 11 x 17,8 cm
Papel: Offset 90g
nº páginas: 312
1ª edição: 2023

EQUIPE DE REALIZAÇÃO
Assistência editorial
Liris Tribuzzi

Edição de texto
Gerson Silva (Supervisão de revisão)
Fernanda Fonseca e Roberta Heringer de Souza Villar (Preparação do original e copidesque)
Fernanda Fonseca, Roberta Heringer de Souza Villar, Elise Garcia e César Carvalho (Revisão)

Editoração eletrônica
Évelin Kovaliauskas Custódia (Capa, projeto gráfico e diagramação)
Melissa Kovaliauskas Custódia (Diagramação)

Fotografia
purwaka seta e Garik Barseghyan/Pixabay (Imagens de capa)
rawpixel.com/Freepik (Figura p. 64)

Impressão
BMF Gráfica e Editora